东京购物终极指南（血拼制霸版）

东京购物
终极指南

（血拼制霸版）

[韩]郑仙爱 著

邱淑怡 译

人 民 邮 电 出 版 社

北 京

导读

本书提供东京旅行相关购物信息，其中入场费、饭店、餐厅以及交通费可能因物价波动而有所变更，建议安排行程时先上网查询。

符号示意

内文　✉ 地址　🕐 营业时间　📞 电话号码　@ 官方网站

地图　🍴 餐厅　🏨 饭店　🎡 热门景点　🎰 娱乐设施　🛍 潮流商店

1. 购物天堂之东京洗礼

在前往东京之前，必须先了解的TOKYO SHOPPING大小事。（>>P.12）

2. 东京各血拼胜地详解

将东京的核心区域划分为12个地区，分别介绍每个地区的热门商店以及必买商品等信息。（>>P.28）

Trend Newspaper | 热门血拼点

介绍该地区最受欢迎的购物地点。

Shopping Point | 重点购物

最值得探访的购物名胜，以及对当地人的街访。

Shopping Catalogue | 主题购物

以百货、时装、名牌、生活杂货、电器、药妆
等主题来介绍该地区的购物景点。

Shopping Course | 交通方式

指引地铁路线、旅游行程安排，以及不可错过
的重点购物街。

Shopping Attraction | 街道探索

详细介绍各地区的核心街道，以及街道周围的
热门商家与景点。

3. 主题购物在东京

解析日本魅力品牌的创业故事、主题购物街、动
漫天堂等。所有购物狂都喜爱的主题购物指南！
（>>P.302）

4. 不可错过的东京美食

介绍日本传统美食、知名餐厅、甜品店等代表
性美食商家。（>>P.406）

Contents 目录

Part 1 OVERVIEW OF TOKYO & SHOPPING
购物天堂之东京洗礼

Part 2　SHOPPING IN TOKYO
东京各血拼胜地详解

Part 3 THEME SHOPPING IN TOKYO
主题购物在东京

Theme Street

Theme Story

Part 4　FOOD TOUR IN TOKYO
不可错过的东京美食

It's hot

TOKYO

shoppin

Prologue 序

　　因大学时代日语教授的一句称赞而产生的东京梦，影响了我往后的四年留学生涯，并催生了两本日本旅游著作。《도쿄 TOKYO 100배 즐기기》（暂译：趣游东京）是一本东京旅行指南，而本书则是特别针对喜爱东京时尚的人所设计的"血拼"宝典。

　　距离不会过于遥远、也不太有异国陌生感的东京，总是能以时尚潮流与美食给人带来许多冲击与满足。跟着我，穿梭在东京巷弄，享受购物的每个瞬间吧！

　　希望伴着因四处拍摄而遭受警卫责骂的莞尔回忆，始终牵挂着一大堆未完成的原稿，而在欲哭无泪的过程中完成的这部作品，能带给大家美好的东京血拼之旅。

　　在此诚心向所有帮助过我的人说声"谢谢"，特别是我的另一半与家人、让东京生活变得更特别的朋友们、使我随时保持清醒的李教授、协力营运jtour.com的唠叨伙伴慕其、超酷的设计团队以及同甘共苦的编辑贤真。

Return thanks!

JUNG SUNAE

Part 1

OVERVIEW OF TOKYO & SHOPPING

购物天堂之东京洗礼

探访迷人的东京
体验东京"血拼"的独特魅力
享誉国际的日本品牌
聪明抢购！东京购物盛典
必推！东京超划算人气商店
Mall & Shop

探访迷人的东京

东京，不仅是日本的心脏，更是每个人都想去的世界潮流集中地。东京的多彩多姿绝非三言两语就能说尽，在这个品牌潮店与摩天高楼林立的城市中，保留了许多青树荟郁的森林公园以及极具江户时代气息的平房老街。

新潮的发型、古着（旧物）、多层次、Skinny等，当世界潮流不断地向东京涌进的同时，也造就了自由与创新的东京风格。因此，原宿和涩谷的本地时尚不仅是世界潮流重要的一环，更是充满了日本时尚的新兴品牌。

率先引进世界各大知名设计品牌的购物商城，以及与充满独特个性的复古小店共存的东京都，是许多流行潮人心目中的天堂。这个兼日本政治、经济、文化于一身的城市，同时也是世界多元潮流集散地，绝对值得每个人前去探访。

体验东京"血拼"的独特魅力

东京购物永远贵得要命！NO，不是这样！
高质量平价品牌总整理

引领日本休闲时尚的UNIQLO、COMME CA ISM、无印良品等平价品牌，最大的吸引力莫过于人人都买得起的亲民价格与不输给名牌的高质量，更以多样化的设计在东京时尚圈中占有一席之地，同时与GAP、ZARA、H&M、Forever 21等知名海外休闲品牌展开激烈竞争。

抢攻日本限量款的稀有单品

Burberry Black Lable（黑标）及Blue Lable（蓝标）、Vivienne Westwood、Paul Smith等国际知名品牌进驻，突显了东京是受到世界认证的潮流王国！除了展售品牌的原有商品外，还会不定期推出日本限量款的各式单品与配件，而较为低廉的价格也是吸引人的特色之一。

率先掌握世界精品名牌的新品信息

以青山Prada旗舰店为首，银座、六本木一带的世界精品名牌旗舰店均领先全球引进新商品。虽然第一手购得名牌新品的代价不菲，但时尚设计师推出的东京限定款精品绝对具有超高保值力。其中以集合各品牌的新宿伊势丹百货最为闻名。

独树一帜的古着商店 vs 高质感精品店

日本的古着商店可谓时尚前端的引导者。如果你觉得古着就只是黑黑的、旧旧的市场淘汰品或过季品，那可真是大错特错！充满设计感且宽敞舒适的卖场让人感觉犹如来到精品店，这里的所有商品皆经过清洗与整理，加上合理的价格吸引了潮人们前来选购。除了迎合价格至上的精打细算族的古着商店外，当然也有适合追求奢华高级时尚族群的复和精品店（Select Shop），例如EST Nation、Beams、United Arrows等品牌。

风靡3C数码迷的大型电器店

规模几近百货公司的超大型电器店坐落于新宿、涩谷、银座与池袋等都心地区，著名的Yodobashi、Bic Camera、LABI等大型连锁电器零售店均以价格或集点回馈方式展开激烈竞争。现在，为了购买便宜3C商品而特地前往秋叶原已成历史喽！

媲美世界水准的甜点天堂

品尝国际级明星主厨们所制作的顶级甜点，是这趟东京旅程中最令人向往的重点之一。银座的知名咖啡厅、原宿街头的可丽饼，以及甜点聚集地的自由之丘等，都有值得一尝的绝品甜点。

非买不可！与众不同的药妆店

除了销售医疗用品、药品外，还有琳琅满目的化妆品、保养品、健康食品及生活杂货等，就像小型超市一样。尤其是上野、下北泽与吉祥寺的药妆店经常推出破盘折扣，其中资生堂（SHISEIDO）等日本品牌的化妆品、入浴剂和生活用品等，都很值得购买。

御宅族最爱的模型玩具店与动漫街

以"动漫天国"享誉国际的日本，可说是全球模型玩具迷最爱的血拼地。秋叶原（あきはばら）、中野百老汇（中野ブロードウェイ）、池袋少女之路（乙女ロード）等均以动漫街闻名，而银座博品馆（Toy Park）、原宿、上野山城屋（yamashiroya）等模型玩具店，充满了限定版模型、铁道模型以及角色扮演的Cosplay用品。

低预算也能买到痛快的Outlet天堂

虽然东京物价昂贵，但也有许多深受民众欢迎的购物商店。购买生活用品去百元商店，像是Donki Hote、多庆屋；想找便宜的名牌商品则可以去Kome兵（コメ兵）或BRAND OFF等大型二手商店。此外，东京人也很爱在周末假日前往东京近郊的Outlet享受购物的悠闲时光。

享誉国际的日本品牌

UNIQLO

　　1974年创立，日本连锁服饰领导品牌，几乎所有日本人都买过UNIQLO。UNIQLO以不到1000日元的低价格销售高质量的贴身衣物与服饰，并与知名设计师合作，在中国也深受喜爱，并设有分店。

@ 日本官网　www.uniqlo.com/jp

无印良品MUJI

　　日本代表设计师原研哉（Kenya Hara）协力营运的国际级生活品牌，凡服装、厨具、家饰、食品等商品都有实用简朴的生活理念。其中最受欢迎的是价格亲民的服饰类，以及厨房用秤、定时器等厨房用具和碗盘等商品，也有适合当作赠礼的限量礼盒组。无印良品目前已在全球开设百余间分店，中国就有不少家。

@ 日本官网　www.muji.net

COMME CA STORE

　　COMME CA是全日本规模最大的衣类制造商，商品囊括服饰与配件，利用简约与功能的超高实用性突显自然的生活方式。除了服饰以外，还有各式童装、宠物用品与精致的点心等商品，实惠的价格与精致的包装非常适合当作赠礼。COMME CA与UNIQLO并列为日本国民品牌，在折扣季还有机会买到百元上衣哦！

@ 日本官网　commecadumode.raifu.info

COMME des GARÇONS

设计师川久保玲（Rei Kawakubo）以黑白素色为基底并大胆加入创意的设计，跨出巴黎受到全世界的瞩目并跃升为人气品牌，继青山本店后，连续于法国与英国等世界各地开设逾200家的直营分店。以黑色为底，加上水滴图样的设计T恤约10000日元。

@ 日本官网 www.doverstreetmarket.com

津森千里TSUMORI CHISATO

以华丽色调及独特设计风格为特色的设计师津森千里（Tsumori Chisato）同名品牌。几何图形加上有趣的插图与可爱的民族风设计，让她的作品充满既性感又梦幻的气息。此外，还有钟表、内衣、皮夹、背包等流行单品，皮夹约10000日元。

@ 日本官网 www.tsumorichisato.cc

菊池武夫TAKEO KIKUCHI

1984年诞生的TAKEO KIKUCHI是英伦雅痞绅士时尚的肇始，旗下还有结合英伦流行与日系时尚的年轻副牌TK与童装副牌TK Kid。休闲Polo衫约7000日元起。

@ 日本官网 www.takeokikuchi.com

Mastermind

在巴黎与伦敦时装秀中备受瞩目的设计师本间正章（Masaaki HOMMA）所推出的高级休闲潮牌。专属的骷髅图样在日本大受欢迎，知名艺人木村拓哉、放浪兄弟（EXILE）与松元润等人都是爱好者。Barneys New York、新宿伊势丹百货与涩谷Beams专卖店均设有专柜。潮T约20000日元起。

@ 日本官网 www.mastermindjapan.com

Roen

以自由奔放的骷髅头图案设计出独特的高级休闲服饰，受到世界瞩目，为设计师高原启的旗下品牌。虽然很适合让型男增添奢华气息，但一件短袖T恤就要20000日元以上，属于高价位的时尚潮牌。中目黑、青山、有乐町等地设有直营店。

@ 日本官网 www.roen.jp

PLEATS PLEASE

以仿造和服的皱褶为特色，是在中国也相当具有人气的三宅一生（ISSEY MIYAKE）的另创品牌。以独特的皱褶展现布料自然的曲线美，多样化的鲜明色调更是PLEATS PLEASE的设计灵魂。基本款短袖上衣约14700日元。

@ 日本官网　www.pleatsplease.com

Y-3

于1980年初以黑色前卫派设计引起潮流旋风，由Adidas与日本设计师山本耀司（Yohji Yamamoto）合作推出的时尚运动品牌，大胆地跳脱既有的运动服概念，展现高级欧风的休闲时尚。虽然价位颇高，但依然广受民众喜爱。

@ 日本官网　www.adidas.com/y-3

AS KNOW AS

做工细腻且追求混搭风格的潮流品牌，反映日本年轻女性的时下潮流，旗下拥有as know as de base，副牌AS KNOW AS PINKY、as know as olaca、NANASHI等女装，以及as know as de wan宠物服装。在台场的Venus Fort Outlet可以优惠价4000日元购得设计款上衣。

@ 日本官网　www.asknowas.com

Moussy

成为涩谷109与原宿Laforet的潮流指标品牌，在韩国更因李孝利等知名艺人的喜爱而声名大噪。自我（Be My Self）、性感（Sexy）、帅气（Cool）是Moussy的品牌形象，在亚洲很多国家都深受大众喜爱。延伸副牌包括 Black by moussy、AZUL by moussy、UNDER BAR moussy。雪纺连身裙价格约10000日元。

@ 日本官网　www.moussy.ne.jp

zucca

以多样化且幽默鲜明的设计著称，活力十足的休闲服饰与印有特色图样的基本款套装，充分展现出女性鲜明的特质。上衣约9000日元，与SEIKO合作推出的CABANE de zucca手表约15000日元。

@ 日本官网　www.zucca.cc

Onitsuka Tiger

1949年创立的专业运动鞋制造商，以新颖的设计和纯熟的技术引领着日本制鞋业的潮流。除了受到世界一流运动选手的喜爱外，也因《杀死比尔》等电影中使用此品牌的运动鞋而打开了知名度。与Asics合作推出的代表性商品MEXICO 66 DELUXE以及KEIRIN等约22000日元。

@ 日本官网　www.asics.co.jp/onitsukatiger

Samantha Thavasa

以可爱甜美的设计为主轴，赢得好莱坞影星青睐的日系品牌，因邀请帕丽斯·希尔顿（Paris Hilton）、碧昂丝（Beyonce）、日本超模蛯原友里（Ebihara Yuri）代言而风靡全球。Samantha Thavasa以都会洗练风格的真皮包为主，旗下共有8个副牌，还推出皮夹、配件、饰品等时尚小物。包包售价约10000日元起。

@ 日本官网　www.samantha.co.jp

吉田包（吉田カバン）

1953年诞生的吉田包（YOSHIDA PORTER）是日本最具代表性的包包品牌。卓越的功能性与简洁的设计风格，让消费者无论在任何场合都能自由搭配。1962年推出的PORTER系列是从当时关东大地震物资搬运需求中获得灵感，将背包的实用性放至最大，也因此广受大众喜爱。该品牌在东京神田首度设立KURA CHIKA吉田包专卖店，并陆续在表参道与丸之内开设直营店，在中国也设立了21家分店。Green Eye万用包约5000日元、托特包约13000日元。

@ 日本官网　www.yoshidakaban.com

植村秀Shu Uemura

1950年活跃于好莱坞的专业彩妆师植村秀，以一瓶洁颜油开拓了国际市场。针对东方女性设计的革命性美妆保养产品、流行彩妆、手工刷具及彩妆用具都是专业彩妆师的最爱。表参道著名的植村秀美容精品店更是提供新品试用的贴心服务。经典保湿卸妆油150ml约2940日元。

@ 日本官网　www.shuuemura.jp

聪明抢购！
东京购物盛典

Step1　疯狂血拼！购物折扣季

东京购物折扣季一年两次，夏季特卖是6月底至7月中，冬季新年特卖是12月底至次年1月，折扣幅度达30%~80%。日本上班族红利分为冬季奖金和夏季奖金，如甘霖般的奖金发放刚好能搭上6月底到7月中的特卖巅峰期，而8月底前各商家也会推出破盘特惠活动。

新年特卖活动从1月1日开始，各家百货品牌将陷入破盘低价的激战！尤其是设计名店与世界名品林立的六本木Hills与表参道高级购物商城，可让民众购得平常买不起的高价商品。此外，东京近郊的Outlet商场也很值得去挖宝。

Step2　用激烈的福袋抢夺战，迎接充满活力的新年吧！

福袋是日本年末折扣季的关键！从1月1日卖到5日的福袋，无论是一窥新年运势还是单纯趣味，都是含有许多意义的福气好物。商家将各式商品放入福袋中，以1万、5000或3000不等的价格销售，有时内容物的价值可能会超出售价的3~10倍。人们通常无法事先得知福袋的设计方式或内容物，但近期流行先预告福袋超值组可能会有的商品一览，这更增添了民众抢购福袋的欲望。深受10~25岁人喜爱的原宿Laforet或涩谷109，以及20~39岁民众常去的银座Printemps与Matsuya松屋百货，甚至在12月31日半夜就能看到排队的人潮。福袋的抢购盛况是每年电视公司在新年特别节目里经常报道的题材，三越百货更创下在一分钟内万元福袋被抢购一空的纪录。因此，知名百货公司的福袋绝对是血拼族的梦幻目标！

Step3　日本购物退税一点都不麻烦

在日本境内消费都含有8%的税额，针对外国观光客的免税制度则以Tax Free与Tax Refund

为主。一般百货公司或购物商场、电子量贩店等地方，购买10000日元以上皆可退税金，但并非所有商家都通用，例如2014年10月1日以后加入的新店铺，最低退税消费额为5000日元，所以消费前必须先行确认。大部分的百货公司都可以将所有消费金额合并计算，但也有些必须在单柜消费满额的限制。服饰、鞋子等潮流单品几乎都可以退税，连食品、烟酒、药妆等商品也已纳入退税范围。无论使用现金或信用卡购物，只要携带购物收据与护照到退税柜台，服务人员确认之后即可当场拿到现金退税，说不定可以得到一顿大餐的钱哦！若使用信用卡购物，记得要使用自己名字的信用卡才能退税哦！如果找不到退税柜台，也可直接询问服务人员。

Tax Refund商场：伊势丹、OIOI丸井百货、高岛屋、西武、东急百货、台场Aqua City、Venus Fort等。

Step4　要在东京免税店购买名牌商品吗？

答案是NO！如果认为免税店会比东京市区的名牌店还便宜，可能会令你大失所望。免税店不仅扣除8%的消费税，商品种类与卖场规模也比市区要少和小。在成田机场与羽田机场可找到许多名牌店与纪念品商店。

Step5　购买前，一定要先试穿！

日系服饰大多以日本人的体形为依据，所以和国内的尺寸不一致，建议大家购买前一定要试穿，避免"血拼之旅"产生遗憾。通常只要有收据就能退换货，但折扣较低的商品或Outlet卖场的商品经常无法提供退换货的服务。

Step6　东京尺寸对照表

以下介绍日本服饰的惯用尺寸标示法。女装通常依照胸围分成5、7、9、11号，即使个子娇小且身材纤细的人也能很容易找到合适的尺寸，比如22小尺寸的服饰。

男、女、童装

尺寸	5	7	9	11
胸围	77	80	83	86

女装

美国尺寸		2~4（XS）	4~6（S）	8~10（M）	12~14（L）	14~16（XXL）
韩国尺寸		44（90以下）	55（90）	66（95）	77（100）	88（100以上）
日本尺寸		36	38	40	42	44
		5、7号	9、11号	13、15号	17、19号	21、23号
胸围	厘米	81~84	86~89	91~97	99~104	109~114
腰围	inch	24~25	26~27	28~30	31~33	35~37
臀围	inch	34	35~36	37~38	39~41	42~45

童装

美国尺寸	3~6M	6~12M	12~18M	18~24M	24M（2T）	36M（3T）	48M（4T）
年龄（按月算）	3~6	6~18	12~18	18~24	24	36	48
体重（千克）	5~8	8~10	10~12	12~14	14~15	15~16	16~18
身高（厘米）	58~69	69~74	74~79	79~84	84~91	91~99	99~107

M=Month　T=Toddler体重与身高比例值，可想成3T约为3岁、4T约为4岁。

男装

日本（美国）尺寸		84~92（S）	85~100（M）	100~105（L）	105~120（XL）	120以上（XXL）
颈围	厘米	33~35	35~37	38~39	41~42	43~45
腰围	inch	28~29	30~31	32~34	34~37	38~40
胸围	厘米	86~91	96~102	107~112	117~122	127~132

鞋类

日本（毫米）	225	230	235	240	245	250	255	260	265	270
欧洲（美国）	36（5.5）	36.5（6）	37（6.5）	37.5（7）	38（7.5）	38.5（8）	39（8.5）	39.5（9）	40（9.5）	40.5（10）

婴幼儿服

美国	2	3	4	5	6	7	8	9	10
日本	10.6	11.4	12.3	13.1	13.9	14.8	15.6	16.4	17.3

童鞋

美国	8	9	10	11	12	13	14	15
日本	9	10	11	12	13	14	15	16

必推！东京超划算人气商店

百元商店

在东京、大阪等日本各大城市的闹市区都能轻易发现的百元商店，不仅对当地居民相当重要，对于经济实惠派的血拼族来说，更是有着举足轻重的地位。虽然每间店的商品种类与摆设方式略有不同，但食品、厨具、生活用品、文具、化妆品、球具、服饰，甚至装饰品等杂货在这些商店里几乎都买得到。除了食品与化妆品等商品以外，其余大多是中国、印度与越南制品。适合购买在旅行中所需的生活用品与日本当地零食。

• 主要分店位于新宿、原宿、台场、池袋与下北泽等地。知名店家包括大创（DAISO）、100 YEN PLAZA、100 YEN SHOP、99 YEN SHOP、Cando（キャンドゥ）等。

Donki Hote（ドン・キホーテ）

　　超大型综合特价商店Donki Hote是遍布日本各大城市的连锁综合特价超级卖场，民众习惯简称它为"Don. Ki"。24小时营业、琳琅满目的商品、附设停车场以及低廉的售价，紧紧抓住了年轻族群的心。除了二手高级名牌商品外，还有生活家电、家具、生活杂货、食品与潮流单品等商品，这里的化妆品、食品与派对用品很值得购买。

· 主要分店位于银座、涩谷、秋叶原、上野、新宿、池袋与六本木等地。

@ 日本官网　www.donki.com.jp

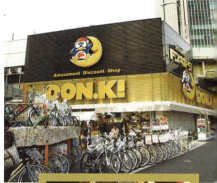

多庆屋

　　以破盘超低价每日吸引约3万名顾客上门，分成食品馆、本馆A栋、本馆B栋、家具馆、杂货馆、停车场、别馆4号、别馆5号馆以及女人馆等共8大区，在此购物就像逛传统市场一样，既悠哉又别有一番趣味。为了应对激增的外国访客，馆内也特别为外国人增设了服务与购物指南。多庆屋的牙膏、沐浴用品、餐具与陶瓷刀等都是东京最低价哦！

➡ JR御徒町站北口步行约2分钟

@ 日本官网　www.takeya.co.jp

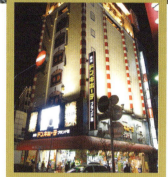

宜家IKEA

　　来自瑞典的DIY家饰专卖店，位于东京近郊，商品囊括家具、餐厨、床组、布帘以及儿童用品等，是颇具规模的平价生活用品卖场。商场聘请世界各地的设计师打造样品房间，供民众参考各式风格摆设，采取自助方式选购，只要记下商品编号至储藏区拿取即可。商场内销售欧制饼干与啤酒等食品，购物后可在此稍作休息。餐厨具与儿童用品是大力推荐的商品。

· 主要分店位于船桥、新横滨港北与新三乡等地。

Akachan本铺（赤ちゃん本铺）

　　从生产到育儿所有必备物品均有的百货型商场。1932年在大阪创立，至今已在日本全国开设有70多家分店。拥有多样化的日本制幼儿用品、离乳用品、婴儿服、幼儿餐具等商品，售价低廉，逐渐在主妇界打开知名度。

· 主要分店位于五反田TOC大楼。
@ 日本官网　www.akachan.jp

山田电机LABI

　　原本以郊区型家电量贩店闻名的LABI于2007年进驻东京，以主导大型电子商场激烈价格战的核心角色成为新的指标性店家。LABI不仅拥有黄金店面与庞大的商品数量，甚至可以让客人议价。2008年设立于新桥站银座方向的LABI生活馆，以亲民的价格销售名牌包、领带、餐具、高尔夫用品、化妆品与医药品等各类商品，正式跨入生活用品商界。

· 主要分店位于新桥、涩谷、新宿与吉祥寺等地。
@ 日本官网　www.yamadalabi.com

JUSCO

　　AEON集团旗下的日用品量贩店。大型停车场可以让全家人轻松购物，整洁又多样化的商品与设施也十分讨人喜欢。商品以食物为主，并兼售家具、厨具、休闲用品与服饰等生活必需品。东京境内的分店位于品川Sea-Side（品川シーサイド）、东云、南砂，而距离成田机场仅5公里的JUSCO分店则广受过境旅客的喜爱。虽然适合想要购买日本食品与家庭平价服饰的人，但位于郊区的分店较多，交通多少有些不便。店内销售的食品或生活用品全数为自有品牌商品，比起其他商品的价格确实低廉许多。

· 主要分店位于品川Sea Side、东云及南砂。
@ 日本官网　www.aeonretail.jp

Mall & Shop

百货公司

WAKO和光 www.wako.co.jp

伊势丹 www.isetan.co.jp

三越 www.mitsukoshi.co.jp

高岛屋 www.takashimaya.co.jp

松坂 www.matsuzakaya.co.jp

松屋 www.matsuya.com

Printemps Ginza
www.printemps-ginza.co.jp

西武百货店 www2.seibu.jp

东武百货店 www.tobu-dept.jp

MARUI OIOI www.OIOI.co.jp

京王百货店 www.keionet.com

小田急百货店 www.odakyu-dept.co.jp

PARCO www.parco.co.jp

大型购物中心

六本木 Hills www.roppongihills.com

Tokyo Midtown
www.tokyo-midtown.com

表参道 Hills
www.omotesandohills.com

惠比寿Garden Place
gardenplace.jp

台场 VenusFort www.venusfort.co.jp

台场 Decks Tokyo Beach
www.odaiba-decks.com

银座 MARRONNIER GATE
www.marronniergate.com

银座Velvia馆
mi-mo.jp/pc/institution.php?iid=0005

MOSAIC 银座阪急
www.mosaic-ginza-hankyu.jp

代官山Address www.17dixsept.jp

La Fuente代官山
www.lafuente.co.jp

池袋 Sunshine City
www.sunshinecity.co.jp

LaLaport www.lalaport.jp

精品店

ESTNATION www.estnation.co.jp

VIA BUS STOP
www.viabusstop.com

Barneys New York
www.barneys.co.jp

DES PRES
www.despres.jp

TOMORROWLAND
www.tomorrowland.jp

UNITED ARROWS
www.united-arrows.co.jp

BEAMS www.beams.co.jp

FREE'S SHOP
www.frees-shop.com

SHIPS www.shipsltd.co.jp

DOUBLE STANDARD
CLOTHING www.doublestandard.jp

JOURNAL STANDARD
journal-standard.jp

DRESSTERIOR
www.world.co.jp/dressterior

kitson shopkitson.jp

B'2nd www.b-2nd.com

家具家饰&生活杂货

Franc Franc www.francfranc.com

TOKYU HANDS
www.tokyu-hands.co.jp

LOFT www.loft.co.jp

私の部屋 www.watashinoheya.co.jp

MUJI 无印良品 www.muji.net

COMME CA STORE
Three Minutes Happiness

Afternoon Tea LIVING
www.afternoon-tea.net

J-PERIOD www.j-period.com/jp

OUTLET www.outlet-j.com

3COiNS www.3coins.jp

大创 www.daiso-sangyo.co.jp

Village Vanguard
www.village-v.co.jp

PLAZA www.plazastyle.com

IKEA www.ikea.com/jp

in The Room www.intheroom.jp

THE CONRAN SHOP
www.conran.co.jp

KEYUCA www.keyuca.com

ACTUS www.actus-interior.com

Living Design Center OZONE
www.ozone.co.jp

IDEE SHOP www.idee.co.jp

CIBONE cibone.com

IDC 大冢家具 www.idc-otsuka.co.jp

大型电子量贩店

山田电机 LABI www.yamadalabi.com

Bic Camera www.biccamera.com

Yodobashi Camera
www.yodobashi.com

LAOX www.laox.co.jp

动漫&模型&玩具店

中野百老汇 www.nbw.jp

秋叶原Radio会馆
www.radiocenter.jp

Mandarake www.mandarake.co.jp

Animate www.animate.co.jp

Comic TORANOANA
www.toranoana.jp

Gamers 本店
www.anibro.jp/gamers/akihabara/main.html

AkibaO~Koku
www.akibaoo.com/02/main

K-Books www.k-books.co.jp

Blister www.blister.jp

Yamashiroya
www.e-yamashiroya.com

博品馆 TOY PARK
www.hakuhinkan.co.jp

TOY'SRUS www.toysrus.co.jp

银座 天赏堂 www.tenshodo.co.jp

原宿 KIDDY LAND
www.kiddyland.co.jp

Disney STORE
www.disneystore.co.jp/shop/top.aspx

高尔夫&运动用品店

Victoria Sports www.victoria.co.jp

JYPER'S GOLF www.jypers.com

GOLF 5
www.alpen-group.jp/shop/golf5.html

KOTOBUKI GOLF
www.kotobukigolf.co.jp/kg-net

NIKI GOLF
www.nikigolf.jp/top/index.aspx

小田急**HALC SPORTS**
www.odakyu-dept.co.jp/shinjuku/halcsports/index.htm l

Tsuruya Golf www.tsuruyagolf.co.jp

GOLF Partner www.golfpartner.co.jp

FESTIVAL GOLF
www.festivalgolf.jp

红酒铺&西餐厅

YAMAYA www.yamaya.jp

ENOTECA www.enoteca.co.jp

LES CAVES TAILLEVENT
www.taillevent.com

池袋**Vinos Yamazaki Wine+ist**
www.v-yamazaki.co.jp

惠比寿**Wine Market PARTY**
gardenplace.jp/shopping/party.html

惠比寿**La Vinée**
www.lavinee.jp/shop/default.aspx

涩谷东急百货本店**The Wine**
www.tokyu-dept.co.jp/honten/spot/file1.html

赤坂 **Mavie** www.mavie.co.jp/akasaka

明治屋 www.meidi-ya.co.jp

NATIONAL AZABU
www.national-azabu.com

Nissin World Delicatessen
www.nissinham.co.jp/nwd

DEAN & DELUCA
www.deandeluca.co.jp

唱片&书籍

HMV www.hmv.co.jp

纪伊国屋**KINOKUNIYA**
www.kinokuniya.co.jp

Tower Records tower.jp

disk union diskunion.net

TSUTAYA www.tsutaya.co.jp

BOOK OFF （二手）
www.bookoff.co.jp

三省堂 www.sanseido-publ.co.jp

MARUZEN www.maruzen.co.jp

淳久堂 www.junkudo.co.jp

有隣堂 www.yurindo.co.jp/corporate

新星堂 www.shinseido.co.jp

book1st www.book1st.net

文教堂 www.bunkyodo.co.jp

青山**AOYAMA BOOK CENTER**
www.aoyamabc.co.jp

八重洲**Yaesu Book Center**
www.yaesu-book.co.jp

文具&手工艺品

伊东屋 www.ito-ya.co.jp

世界堂 www.sekaido.co.jp

Yuzawaya www.yuzawaya.co.jp

Okadaya www.okadaya.co.jp

Kinka堂 www.kinkadou.com

Kanda手艺
homepage2.nifty.com/KandaShojiCom

SHIMOJIMA www.shimojima.co.jp

Outlet&二手商店

Donki. Hote www.donki.com

多庆屋 www.takeya.co.jp

新宿大黑屋 www.e-daikoku.com

银藏 ginzo.jp

ブランド王ロイヤル
www.brandouroyal.com

Kome兵 www.komehyo.co.jp

BRAND OFF www.brandoff.co.jp

Coffee & Tea

KALITA www.kalita.co.jp

UCC www.ucc.co.jp

Mu'u Mu'u Coffee
www.muu-muucoffee.com

KEYCOFFEE DRIP ON
www.keycoffee.co.jp/dripon

Lupicia www.lupicia.com/index.html

Harrods www.tricolore.co.jp/harrods

Lawleys Tea www.t-plan.co.jp

Karel Capek www.karelcapek.co.jp

MARIAGE FRÈRES
www.mariagefreres.co.jp

FAUCHON www.sbfoods.co.jp/fauchon

Fortnum & Mason
www.fortnumandmason.co.jp

宠物用品专卖店

台场**Venus Fort PET CITY**
www.venusfort.co.jp/shop.cgi?sid=195

台场**nekotama Cats Livin**
www.odaiba-decks.com/index.php?mode=shop&page=detail&code=186

KOJIMA pets-kojima.com

Three Dog Bakery
www.threedog.co.jp

ZOO www.petzoo.jp

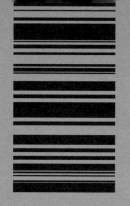

Part 2
SHOPPING IN TOKYO
东京各血拼胜地详解

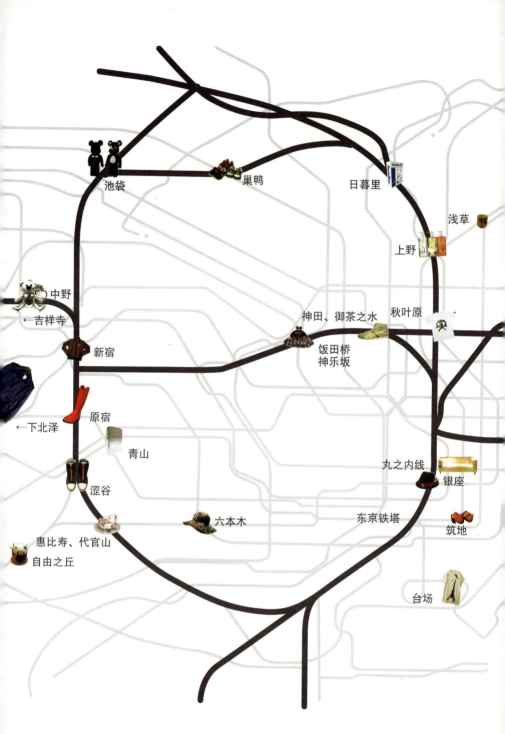

池袋

巣鴨

日暮里

浅草

上野

中野

←吉祥寺

神田、御茶之水

秋叶原

新宿

饭田桥
神乐坂

原宿

←下北泽

青山

丸之内线

银座

涩谷

东京铁塔

筑地

六本木

惠比寿、代官山
自由之丘

台场

SHINJUKU
新宿

在融合各国元素与气息、全天候的多元购物城镇新宿，除了平价新潮商品与日本代表性百货公司外，还拥有许多3C量贩店、居家用品店、高级名牌街以及大型精品店等。商圈聚集在JR新宿站步行20分钟内的范围，无论任何族群与年龄层，都能来这里享受一趟满足的购物之旅。逛完街还可以到歌舞伎町或是具有日本气息的思出横町用餐或小酌哦！

新宿

聚集了大型购物商场以及拥有新兴品牌的商店街，迎合各年龄人群的潮流，令人感到新鲜。

❶ 东京时尚潮流的指标——新宿OIOI六馆（P.58）重整后全新开业

❷ 帕丽斯·希尔顿与安吉丽娜·朱莉最爱的精品店Kitson（P.56）

❸ 位于新宿西口的Mode Gakuen Cocoon Tower

2009年丸井（MARUI）百货大变身造成热烈讨论的新宿，经过重整后以新式购物商场吸引了大量游客，陆续开业的新兴品牌专柜也深受民众喜爱。

★ 新宿人气复合商圈

　　新宿的各大购物商场以独家商品与宾至如归的服务而形成激烈竞争，较有知名度的商场为ALTA、LUMINE、OIOI、BEAMS、高岛屋或伊势丹（以年龄层排序）。

❶ 新宿的潮流指标LUMINE（P.55）
❷ 东京时尚的先驱OIOI丸井百货（P.58）
❸ 象征新宿年轻气息的时尚广场Studio ALTA（P.52）
❹ 掌握第一手流行信息的伊势丹百货（P.50）
❺ 时尚潮女们憧憬的超大型复合式购物商城——高岛屋时代广场（P.62）
❻ 以日本最大规模著称的人气精品街 BEAMS JAPAN（P.53）

★ 葡萄酒迷必败红酒铺

　　由于价格低廉、数量与年份齐全且保存状态良好等因素，受到许多葡萄酒迷始终支持的人气红酒铺。店内有具备丰富专业知识的服务人员，即使是入门者也能获益良多。

❶ 大众化的平价红酒铺 YAMAYA（P.47）
❷ 由巴黎知名餐厅Taillevent营运的高级红酒专卖店 Les Caves Taillevent

"
新宿是"以大型百货为中心所延伸的复合式购物天堂"。率先推出潮流新品的伊势丹百货、大型电子商街、家饰店与精品店等都聚集在JR新宿站附近，现推荐给想要一次购足的血拼族！
"

01 日本极具代表性的百货公司

号称只售日本顶级商品的伊势丹、以名牌专柜为主的三越百货，以及让所有时尚女性都心满意足的高岛屋。此外，还有以年轻人为主的OIOI、RUMINE、小田急、京王百货等，让潮男潮女们一次逛遍适合各年龄层的多元化百货商圈。

02 大型3C电子商场

以邻近新宿西口公交车转运站的Yodobashi总店为首，这里布满了Yodobashi、Big Camera等大型3C电子量贩商场。东口周围也开设了许多Yodobashi与Sakuraya的分店，搜集各店特价或集点活动情报，就能买到经济实惠的商品。

03 国际家饰品牌进驻

新宿也有许多如IDC大冢家具、in The Room、THE CONRAN SHOP、ACTUS、OZONE等销售世界知名设计师制作的家饰与生活商品的专卖店。逛逛其有高设计水平与高质感的家饰店，正是让自己提升室内装潢品位的好机会！

04　二手名牌店

在崇尚名牌的日本，实在不难找到这样的二手名牌店。其中Kome兵、大黑屋、Brand Au Royal等都相当有名，甚至可以用低廉的价格买到高级名牌LV的各式商品。推荐给不排斥二手商品的人！

05　相机迷必逛的二手相机店

包括规模较大的Map Camera（マップカメラ）、中古相机市场（中古カメラ市場）、Camerano Kimura（カメラの きむら）以及Alps堂（アルプス堂）等摄影相关器材专门店，都大量聚集在新宿一带。相机迷可以来此胜地挑战令人雀跃的价格！

06　轻松无负担的平价休闲服饰

以平价销售高质量的品牌服饰，如UNIQLO、GAP、ZARA、COMME CA STORE、无印良品等，在新宿简直是无所不在。无论男女老幼均能轻松购买到大众化商品，各种特价优惠也相当值得注意。

07　超低价大型文具店与生活杂货铺

销售专业绘图用具与各式文具的世界堂，比起知名的伊东屋更为平价。除了专业美术用品外，更有一般民众都喜爱的可爱杂货。此外，也不能错过Donki Hote、Afternoon Tea LIVING、台隆手创（TOKYU HANDS）、Franc franc（フラン フラン）等生活杂货商场。

新宿街访

ISHIHARA IKUMI

大学生

喜爱品牌

H&M、earth music & ecology、page boy与古着店等，便宜至上

新宿必败点

ALTA 3F、RUMIN-E、OIOI

今日穿搭

迷你裙+长筒靴

TAKEWUCHI RENA

上班族

喜爱品牌

ROSE BAD、Moussy、ZARA、MARC by MARC JACOBS、DIESEL

新宿必败点

高岛屋、RUMINE

今日穿搭

宽松长版上衣+内搭裤+特色短靴

NOJAWA DOMOYO

学生

喜爱品牌

FREE'S SHOP、SLY、ANAP、COCOLULU、INGNI

新宿必败点

OIOI、BEAMS JAPAN

今日穿搭

以黑色为主色调，搭配碎花连身裙

百货公司

❶ 伊势丹百货

　　第一手展售世界流行品牌最新商品，身兼女性时尚中心与高级百货公司代表。

📧 从JR新宿站东口往Studio ALTA方向步行约5分钟；地铁新宿三丁目站B5、B4、B3出口步行约1分钟

❷ 三越ALCOTT

　　从复合型百货公司变身为潮流品牌购物商场。

📧 从JR新宿站东口往Studio ALTA方向步行约3分钟

❸ 小田急百货

　　以20岁以上年龄层为主要对象，流行服饰与彩妆名店广受女性喜爱。

📧 与JR新宿站西口相连

❹ 京王百货

　　除了家庭主妇外，喜爱高级服饰的OL或家庭也经常光顾的大众化百货公司。

📧 与JR新宿站西口相连

❺ 高岛屋时代广场
（高岛屋タイムズスクエア）

　　精致华丽的超大型复合式百货，如同繁华新宿中的绿洲。

📧 从JR新宿站新南口步行约2分钟

❻ OIOI新宿

　　站在潮流前线的年轻化购物商场，分别有6栋不同主题的百货商场。

📧 从JR新宿站东口或东南口往新宿三丁目方向步行约5分钟

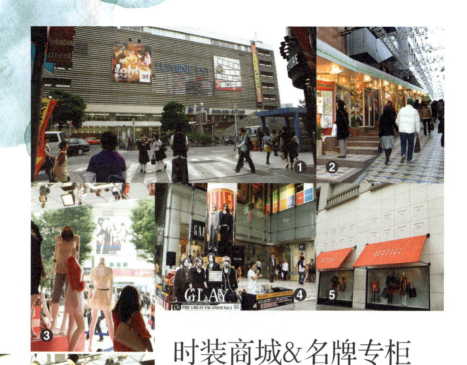

时装商城&名牌专柜

❶ LUMINE新宿

引领新宿时尚潮流的代表性购物商城。

📧 与JR新宿站西口、南口、中央口相连

❷ 新宿mylord

以10~20岁消费者为主要对象，设有许多高质感名牌专柜与精品店。

📧 与JR新宿站西口相连

❸ Studio ALTA

聚集了许多引领东京年轻人潮流的购物商城，是年轻消费族群的最爱。

📧 与JR新宿站东口相连

❹ Flags

展现新型生活方式的流行指标。

📧 与JR新宿站东南口相连

❺ Barneys New York

总店位于纽约曼哈顿的高级百货公司东京1号店，以销售精品为主。

📧 从JR新宿站东口伊势丹百货方向步行约4分钟

❻ BEAMS JAPAN

以日本人气最旺为傲，是日本规模最大的精品商城。

📧 从JR新宿站中央口步行约3分钟，位于IDC大冢家具店对面

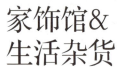

家饰馆&
生活杂货

❶ in The Room

设于新宿OIOI内的家饰专卖店。

📮 地铁新宿三丁目站C3出口前；从JR新宿南口步行约8分钟

❷ THE CONRAN SHOP

知名家饰店Terence Conran的概念店。

📮 JR新宿站南口往都厅方向步行约12分钟，位于华盛顿饭店后方新宿Park Tower内；新宿站西口L Tower前可搭乘免费接驳车（每10~15分钟发一班车）

❸ KEYUCA

呈现丰富多元生活方式的欧风家饰店。

📮 从JR新宿站东口往Studio ALTA方向步行约3分钟，位于新宿ALCOTT5楼

❹ OZONE

专售与住宅、家饰相关的生活商品，充满设计感的产品引领着家饰流行风潮。

📮 从JR新宿站西口往都厅舍方向步行约10分钟；新宿站西口L Tower前可搭乘免费接驳车（约10分钟发一班车）

❺ IDC大冢家具新宿展示馆

备有两万多种家具商品，是首都圈内最大的展示商场。

📮 与地铁新宿三丁目站A4出口相连；从JR新宿站南口步行约5分钟

❻ ACTUS

专售充满北欧风情的系统厨具、杂货与织物等商品的家饰专卖店。

📮 从地铁新宿三丁目站C8出口步行约3分钟；从JR新宿站步行约10分钟

❼ Franc franc新宿南园
（ Southern Terrace ）

丰富鲜艳又充满设计感的年轻化家饰商品，是让单身生活变得更加多彩多姿的最佳帮手。

📨 从JR新宿站南口往时代广场方向步行约1分钟

❽ Afternoon Tea LIVING
新宿LUMINE

以自然又实用的厨房用具为主要商品，让生活充满活力的杂货用品店。

📨 与JR新宿站南口相连，位于LUMINE一馆2F

❾ PLAZA新宿
LUMINE二馆

销售迎合女性口味的生活必需品的美式杂货用品店。

📨 与JR新宿站东口相连，位于LUMINE EST 5F

❿ 台隆手创馆
（ TOKYU HANDS ）
新宿店

备有20多万种商品，是日本规模最大的生活用品专卖店。

📨 与JR新宿站新南口相连，位于时代广场1~7F

⓫ 无印良品新宿店

广受男女老少喜爱的日本代表性杂货用品店。

📨 从JR新宿站都口往新宿通方向步行约3分钟，位于ISAMIYA（いさみや）大楼B1~3F

⓬ 3COiNS

以东京地区占地最广的店面为傲，均一价300日元的生活杂货店。

📨 与JR新宿站东口相连，位于LUMINE EST 3F

潮流品牌店

❶ COMME CA STORE

以COMME CA DU MODE闻名日本的最大衣类制造商直营商店。

📧 从JR新宿站中央口步行约1分钟，位于出口正对面

❷ BNETTON

精致的意大利风格的休闲服饰品牌BNETTON旗舰店。

📧 从JR新宿站中央口步行约1分钟

❸ ZARA

西班牙人气品牌ZARA的热销商品店。

📧 从JR新宿站中央口步行约2分钟，位于BNETTON后方

❹ UNIQLO

日本休闲服饰品牌的代名词，在OIOI CURREN 2F也有专柜哦！

📧 从JR新宿站东口往伊势丹百货方向步行约7分钟；从西口步行约1分钟

❺ GAP

适合全家人一起穿的美国人气休闲品牌，在伊势丹百货6F、新宿ALCOTT 3F与高岛屋9F均设有专柜。

📧 与JR新宿站东南口相连，位于新宿Flag B1~1F

❻ 青山洋服

以追求潮流的年轻族群为对象全新企划的品牌。

📧 从JR新宿站东口往新宿通方向步行约3分钟

❼ THE SUIT COMPANY

由人气偶像相武纱季代言的套装专卖店。

📧 从JR新宿站东口步行约3分钟，位于Studio ALTA旁

❽ AOKI新宿西口本店

以时尚的套装为主，也有精美休闲服饰与各种搭配用单品。

📧 从JR新宿站西口往高速巴士转运站方向步行约5分钟，位于京王广场（Keio Plaza）右方

特惠店&二手商品店

❶ Kome兵

日本最大的二手名牌商店。

📍 从JR新宿站东口往伊势丹百货对面明治通方向步行约6分钟；与地铁新宿三丁目站E3出口相通

❷ Brand Au Royal（ブランド王ロイヤル）

经常以卡通人物发型或服装造型出现的森田社长开设的二手名牌商店。

📍 从JR新宿站南口或新南口步行约2分钟，位于高岛屋百货对面

❸ 新宿大黑屋

已在新宿地区开设了总店与二馆的人气二手商店。

📍 从JR新宿站东口往歌舞伎町方向步行约2分钟

❹ 银藏

以仿造仓库的特殊外形与显眼的招牌令人驻足的人气二手商店。

📍 从JR新宿站东口步行约3分钟

❺ CONDO新宿PePe店

占据西武新宿PePe百货8F整层的大型百元商店。

📍 从JR新宿站东口往歌舞伎町方向步行约5分钟

❻ Donki Hote（ドン. キホーテ）

囊括食品、厨具、彩妆、休闲用品等4万多种商品，24小时全年无休的特价优惠商店。

📍 从JR新宿站东口步行约5分钟

书店&
唱片行

❶ 纪伊国屋书店

纪伊国屋新宿总店。

🚇 从JR新宿站东口步行约2分钟

❷ 近藤书店
Park Tower店
（近藤书店 パークタワー
店）

在银座创立，拥有120余年傲人历史的书店。店内备有许多与建筑及装潢相关的书籍，受到许多专业人士的喜爱。

🚇 从JR新宿站西口往都厅舍方向步行10分钟，位于Park Tower B1

❸ HMV

由英国发迹，分店遍布全世界的大规模唱片量贩店。

🚇 与JR新宿站东口相通，位于LUMINE EST 6F

❹ Tower Records

1979年以MTS日本分公司为名创立，目前在日本全境设有80多个分店，专售CD与书籍。

🚇 与JR新宿站东南口相通，位于Flag 7~10F

❺ TSUTAYA

日本最大规模的音乐、影片出租连锁店。

🚇 从JR新宿站东口往新宿通方向步行约3分钟

❻ disk union

以摇滚乐为主，包含拉丁、爵士、电影原声带、印地、灵魂蓝调、朋克、金属摇滚等各种类型的音乐商品，深受各类乐迷喜爱的唱片专卖店。

🚇 从JR新宿站东口往中央通方向步行约4分钟

tip 日本也风靡韩国美妆

韩流风潮兴起，让韩国彩妆品牌在日本大受欢迎。即使进口审查标准与手续相当严格又繁复，但日本进口商的大力引进仍突显了日本妇女对韩国彩妆保养品的期待。众多韩国美妆品牌已成功进驻新宿与涩谷地区。

药妆店&彩妆店

❶ 松本清新宿三丁目店
（Matsumoto Kiyoshi）

日本最大的连锁药妆店。除一般医药品之外，还可购得化妆品、生活杂货与健康食品等各式商品。

📧 从JR新宿站东口往新宿通方向步行约2分钟

❷ ダイコクドラッグ
西新宿店
（DAIKOKU DRUG）

中文暂译大黑药局，是以每日破盘超低价闻名于西新宿的药妆店。

📧 从JR新宿站西口步行约4分钟，位于Yodobashi Camera Hobby馆后方

❸ 15minbiew's

能以2500日元便宜价格接受专业彩妆师最新妆容服务的人气彩妆店。

📧 从JR新宿站东口往Studio ALTA方向步行约3分钟，位于三越ALCOTT B2

❹ ITS'DEMO

提供时尚、彩妆、杂货与饮食等各式产品的精品店。

📧 与JR新宿站西口相通，位于MYLORD 1F

伊势丹百货 高级百货公司代表

丸井百货 东京时尚文化发源地

三越ALCOTT 从复合式百货全新变身为专卖店

💼 旅行秘诀

　　由JR新宿站东、西、南三个出口周围所形成的新宿闹市区，西区主要遍布着大型3C量贩店与百货公司，东区有Studio ALTA与多条高级品牌街，而南区则以Southern Terrace为中心延伸出许多流行潮牌街，建议游客决定好前往的目标后再出站。

步行1分钟　　步行1分钟　　步行2分钟

JR新宿站中央口　OIOI ONE　Studio ALTA

三越ALCOTT

步行2分钟

伊势丹百货　高岛屋时代广场　LUMINE

步行2分钟　　步行2分钟　　步行3分钟

移动路径
- 东京站→JR中央线（14分钟，190日元）→新宿站
- 六本木站→都营大江户线（9分钟，210日元）→新宿站
- 筑地站→东京地铁日比谷线→银座→东京地铁丸之内线（30分钟，190日元）→新宿站

东京都厅
将东京全景尽收眼底的45层楼免费瞭望台

LUMINE 以新宿时尚先驱之姿被誉为最具代表性建筑

Yodobashi Camera
大型3C电子量贩店Yodobashi总店

新宿MYLORD
以10~30岁女性为主要对象，
销售琳琅满目的高质感精品

Studio ALTA
东京时尚文化发源地

前往方式

　　从原宿、涩谷、池袋往新宿方向，搭JR山手线最方便，若由反方向的东京、上野、神田地区往新宿，JR中央线则是最简便快速的选择。另外六本木、筑地、浅草则必须搭乘都营地铁。

JR
·山手线、中央线快速、武线、埼京线、湘南新宿ライン、成田エクスプレス（Narita Express）

地铁
·都营地铁新宿线新宿站、新宿三丁目站
·都营地铁大江户线新宿站、新宿三丁目站
·东京地铁丸之内线新宿站、都厅前站

电车
·小田急电车新宿站
·京王电车新宿站

步行1分钟	步行2分钟	步行2分钟	步行2分钟	步行6分钟
JR新宿MYROAD	京王百货	小田急百货	Yodobashi 3C	东京都厅舍	JR新宿站西口

西新宿

由新宿西口开始延伸的西新宿一带，聚集了许多3C电器店，还有小田急百货、京王百货等大型购物商场。此外，以东京都厅为首的摩天楼林、举世闻名的英国THE CONRAN SHOP与Living Design Center OZONE等家饰专卖店也相当值得推荐。

新宿代表性的超大型购物商场

新宿mylord

充满女性消费者喜爱的各式店铺与高质感商品。从新宿站西口往京王百货方向，看到mylord的吉祥物娃娃Dolomi（ドロミちゃん）铜像的巷子转入后，眼前是露天咖啡座与林立着各式商店的拼砖街道。主要销售以10~30岁女性为对象的各式高质感精品，这里也有许多堪称新宿最优的美食餐厅，情侣们也能在此欣赏美丽的夜景哦！

➡ 与JR新宿站西口相通　✉ 东京都新宿区西新宿1-1-3
🕐 11:00~21:00　📞 03-3349-5611
@ www.shinjuku-mylord.com

mylord推荐商店

❶ ITS'DEMO

销售时尚、彩妆、杂货与食品等各式商品，尤其是与彩妆、沐浴、美甲相关的美妆品最值得一逛。抗晕染眼影盘（890日元）与Fibewig睫毛膏（1575日元）最受欢迎。

➡ 与JR新宿站西口相通，位于新宿mylord1F

❷ abc une face

大人式的混搭风格，平价且新颖的设计深受女性欢迎，连身裙约5000日元。

📧 新宿mylord 4F @ www.abcuneface.jp

❸ mystic

主打"性感自然"诉求的棉制服饰、鞋子、围巾与饰品等应有尽有，T恤约3000日元。

📧 新宿mylord 5F @ mystic-web.jp

❹ 靴下屋新宿mylord店

舍弃花哨的设计，长久以来以自然简朴风格广受民众支持的袜子店。彩色厚丝袜840日元，冬季长筒泡泡袜945日元。

📧 新宿mylord 4F @ www.tabio.com

充满平价魅力的红酒专卖店

YAMAYA

1979年创立，引进世界各国人气红酒的专卖店，目前已开设约267家分店。除了法国、意大利等欧洲知名红酒外，也有中国与日本甲州地区生产的红酒，以低廉的价格吸引消费者。还提供能与红酒搭配品尝的饼干、三明治、橄榄与奶酪等，如一般食品行般的轻松气氛也是此店的特色之一。

📧 从JR新宿站西口往华盛顿饭店方向步行约10分钟
📧 新宿区西新宿3-2-7 パシフィックマークス西新宿ビル1F
🕐 10:00~22:00 📞 03-3342-0601 @ www.yamaya.jp

以破盘价激烈竞争的西新宿代表性商店

ダイコクドラッグ西新宿店（DAIKOKU DRUG）

以破盘低价吸引上班族与家庭主妇的大黑（DAIKOKU）药局。从店门口发送的DM上就能看到百元商品与今日特价商品目录，特卖日为每周一~周五，每月的3日全馆免消费税。最受欢迎的商品为暖暖包、化妆品与洗发精等生活用品，光是在新宿区就有8间分店。

📧 从JR新宿站西口步行约4分钟，位于Yodobashi Camera Hobby馆后方
📧 东京都西新宿1-12-11 山银ビル1F
🕐 9:00~23:00（全年无休）03-3345-7774
@ www.daikokudrug.com

 ★ Special

3C电器街
西新宿电器街

新宿站西口外，位于公交车转运站后方的电器街，包括Yodobashi Camera总店、小田急HALC（ハルク）2~6F的Bic Camera、Palette town的Sakuraya等大型商场。虽然东区周围也有一些3C卖场，但西区的规模与多样性还是略胜一筹。

家电量贩新血代表
山田电机LABI（ヤマダ电机 LABI）

在新宿Sky Building开设面积高达15000平方米的大型商店，于2010年登场的电子量贩新品牌LABI，除了生活家电与数字相机等产品外，还有最顶尖的AV机器与游乐器材等计算机外设，属于大型的复合式电子量贩店。

🚈 从JR新宿站西口步行约1分钟　✉ 东京都新宿区西新宿1-7
🕙 10:00~22:00　@ www.yamadalabi.com

指标性大型3C量贩店
Yodobashi Camera（ヨドバシカメラ）

以秋叶原为首，在日本各地开设分店的Yodobashi Camera打出了"便宜、愉悦、宾至如归"的口号，卖场分为综合家电、数码相机、钟表、休闲用品等销售区，其中以摄影器材相关产品最为强势！

🚈 从JR新宿站西口往道厅方向步行约5分钟
✉ 东京都新宿区西新宿1-11-1
🕙 9:30~22:00（全年无休）
📞 03-3346-1010
@ www.yodobashi.com

日本知名电子产品商场
Bic Camera（ビックカメラ）

位于小田急HALC（ハルク）2~6F，销售摄影器材、OA用品与生活休闲用品等。不仅摄影器材品项较为齐全，而且玩具与运动用品还很平价。东区ALTA对面也设有卖场。

🚈 从JR新宿站西口往小田急HALC方向步行约1分钟
✉ 东京都新宿区西新宿1-5-1
🕙 10:00~21:00（全年无休）
📞 03-5236-1111
@ www.biccamera.com

Tip

集点卡 & 退税哪个划算？

虽然每家大型电子量贩店的产品与优惠方式不同，但基本上都是利用5%~20%折扣的集点卡搭配外围配件一起出售。外国消费者只要了解基本权益就能参与活动，但也有当日无法使用集点卡的情况。此外，有些商家设有外国人专用的集点卡，在消费前需要先行确认。一般来说，购买10000日元以上可退8%消费税，如果集点卡的回馈高于8%，则使用集点卡较为有利。

★ Special 新宿二手相机店

　　心中最想要的梦幻相机、镜头与外围设备，几乎都能在新宿的二手相机店找到。Nikon、Canon原厂镜头与新品差价不大，但Tamron、Tokina、Sigma副厂镜头就便宜许多。可以议价也是另一个特色。

Map Camera（マップカメラ）

　　日本最大规模的二手相机商场，一馆2~4F销售摄影相关器材，其他楼层则是Nikon、Canon等各品牌专柜，更兼卖书籍、钟表与笔记用品等。二馆则设有可以抛售或购买手动对焦镜头与相机的客户服务中心。

📧 从JR新宿站西口往道厅方向步行约2分钟，位于Yodobashi钟表综合馆旁
✉ 东京都新宿区西新宿1-12-5 ぷらんしぇビル
🕐 10:30~20:30（全年无休）
📞 03-3342-338　@ www.mapcamera.com

新宿中古相机市场（中古カメラ市场）

　　日本相机迷至少都去过一次的二手相机胜地，提供相机托售的服务。当然，各式最新款相机、多元化镜头、外围商品、相机套或背袋等丰富的商品也相当吸引人。位于巷弄中建筑的2楼，挂着"中古カメラ"的黄色招牌。

📧 从JR新宿站西口往道厅方向步行约4分钟，位于Map Camera 1号馆后方
✉ 东京都新宿区西新宿1-13-2 松原ビル 2F
🕐 10:00~20:00
📞 03-3348-0118　@ www.nsi-jp.com/camera.htm

Camerano Kimura（カメラのきむら）新宿店

　　以首都圈分店最多为傲的Camerano Kimura，以中古相机商店全新登场。店内除了日本生产与进口的DSLR相机外，还销售一般消费型数字相机、摄录像机等多样化商品。尤其是摆满一整面墙的小型相机，不仅数量众多且流量快，是最受欢迎的类别。位于1F的书籍区售卖独特的外国书籍与新刊，2F则有过期杂志与各式单行本。

📧 从新宿站西口步行约5分钟，位于Domain Bank后方
✉ 东京都新宿区西新宿 7-9-5 ンプラザビジネス清田ビル2F
🕐 10:00~20:00
📞 03-5338-5583　@ www.kitamura.jp

新宿Miyama商会（ミヤマ商会）

　　玻璃橱窗里摆放着60多台散发着浓郁历史气息的小型相机正是这家店的招牌。虽然银座店也相当有名，但新宿店的规模较大且商品数量较为齐全。人气商品包括德制Leica（莱卡）、CONTAX等各式品牌新款与二手相机。此外，也经常举行特价活动。

📧 从JR新宿站南口步行约3分钟，位于IDC大家具大楼对面、BEAMS JAPAN旁
✉ 东京都新宿区新宿3-32-8　🕐 10:30~19:30　📞 03-3356-1841
@ www.shinjuku-chuo.com/shop/miyama/miyama.htm

名牌街新宿通

　　是以新宿潮流商场代表ALTA、三越与伊势丹百货为首，世界名牌Tiffany、Gucci等大型分店纷纷进驻的名牌大街。与明治通相交的新宿三丁目站附近设有大型UNIQLO商场与二手名牌店Kome兵，越过OIOI City后一路延伸到新宿御苑都属于新宿通（新宿通り）的范围。周一与假日下午进行车辆管制，以让民众享受舒适的购物之旅。

率先展销最新款商品
的高级百货公司

伊势丹百货

　　拥有稳定的支持者，建筑充满着装置艺术的高级百货。各式高级精品与企划活动，以及折扣季推出的特惠方案总是能吸引大批人潮。若加上本馆、新馆以及设有食品专卖区的Park City伊势丹1，其所属范围可谓新宿地区最大规模！女鞋特卖区是绝对不可错过的重点，以世界销售冠军为傲的化妆保养专柜也是必逛点之一！此外，与Park City伊势丹1之间有免费接驳车可供搭乘。

🚋 从JR新宿站东口往Studio ALTA方向步行约5分钟；从地铁新宿三丁目站B5、B4、B3出口步行约1分钟　🏠 东京都新宿区新宿3-14-1
🕙 10:00~20:00　📞 03-3352-1111
@ www.isetan.co.jp

总店位于纽约曼哈顿的高级百货
Barneys New York

总店位于纽约曼哈顿的高级百货Barneys New York，于1990年开设了东京1号店。2~8F的商场分别销售男装、女装、鞋类、配件、生活杂货、化妆品、餐具与文具等商品，特殊的装潢让这些高档商品与店内气氛搭配得天衣无缝。除了名牌设计款外，男装部也有各类运动服饰、牛仔服饰与鞋类等，可依个人风格选购适合的商品。在银座、横滨都设有分店。

🚇 从JR新宿站东口往伊势丹百货方向步行约4分钟，位于OIOI YOUNG巷弄中
✉ 东京都新宿区新宿3-18-5
🕐 11:00~20:00（不定期休息）
📞 03-3352-1200
@ www.barneys.co.jp

日本最大的二手名牌商场
Kome兵（コメ兵）

令人联想到高级百货公司的特价二手商品店，1~7F分别展售宝石、钟表、服饰、鞋类、包包等多样化商品，二手商品占比80%、全新商品占20%。售价不仅比一般名牌精品店低廉，而且保存状况相当好。涩谷与有乐町也设有分店，但新宿店的规模较大。

🚇 从JR新宿站东口往明治通方向步行约6分钟，位于伊势丹百货对面，与新宿三丁目E3出口相连
✉ 东京都新宿区新宿3-5-6　🕐 11:00~翌日1:00（每月第1、3个周三休息）
📞 03-5363-9188
@ www.komehyo.co.jp

综合服饰专卖店
Okadaya（オカダヤ）

知名的手作潮流指标商店，销售手工艺品、裁缝、服饰、杂货、拼布、装饰用品与各种布料。全馆分成内衣区、手作用品区、与时尚相关的书籍区、服饰馆，以及销售布料为主的材料馆。

🚇 从JR新宿站东口步行约1分钟，位于Studio ALTA前
✉ 东京都新宿区新宿3-23-17
🕐 10:30~20:30
📞 03-3352-5411
@ www.okadaya.co.jp

Special

专属年轻人的新宿地标

Studio ALTA

设于三越的休闲复合式潮流商场Studio ALTA是新宿有名的地标。1980年架设日本首台户外巨型屏幕，24小时持续以华丽的影像吸引年轻人的目光。1~6F设有平价品牌专柜，咖啡厅与餐厅大都以年轻顾客为主。而7~8F的视听室则是富士电视台知名节目"笑っていいとも"的现场直播摄影棚，在这里说不定有机会遇到SMAP的香取慎吾等大咖艺人哦！

➡ 与JR新宿站东口、A9出口相连　✉ 东京都新宿区新宿3-24-3
🕐 11:00~20:00（餐厅为11:00~23:00）　📞 03-3350-5500
@ www.studio-alta.co.jp / www.altastyle.com/shinjuku

Studio ALTA推荐商店

❶ ANAP

在日本全境设有ANAP MIMPI、LATINA、USA、Settimo Anap、ANAP KIDS等十余间分店的新兴潮流品牌。性感与华丽风格的商品引领着涩谷少女的最新潮流动向。装潢成芭比娃娃房间的试衣间相当引人注目。

➡ Studio ALTA 4F
@ www.anap.co.jp

❷ 天使のすみか

销售仿真人偶SD（Super Dollfie）娃娃的商店，做工精致的SD娃娃高40~60厘米，表情与服装都非常逼真。即使要价高达50000日元，仍有许多收藏者趋之若鹜。
➡ Studio ALTA 6F
@ www.volks.co.jp

❸ Xe

销售美国好莱坞影星最新潮流商品与各式古着，兼备丰富的国产与进口商品，正是Xe的人气秘诀。水钻帽约7000日元、紧身牛仔裤约10000日元，推荐给想要受到众人瞩目的女孩们！
➡ Studio ALTA 2F

❹ L.D.S

销售鲜艳多彩与前卫设计的古着商店，散发着健康年轻与性感气息。人气商品有亮眼造型包、凉鞋等各式商品，并与新潮可爱的内衣品牌合作而大获好评。连身裙约8000日元，包包约6000日元。
➡ Studio ALTA 2F

主要街区——中央通

　　展现出截然不同的面貌的中央通（中央通り）由JR新宿站西口一直延伸到中高型摩天大楼区，并与中央口和OIOI丸井百货相连。其中位于高耸大厦之间的中央口一带、活力四射的潮流商街中，值得推荐的是COMME CA STORE、ZARA、IDC大家家具与OIOI丸井百货等代表性名店。

日本规模最大的服饰制造商直营店

COMME CA STORE

　　以代表品牌COMME CA ISM为主，延伸销售童装、男装与生活杂货等多元化商品的全系列品牌。以黑白为基底的设计，乍看会让人以为是高价商品，实际却与UNIQLO并列为日本国民品牌。折扣季开打时，每件500日元的T恤最受欢迎。

📧 从JR新宿站中央口步行约1分钟　📮 东京都新宿区新宿3-26-6
🕐 11:00~21:00（不定期休息）
📞 03-5367-5551　@ commecadumode.raifu.info

人气最旺的日本精品店

BEAMS JAPAN

　　以独到的眼光引进国际知名品牌精选商品与本地国产制品的人气精品店，于1998年开设了这间极具代表性的分店。B1~6F共7层楼的大规模商场，分别销售男装、女装、配件、家具、家饰用品等商品。位于6F的B GALLERY每月不定期推出展览，热爱东京潮流的人一定要来。

📧 从JR新宿站中央口步行约3分钟，位于IDC大家家具大楼对面
📮 东京都新宿区新宿3-32-6
🕐 11:00~20:00　📞 03-5368-7300　@ www.beams.co.jp

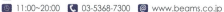

around the shoes

人气服饰品牌**TAKA-Q**开设的专业鞋店。不仅设计相当符合追求潮流的年轻人口味，细腻的做工与多样化的商品也是这家店的魅力之一。仿照艺廊气氛的店内装潢，摆放着从世界各地进口的人气商品。

🚇 从JR新宿站中央口步行约3分钟，位于IDC大冢家具大楼旁

✉ 东京都新宿区新宿3-28-16 コルネビル1~2F

🕐 11:00~21:00

📞 03-5361-3181

@ www.taka-q.com/brand/around.html

拥有2万多件家具商品的首都圈最大展示商场

IDC大冢家具新宿Show Room

兼备亲民的平价设计家具与国际知名品牌商品，从B1~8F占地共14000平方米的商场内，设有休闲、时尚、经典、传统和风家饰品等部门。不仅选购方便，而且可随时寻求专业服务人员的协助，甚至还可议价。

🚇 与地铁新宿三丁目站A4出口相连；从JR新宿站南口步行约5分钟

✉ 东京都新宿区新宿 3-33-1

🕐 10:30~20:00（年末、年初休息）

📞 03-5379-4321

@ www.idc-otsuka.co.jp

精致化商街——明治通

　　明治通（明治通り）是由原宿往高岛屋时代广场方向延伸出来的精致都会型商街。沿着新宿三丁目站一路往南与新宿通、靖国通相交，著名地标有OIOI丸井百货和伊势丹百货等。

新宿流行先驱

LUMINE新宿

　　与JR新宿站中央口相连的LUMINE EST，一路延伸到西口和南口的LUMINE一馆与二馆，因其黄金地段与多样化的品牌专柜、适合女性的餐厅与咖啡厅而受到OL压倒性的支持。除了世界人气品牌外，也聚集着许多日本当地品牌。

🛏 与JR新宿站西口、南口、中央口相通
✉ 东京都新宿区新宿3-38-1
🕐 11:00~22:00　📞 03-3348-5211　@ www.lumine.ne.jp

LUMINE推荐商店

❶ ranKing ran Queen

　　编辑部将化妆品、食品、饮料、CD、书籍、游戏软件与饼干等受到大众喜爱的商品分门别类，再依消费数据列出严选商品的排行榜1~5名。提供无数种商品的决定性信息并同时销售这些商品，此种新型的消费方式已成功引起大众瞩目。涩谷与自由之丘等地也设有分店。

✉ LUMINE B1东口检票口　🕐 10:00~23:00
📞 03-5919-1263　@ www.ranking-ranqueen.net

❷ kitson

　　世界顶级精品店kitson于2009年3月首次登陆东京，约2000位民众于开业前一天就彻夜排队等待抢购人气商品。携带帕丽斯·希尔顿与安吉丽娜·朱莉的爱用品牌，可让民众随时走在流行最前线。从几百日元的配件饰品到十几万日元的奢华逸品，在这可买到各式潮流商品、儿童用品与创意生活杂货。印有kitson字样的10000日元亮片包最受欢迎，日本当地品牌Party People与kitson loves you都很值得推荐。

　✉ LUMINE 2馆 2F　@ shopkitson.jp

❸ 3COiNS

　　东京区占地最广的均一价商店。这里有厨房和卫浴用品、家饰、袜子、首饰等琳琅满目的商品，不仅受到许多明星艺人的喜爱，各家媒体也经常报道。实用收纳箱、洗衣袋与充满女人味的珠宝盒是店内的人气商品，另有500日元、1000元商品区。

　✉ LUMINE Est 3F　@ www.3coins.jp

❹ Jewel Changes

　　专为想在生活中增添活力元素的女性设计，印第安风耳环、特色T恤都是深受欢迎的平价商品。另外，充满都会风情的家饰品也颇具人气，饰品约2000日元不等，上衣约5000日元不等。

　✉ LUMINE 1馆 2F　@ www.jewelchanges.jp

❺ aquagirl

　　以日本当地品牌kuora为主，兼售海外进口品牌商品的精品店。亮眼又鲜艳的针织品、女人味十足的裙子与ONE PIECE等都是店内的人气商品。另有饰品、包包与鞋类等配件，可让消费者一次购足全身行头。针织衫约12000日元。

　✉ LUMINE 1馆 2F　@ www.world.co.jp/aquagirl

❻ Samantha Thavasa DELUXE

　销售可因应各种场合而每天变换的包包与饰品，以创意设计与突破性的挑战掳获好莱坞明星的日本品牌。可爱的爱心图腾包与华丽的休闲包款都是人气商品。皮夹约12000日元，包包约20000日元。

📩 LUMINE 2馆 2F　@ www.samantha.co.jp

❼ PEACH JOHN THE STORE

　因亮眼又充满活力的风格、亲民的价格而广受女性喜爱的邮购品牌PJ的实体商店。在明亮又宽敞的商店里，展售着约会用性感内衣以及实用功能型贴身衣物等各式商品，不定期出现的邮购限定商品也相当值得抢购。

📩 LUMINE 1馆 3F　@ www.peachjohn.co.jp

❽ fabulous CECIL McBEE

　深受东京年轻女性推崇的CECIL McBEE所推出的副牌。针对30岁以上轻熟女设计的Cool & Sweet可爱性感风，适合想要突显身材曲线或是偏好优雅装扮的人。

📩 LUMINE 2馆 2F　@ www.fabulous-cm.jp

❾ mjuka

　"mjuka"一词是瑞典语中的"柔和"，因此所有商品都以符合品牌名称与形象的自然素材、柔软质感、女性柔美风格为诉求。轻松自在的休闲T恤与ONE PIECE是热销人气商品，而装潢成摩洛哥风格的店面也备受瞩目。T恤约7000日元，ONE PIECE约18000日元。

📩 LUMINE 1馆 4F　@ www.raycassin.jp/mjuka

东京时尚发源地

OIOI丸井百货

丸井（MARUI）OIOI百货每次的大变身都能吸引消费者热烈的关注。以位于新宿通中心位置的OIOI本馆为中心，延伸至东新宿的各种主题别馆，展售着许多令人目不暇接的时尚商品，持续受到大学生与年轻族群的喜爱。除了日本当地品牌外，还有自创品牌商店，适合推荐给精打细算的血拼族。

- 适合OL的新宿OIOI本馆于2009年4月24日开业。

- 集合平价First Fashion商品的大型购物商场新宿OIOI CURREN（前OIOI YOUNG）于2009年2月27日开业。

- 潮流品牌聚集地、充满自我风格的时尚专门馆新宿OIOI ONE（前OIOI CITY）于2009年2月20日开业。

- 大众化品牌时尚馆，新宿OIOI ANNEX（前新宿OIOI CITY 1馆）于2009年4月24日开业。

- 呈现独特品位生活空间的In The Room于2009年4月24重新开业。

推荐商店

❶ UNIQLO girls concept shop

由知名休闲品牌UNIQLO专为年轻女性设计的商场，能比其他商场早一个星期买到最新单品，其亲民价格与高质感设计也持续获得民众青睐，会不定时推出特惠活动。

✉ 新宿OIOI CURREN 2F @ www.uniqlo.com/jp

❷ Angelic Pretty

粉红色蕾丝与蝴蝶结，有点超乎现实的连身洋装与配件为主力商品的梦幻系人气品牌。无论是宛如漫画人物身上的洋装、发夹，还是各种装饰品、包包、抱枕等生活用品，都让人感觉好像来到了另一个世界。连身洋装与装饰品组合特惠价为18900日元。

✉ 新宿OIOI ONE 7F @ www.angelicpretty.com

❸ FUNKY STREET

将藏身于涩谷巷弄中众多业余设计师充满个性的作品展售店原封不动地重现。店面装潢就像一间摆设着环游世界后带回来的物品，充满回忆般的房间，让人感到亲切而且具有国际观。彩色猫咪玩偶840日元。

✉ 新宿OIOI ONE 1F

❹ h.NAOTO Punk

反映出时尚、萝莉、Cosplay与Army等各种主题的，以及能一窥日本街头次文化的潮流品牌。毕业于文化服装学院的广冈直人以hEAVEN、H、8CLUB、h.4等为中心，共推出32个关系副牌，以具有强烈存在感的潮流风格为最大特色。其中性感又女性化的HONEY以及中性休闲品牌Sixh等最令人瞩目。帽子5000日元，羊毛衫15500日元。

✉ 新宿OIOI ONE 6F　@ www.s-inc.com/hnaoto

❺ In The Pink by ru jeans

位于全新诞生的新宿OIOI CITY的高质感品牌服饰店。除了丸井百货自有品牌ru jeans外，还可以买到国外进口的知名牛仔服饰。此外还有包包、个性单品等，齐全的商品可让消费者自由穿搭出自我风格。靴型牛仔裤14000日元，皮带7000日元，无袖上衣3900日元。

✉ 新宿OIOI ANNEX 2F

❻ Crystal Sylph

从OL套装到派对礼服、休闲服饰等各种商品，能满足不同场合与气氛的时装品牌。其中，适合身高150厘米的娇小女性的上衣与鞋款相当受欢迎。礼服20000日元左右，套装约30000日元。

✉ 新宿OIOI ANNEX 3F　@ www.OIOI.co.jp/brands/crystalsylph

呈现东京生活方式的
流行指标

Flags

从B1~10F共11层楼，除了GAP、SHIPS、UNITED ARROWS等知名品牌进驻外，还设有休闲服饰、生活杂货与Tower Record等复合式购物广场。设置于外墙的Flags Vision大屏幕，不断播放最新流行单品信息与特惠广告，在此更能一览新宿华丽的街景，KIHACHI ITALIANU咖啡厅也是知名的聚会场所。

➥ 与JR新宿站东南口相通
✉ 东京都新宿区新宿3-37-1
🕐 10:00~21:00　📞 03-3350-1701
🌐 www.flagsweb.jp

Flags推荐商店

❶ OSHMAN'S

充满活力的Champion×OSHMAN'S的足球衣、东京马拉松赛事的专业慢跑鞋、特殊材质的Nike健走鞋等，都是店内展售的专业运动用品，折扣特卖时可以7折购得。T恤约5000日元。

✉ Flags 4~5F　🕐 www.oshmans.co.jp

❷ UNITED ARROWS BLUE LABEL STORE

1989年创立以来，持续受到民众喜爱、屹立不倒的精品店，展售许多精美的成人时尚商品。BLUE LABEL是针对男性设计的商场，其中QUAI DE VALMY的夹克、SAINT CRISPIN'S的高级皮鞋、MOKEY TIME的休闲服饰，以及UNITED ARROWS的自由品牌衬衫与西装都是人气商品。另外，Tamio Ido的设计款眼镜也相当独特。自有品牌衬衫13000日元，领带8000日元。

✉ Flags 4F　🕐 www.united-arrows.co.jp

❸ SHIPS

以"Stylish Standard"为主题，引进欧美各地的潮流单品。自1975年成立以来，一直都以充满异国风情却又相当舒适的产品为特色。除了设有LACOSTE、Levi's、BURTON、PUMA、NORTH FACE等大众品牌柜外，也有各式配件与单品可供选择。

✉ Flags 4F　🕐 www.shipsltd.co.jp

精致华丽的超大型复合式购物商场

高岛屋时代广场
（タカシマヤタイムズスクエア）

不同于变化多端的新宿，这里是让购物变得悠闲又方便的绿洲。除了Hermes、Tiffany等世界名品专柜与日本人气品牌进驻外，还兼有台隆手创馆、HMV、纪伊国屋书店等店，属于多元化的百货商场。位于高楼层的美味餐厅也值得推荐。

- 从JR新宿站新南口步行约2分钟
- 东京都涩谷区千驮ケ谷5-24-2
- 10:00~20:00
- 03-5361-1111
- www.takashimaya.co.jp/shinjuku

时代广场推荐商店

❶ 高岛屋百货（TAKASHIMAYA）

沿着明治通走，即可到Balenciaga、Bottega Veneta、Tiffany、Hermes以及LV等世界名品一应俱全的高岛屋百货，这里是受到OL与贵妇们压倒性支持的购物名胜。尤其是4F的国际时尚区，更以ARMANI、COMME des GARÇONS、Homme 2C、D&G、Burberry Prorsom、DKNY等高级名牌著称，5F也以PRÊT À PORTER风格的休闲服饰区而广受喜爱。另外，3F除了有特选服饰与杂货区外，还有FENDI、Ferragamo、CELINE、Cartier、BULGARI、GUCCI、PRADA、CHANEL等世界知名品牌的各式商品。

Tip

展售世界顶级红酒的
LES CAVES
TAILLEVENT

由巴黎高级餐厅TAILLE-VENT开设，位于高岛屋B1的红酒专柜展售由勃艮第（Bourgogne）、法国南部等地收藏家精心挑选的顶级红酒，连店里的温度都会严格控制，但高昂的价格还是让一般人望而却步。

- 高岛屋百货公司B1
- www.taillevent.com

❷ 台隆手创
（TOKYU HANDS）

新宿店与池袋店是台隆手创占地最大的店面，约有20万种商品可供选购。聘有专业服务人员便于顾客询问，让购物变得更轻松。

✉ 时代广场1~7F
@ www.tokyu-hands.co.jp

❸ 纪伊国屋书店新宿店

包含漫画、多媒体、外文、艺术等专业出版品，高达万卷的藏书量号称日本最大规模书店。7~8F的Southern theatre会不定期举行高水平舞台剧与各种讲座。

✉ 时代广场别馆B1~6F
@ www.kinokuniya.co.jp

❹ HMV新宿SOUTH

销售各式影音CD的HMV，可说是日本最大面积的单层唱片行。如果有喜欢的音乐，可以随时在180个播放站进行试听，店内还摆设了16面多用途大屏幕与数个DJ台，让整个店面看起来相当丰富。

✉ 时代广场12F
@ www.hmv.co.jp

❺ BEST电器（ベスト电器）

总店位于九州岛福冈的大型电子量贩店，与Yodobashi Camera或Bic Camera相比稍显弱，但特惠期间打出的破盘低价却很值得参考。

✉ 时代广场11F
@ 日本官网　www.bestdenki.ne.jp

❻ Restraints Park
（レストランズパーク）

位于时代广场12~14F，是拥有绝佳视野的新宿最大空中餐厅。逛累了，就来吃顿大餐吧！在这里一定能度过愉悦的用餐时光，尤其是这里有能将整个新宿一览无遗的13F户外庭园。如果想便宜地解决一餐，也可以在便利超商买便当后到这个户外空间慢慢享用。

✉ 时代广场本馆12~14F
@ www.restaurants-park.jp

运动用品天堂

Victoria

　　除了网球、篮球与排球等基本球类用品外，还设置了高尔夫器材专门店Victoria Golf与户外专卖店L-Breath等职业级专柜，囊括了所有运动用品。尤其是Victoria Golf以日本最大普利司通俱乐部专属商店、PRGR日本最大规模商场、Callaway Golf的日本首间分店著称，当然，亲民的价格也是其最大魅力之一。强力推荐给所有运动狂热者！

🚇 从JR新宿站新南口或南口步行约3分钟，位于高岛屋时代广场对面
✉ 东京都新宿区新宿 4-1-14
🕐 10:30~20:30
📞 03-3354-8311
@ www.victoria.co.jp

美术、动漫、建筑相关综合百货

世界堂

　　画具、文具、雕塑与制图用品以及挂框加工、设计工具等一应俱全，常态性的折扣也让许多口袋不深的艺术家们相当满意。商店招牌是对着"更好，更便宜！"标语摆出惊讶表情的蒙娜丽莎，超低价的笔类和可爱的文具杂货都让人爱不释手。

🚇 从地铁新宿三丁目站步行约1分钟；从JR新宿站步行约7分钟
✉ 东京都新宿区新宿3-1-1 世界堂ビル 1~5F
🕐 9:30~21:00（全年无休）
📞 03-5379-1111
@ www.sekaido.co.jp

靖国通

　　新宿最大的娱乐街就是朝着歌舞伎町与新大久保Korea Town延伸出的宽阔的靖国通（靖国通り），这里布满了各式餐厅、酒吧与KTV等娱乐店家，闪烁缤纷的霓虹灯是该区的最大特色。

人气综合特价商店

Donki Hote

　　以特惠价格销售餐具、厨具、化妆品与休闲用品等杂货，4万多种商品可供选择。除了新宿、涩谷与银座等主要闹市区都有设立分店外，24小时营业并附设停车场以及贴心的服务也赢得许多年轻人压倒性的喜爱。随时都能来逛逛，也很适合购买赠礼。

🚇 从JR新宿站东口步行约5分钟　　🏠 东京都新宿区歌舞伎町1-16-5
🕐 24小时（全年无休）
📞 03-5291-9211

媒体争相报道的当红二手商店

银藏

销售LV、CHANEL、Hermes、Tiffany、劳力士等世界名牌的二手商店，有着独特的外观装潢与醒目的招牌。

- 🚇 从JR新宿站东口步行约3分钟
- ✉ 东京都新宿区新宿3-36-15
- 🕐 11:00~20:00（全年无休）
- 📞 03-5367-0662
- @ www.ginzo.jp

全天候捷运地下街

新宿Subnade（新宿サブナード）

从地铁西武新宿站一路延伸到靖国通与新宿通的大型地下街，因副都心线通车而使人潮扩增。人气店家包括R.F、SHARAI 1等潮流服饰店，以及内衣丝袜专卖店intesucre、平价首饰专卖店Claire's与香水专卖店P.D.C.等。此外，观光客最爱的和幸猪排与各种平价餐厅也坐落于此。

- 🚇 沿JR新宿站东口地下街步行约2分钟
- 🕐 10:00~21:00
- 📞 03-3354-6111
- @ www.subnade.co.jp

HARAJUKU

原宿

能完全满足10~60岁所有个性派族群的潮流天堂。不论是拥有东京街头时尚代名词的竹下通、聚集各种欧法风古着店与个性小店的Cat Street，还是赢得都会女性大力支持的表参道、聚集各式华丽高级名牌的青山，都能让所有追求时尚潮流的人获得极大的满足。

原宿

现今最受瞩目的最新潮流发源地之一。街头潮流与优雅高级时尚共存的原宿，可沿着表参道漫步至品位崇高的时尚圣地青山，非常值得前来探访。

★深受年轻人喜欢的服饰店

无论是2008年4月开业的SoLaDo，还是代表原宿潮流的LaForet，都是深受东京年轻人喜爱的服饰店。每当岁末年终特卖活动开始时，彻夜排队等候的血拼族更是媒体报道的常客。

❶ 以创意设计取胜的新世代购物商城 LaForet（P.91）
❷ 充满活力的购物商场 SoLaDo（P.89）

★隐身于明治通的个性店铺

❶ 巷弄里充满特色的小店——里原宿（P.99）
❷ 可优雅漫步的小商店街 Cat Street（P.96）

★ 来自东京的街头时尚！
古着爱好者的寻宝天堂

深受对潮流服饰有着自我品位的年轻人喜爱的古着店，无论是个性派的装潢、亲民的价格以及充满魅力的流行单品，都让原宿成为寻找古着店的最佳首选。

❶ 日系古着店指标WEGO（P.94）
❷ HANJIRO的原创商品有独特风格（P.94）
❸ 390日元均一价的THANK YOU MART（P.95）

★ 败犬女王的名牌胜地

让时尚女性甘愿打开皮夹的表参道与青山一带，云集了高级名牌、精品店、设计名店以及风格鲜明且眼光独到的各种品牌概念店，气氛比银座更自在，又有许多美食家推荐的咖啡厅与餐厅，简直是无可挑剔。

❶ 名牌购物胜地——表参道Hills（P.82）
❷ 优雅高尚的购物景点——La Place南青山（P.104）

01 散发青春气息的竹下通

从JR原宿站竹下口一路延伸到明治通，长约350米的竹下通代表着原宿的少年街。琳琅满目的艺人外围商品与各式杂货用品店，让这里充满了活力。采买潮流单品、平价服饰时，也千万别错过原宿的特色小吃"可丽饼"哦！

02 追求自我风格的潮人天堂——里原宿&Cat Street

表参道巷弄中林立着美式休闲商店与年轻设计师的自创品牌店。明治通与原宿表参道之间的区域称为"里原宿（URA HARAJUKU）"，有着各种潮流小店，而位于表参道上的"Shakey's Pizza"和"BULGARI"之间的小巷"Cat Street"，则是有着众多休闲时尚品牌、饰品小店、杂货用品店与咖啡厅，较倾向于女性风格的购物街。

> 原宿及青山一带是血拼族的天堂，有着拥有敏锐潮流触觉的潮人们最爱的古着商店与独特单品，有着最新潮流品牌、高级设计名店与名牌专柜，可完全满足所有年龄层。

竹下通

竹下通

明治通

Cat Street

03 So Hot! 国际平价品牌概念店

2009年4月，Forever21在原宿开业，H&M、ZARA、MANGO、GAP等世界知名平价品牌也聚集于此。这里不仅能让你吸取最新的时尚信息，还能把商品大袋小袋通通打包回家。

04 迷倒优雅OL的奢侈品，掌握年终特卖大肆抢购吧！

日本设计名店与世界高级品牌专柜持续增加的表参道与青山，抢攻粉领族的消费市场。虽然高昂的价格让人有些压力，但在打2~3折的年终特卖季却能买到划算的商品。

表参道

竹下通

La Foret

原宿街头直击

MINAMI 服务业

喜爱品牌
ZARA、GAP、涩谷109、LB-03、Brappers、MK MICHEL KLEIN

原宿必败点
里原宿品牌店、La Foret

今日穿搭
从UNITED ARROWS买来的手环与牛仔短裤

HARUMI 上班族

喜爱品牌
SHIPS、BEAMS、UNITED ARROWS、iCB、Barney new york

原宿必败点
原宿H&M、ZARA、Forever21

今日穿搭
在韩国买的腰带与在御殿场Outlet买的项链

MISATO 彩妆师

喜爱品牌
D&G、Vivienne Tam、Loveless、VIA BUS STOP、Y'S、COMME des GARÇONS、DIESEL、Dior Kids

原宿必败点
青山名牌店、表参道Hills、Kiddy Land

今日穿搭
符合圣诞气氛的亮片裙与D&G靴子

复合式时尚广场

❶ 表参道Hills（Omotesando Hills）

风格新颖的复合式建筑，聚集着约94个多元品牌与餐厅，俨然成为原宿新地标。

🚇 从JR原宿站表参道口往表参道方向步行约8分钟
@ www.omotesandohills.com

❷ 原宿La Foret（Laforet HARAJUKU）

聚集所有原宿知名品牌，炙手可热的聚会场所。

🚇 从JR原宿站表参道口直行，与明治通的交会口
@ www.laforet.ne.jp

❸ t's harajuku

以日本最大规模的GAP分店与Sony Plaza闻名的复合式商业广场，建筑外观充满艺术气息。

🚇 从JR原宿站表参道口步行约3分钟，位于明治通的交会口
@ www.walkerplus.com/mall/tsharajuku

❹ La Place南青山

满足OL所有需求的轻熟族购物天堂。

🚇 从表参道站A4出口步行约1分钟
@ www.la-place.net

❺ One Omotesando

由日本知名建筑师安藤忠雄设计的建筑，聚集了DONNA KARAN、CELINE、FENDI、LOWEW等高级名牌。

🚇 与表参道站A3出口相邻

❻ SPIRAL（スパイラル）

由日本知名建筑师桢文彦设计的复合式文化建筑，是日本现代建筑的代表作。精致的杂货用品店以及设有各式专柜的SPIRAL MARKET都很值得推荐。

🚇 从表参道站B1、B3出口往涩谷方向步行约1分钟
@ www.spiral.co.jp

❼ La Foret Aoyama

展现丰富生活品位的复合式购物商场。

🚇 从地铁表参道站B2出口往涩谷方向步行约4分钟
@ www.laforet.ne.jp

名牌专柜

❶ QUIKSILVER

面积庞大以规模取胜的巨型精品商城。

📧 从JR原宿站表参道口往明治通方向步行约5分钟

@ www.quiksilver.co.jp

❷ MANGO

充满设计感的西班牙人气品牌，能够展现女人味的连身裙最受欢迎。

📧 从JR原宿站表参道口往明治通方向步行约3分钟

❸ H&M

在世界40多个国家设立超过2300间分店的瑞典知名品牌H&M日本旗舰店。

📧 从JR原宿站表参道口往明治通方向步行约4分钟

@ www.hm.com

❹ Forever 21

深受LA潮流人士瞩目的美国代表品牌。

📧 从JR原宿站表参道口往明治通方向步行约4分钟

@ www.forever21.com

❺ ZARA

高品位的西班牙平价时尚品牌领导者。

📧 从JR原宿站表参道口往表参道方向步行约1分钟

@ www.zara.com

❻ UT STORE HARAJUKU

UNIQLO是专门销售T恤的概念店。

📧 从JR原宿站表参道口往明治通与涩谷方向步行约6分钟

@ store.uniqlo.com/jp/store/feature/ut/harajuku

❼ Hysteric Glamour

追求朋克与性感的日本品牌。

📧 从JR原宿站表参道口往明治通与涩谷方向步行约7分钟

@ www.hystericglamour.jp

❽ Burberry Blue Label

Burberry的官方副牌，属于轻盈的休闲风格。

📧 从JR原宿站表参道口往明治通与涩谷方向步行约7分钟

@ www.burberry-bluelabel.com

❾ TK

Takeo Kikuchi的休闲年轻副牌。

📧 从JR原宿站表参道口往明治通与涩谷方向步行约7分钟

@ www.world.co.jp/tk

高级名牌旗舰店

❶ RALPH LAUREN

展售POLO顶级系列品牌的概念店。

📧 从JR原宿站表参道口步行约6分钟，位于表参道上

@ www.ralphlauren.com

❷ Louis Vuitton

展售法国帝王级名牌LV的各式新款精品。

📧 从JR原宿站表参道口步行约6分钟，位于表参道上

@ www.louisvuitton.com

❸ BVLGARI

除了去逛精品专柜外，千万不要忘记到BVLGARI IL CAFÉ享用高级的下午茶。

📧 从JR原宿站表参道口步行约6分钟，位于表参道上

@ www.bVlgari.com

❹ CHANEL BOUTIQUE

令人感受香奈儿独特世界观的精品店。

📧 从JR原宿站表参道口步行约5分钟，位于表参道上

@ www.chanel.com

❺ GUCCI

意大利经典风格的时尚宝库。

📧 从JR原宿站表参道口步行约7分钟，位于表参道上

@ www.gucci.com

❻ Christian Dior

优雅、尊荣的时尚名牌Christian Dior原宿店。

📧 从JR原宿站表参道口步行约5分钟，位于表参道上

@ www.dior.com

❼ Prada Boutique

以钻石玻璃帷幕建筑与充满驿动性的店内构造跃升为表参道的新地标。

📧 表参道站A4出口步行约1分钟

@ www.prada.com

❽ Cartier

以高级的折射光营造出魔幻气氛的高级旗舰店。

📧 表参道站A4出口步行约1分钟

@ www.cartier.com

❾ Miu Miu

Prada系列年轻副牌，以色调华丽且设计大胆的风格著称。

📧 表参道站A4出口步行约4分钟

@ www.miumiu.com

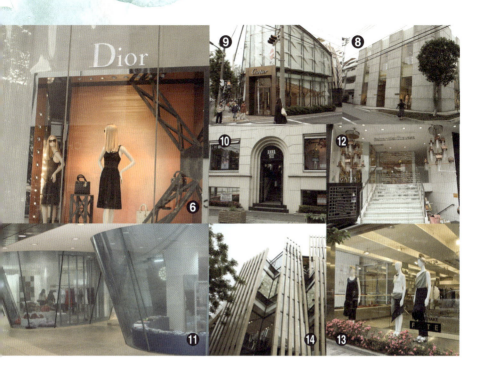

❿ ANNA SUI

纽约个性派名牌ANNA SUI的全系列服饰店。

📣 从JR原宿站表参道口往Cat Street方向步行约5分钟
@ www.annasui.com

⓫ COMME des GARÇONS 青山路店

引领高级成衣市场的 COMME des GARÇONS品牌分店。

📣 表参道站A4出口步行约1分钟
@ www.comme-des-garcons. com

⓬ Samantha Thavasa DELUXE青山

帕丽斯·希尔顿与维多利亚等知名艺人爱用的日本原创包包、饰品品牌。

📣 表参道站A5出口步行约1分钟，位于青山通交会口
@ www.samantha.co.jp

⓭ ISSEY MIYAKE

日本代表性的时尚设计师三宅一生经营的副牌，创作灵感来自和服。

📣 表参道站A4出口步行约1分钟
@ www.isseymiyake.com

⓮ Chloe

在传统风格中添加创新材

质与设计，呈现新颖魅力的法国高级时尚品牌。

📣 表参道站A4出口步行约2分钟
@ www.chloe.com

⓯ Y-3

设计中充满设计师三本耀司的独特风格，与Adidas联合推出的品牌。

📣 表参道站A4出口步行约5分钟
@ www.adidas.com/us/y-3

⓰ Kate Spade

以兼具高品位色调与实用功能包闻名的Kate Spade旗舰店。

📣 与地铁表参道站A3出口相邻
@ www.katespade.com

彩妆保养

❶ 植村秀Shu Uemura

资生堂代表性彩妆品牌植村秀的表参道总店,所有产品均可试用。

🚇 从JR原宿站表参道口步行约8分钟,位于表参道上

@ www.shuuemura.jp

❷ AVEDA

崇尚自然主义的品牌AVEDA,除了彩妆保养品外,还推出健康养生的康福茶。

🚇 表参道站A4出口步行约6分钟

@ www.aveda.co.jp

❸ CARITA

极致发挥素颜之美的法国保养品牌。

🚇 表参道站A4出口往外苑方向步行约5分钟

@ www.carita.jp

❹ SABON

以传统工艺制造而闻名的以色列肌肤保养品牌。

🚇 表参道站A4出口往青山La Foret方向步行约2分钟

@ www.sabon.co.jp

❺ 生活の木

自然草本与芳疗化妆品专卖店,身体乳与各式香氛产品很受欢迎。

🚇 从JR原宿站表参道口步行约4分钟,位于表参道上

@ www.treeoflife.co.jp

家饰概念店

❶ JAXSON AOYAMA SHOWROOM

展售顶级经典家具品牌JAXSON的所有人气商品。

🚇 表参道站B3出口往青山通与涩谷方向步行约3分钟

❷ Boffi青山

以顶级厨具设计闻名的意大利品牌Boffi的最新展示馆。

🚇 与地铁外苑前站2号出口相邻

@ www.boffi.com

玩具模型店

❸ Kartell Shop Aoyama

意大利家具品牌Kartell的旗舰店，展售形形色色的塑料制家饰。

📮 表参道站A5出口步行约5分钟
@ www.kartell-shop.jp

❹ Mid Century Modern

在1940~1970年以George Nelson、Charles Eames等知名设计品牌闻名的北美、欧洲设计师所推出的家饰店。

📮 表参道站B1出口往骨董通方向步行约3分钟
@ www.mid-centurymodern.com

❶ Kiddy Land

因好莱坞明星造访而声名大噪，是个能让大人小孩同欢的玩具专卖店。

📮 从JR原宿站表参道口往表参道方向步行约5分钟
@ www.kiddyland.co.jp

❷ Crayon House（クレヨンハウス）

日本知名作家落合惠子所打造的儿童天地。专售各式绘本、童书、文具、玩具与生活杂货。

📮 表参道站A1出口步行约2分钟
@ www.crayonhouse.co.jp

❸ Tin Tin

销售与《丁丁历险记》卡通片相关的外围商品。

📮 从JR原宿站竹下出口步行约6分钟
@ www.tintin.co.jp

JR原宿站
历史悠久的原宿车站

Cat Street
充满个性小店的购物街

明治神宫 供奉日本明治天皇的神社

竹下通 东京年轻族群的血拼胜地

明治通 拥有许多国际品牌概念店的时尚街

💼 旅行秘诀

　　以跳蚤市场闻名的代代木公园、Cosplay爱好者聚集地神宫桥以及明治神宫等，都是原宿的知名景点。商店营业时间大多在10:30，虽然从原宿步行到表参道与南青山的时间仅需20~30分钟，但街上充满各式商店与大型复合商场，建议可在此安排一天的行程。

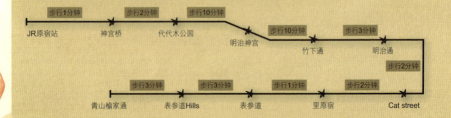

JR原宿站 — 步行1分钟 — 神宫桥 — 步行2分钟 — 代代木公园 — 步行10分钟 — 明治神宫 — 步行10分钟 — 竹下通 — 步行3分钟 — 明治通 — 步行2分钟 — Cat street — 步行2分钟 — 里原宿 — 步行1分钟 — 表参道 — 步行3分钟 — 表参道Hills — 步行3分钟 — 青山榆家通

表参道Hills
粉领族的名牌胜地

表参道 奢华高级品牌聚集区

青山榆家通
东京高级精品区代表

里原宿
云集潮流服饰与设计品牌的商街

前往方式

　　从东京市区往原宿方向，可在JR山手线的原宿站下车；若搭乘地铁则坐到表参道站或明治神宫站；从原宿沿着明治通或Cat Street前往涩谷，需步行20分钟左右。

JR
· JR山手线于原宿站下车

地铁
· 东京地铁千代田线明治神宫前站、表参道站
· 东京地铁银座线表参道站
· 东京地铁半藏门线表参道站
@ 东京メトロ　www.tokyometro.jp

移动路径
· 东京站→JR山手线（24分钟，190日元）→原宿站
· 新宿站→JR山手线（4分钟，130日元）→原宿站
· 银座站→东京地铁银座线（13分钟，160日元）→表参道站

表参道

从明治神宫延伸到青山通，长约1公里的表参道，是条种满榉木行道树的名牌商街。表参道分别与原宿的主要干道明治通以及青山通相交，形成整个原宿的心脏地带，许多日剧与电影常在此取景。

前卫洗练的代名词

LIMI feu Harajuku

以名牌Y's闻名世界的山本耀司的女儿山本里美所推出的品牌，同时她也是追求素色棉质布料、简约风格设计以及舒适度的前卫艺术代表。此外，成立副牌Trace与童装品牌LIMI feu Prankster。

🚉 明治神宫前站4号出口步行约3分钟
✉ 东京都涩谷区神宫前6-6-11 Villa Hase 1F
🕐 12:00~21:00　📞 03-5464-1752
@ www.limifeu.com

周末跳蚤市场

代代木公园（代々木公园）

拥有东京第四大面积的代代木公园，共植有18000多棵树木，是个让民众随时都能享受葱郁清凉的绿地。同时是日本第一个跳蚤市场，每到周末都会有超过800个露天摊贩聚集在此。

🚉 从JR原宿站表参道口步行约5分钟
🕐 5/1~10/15　5:00~20:00　10/16~4/30　5:00~17:00
¥ 免费　📞 03-3469-6081
@ www.tokyo-park.or.jp/park/format/index039.html

复制传统美的西方设计师精品店

HANAE MORI森英惠

由1951年创立于新宿的一间工作室起家，因传统、优雅与高贵的设计风格而广受欢迎。以西方人的角度成功复制日本传统美，结合东西方设计美感的作品，具有浓厚的个人特色。将古董商品分为咖啡厅、艺廊、古董店等各种主题，聚集许多实力派人士的古董商店也相当值得探访。

📍 地铁表参道站A1出口左方
✉ 东京都港区北青山3-6-1 ハナエモリビル1F
🕙 10:30~19:00　📞 03-3499-1601
@ www.hanae-mori.com

东京最大玩具百货

Kiddy Land

1~5F的卖场充满了各种玩具、文具及个性商品等，是东京品项最多的玩具百货店，也因好莱坞明星曾经造访而声名大噪。1F的K-SPOT展售各项热销商品，能让消费者第一时间掌握最新流行趋势。除了Hello Kitty、正义双侠（Yatterman）等日本人气卡通商品外，还有芭比娃娃、迪士尼等世界热门商品，当然也少不了玩具迷最爱的公仔。

📍 从JR原宿站表参道口步行约5分钟
✉ 东京都涩谷区神宫前6-1-9
🕙 10:00~20:00（每月第一个周二休息）
📞 03-3409-3431
@ www.kiddyland.co.jp

表参道的特色纪念品商店

ORIENTAL BAZZAR
（オリエンタルバザー）

在高级名品与潮流商店林立的表参道上，有座以金刚力士像与红色外墙装潢、非常引人注目的传统建筑，它其实是销售日本传统商品的纪念品专卖店，出售各种书籍、文具、杂货、古董商品，受到许多外国观光客的喜爱。

📍 从JR原宿站表参道口沿表参道步行约7分钟，位于表参道Hills对面
✉ 东京都涩谷区神宫前5-9-13
🕙 10:00~19:00（每周二休息）
📞 03-3400-3933
@ www.orientalbazzar.co.jp

潮流指标！粉领族的名牌胜地

表参道Hills（表参道ヒルズ）

由世界知名建筑师安藤忠雄将青山的原象征地"同润会青山公寓"进行全新改造而成，B3~3F的天井式设计以及螺旋状相连的内部构造，让人无法相信自己身处于建筑物内。本馆设有包括艺廊与纪念品商店的同润馆以及可居住的西馆，都属于同范围的建筑物。无论是高级名牌或奢华精品店，还是经过专业设计的咖啡厅与餐厅，都能满足粉领族的采购需求。

🚇 从JR原宿站表参道口过斑马线后沿表参道步行约8分钟；地铁表参道站A2出口往前方步行约2分钟
🏠 东京都涩谷区神宫前4-12-10
🕐 购物中心11:00~21:00，餐厅11:00~24:00，咖啡厅8:00~23:00
📞 03-3497-0310
@ www.omotesandohills.com

3F

餐厅 / 咖啡厅 / Bar / 美食

集聚了美食家最为瞩目的高级餐厅、咖啡厅、Bar等，无论是料理、服务与装潢都无可挑剔，日本电视节目也经常来此采访。

2F

服饰 / 包包 / 鞋子 / 珠宝首饰 / 装饰品/ 生活用品

完全可以满足对自我品位有相当要求的人们的需求，在这里能购得市面上难得一见的个性单品。

1F

服饰／包包／鞋子／珠宝首饰／装饰品／生活用品／咖啡厅

受到世界瞩目的国际精品店主导着表参道的流行趋势，街道两旁的榉树、咖啡厅与艺廊打造出日本最具代表性的时装街形象。

B1

服饰／包包／鞋子／珠宝首饰／装饰品／咖啡厅／美甲沙龙／生活用品

特设适合高时尚品位女性的精品店以及珠宝首饰、包包与鞋子等商店。其中有许多日本新兴设计师的创意商品，看起来反而比较像是艺术品呢！

B2

美容／生活用品／室内装饰用品／服饰

这里有设计家具以及小型生活杂货等高质感居家用品店，还有彩妆品牌植村秀企划推出的de la Lose专柜。

B3

生活用品／室内装饰用品／文具／休闲／家电／咖啡厅／Bar

为忙碌的大人们设置的具有许多休闲商品的新奇商店。

Tip

表参道Hills从外观看起来不像是座高耸建筑，但进去后就会发现，B3~3F的内部构造颇具规模。中间采用天井式挑高设计，让自然光线能照到地下楼层的中庭。建议搭电梯到3F，再沿着长达700米的螺旋状斜坡，漫游恬静优雅且充满新发现的空间。

Shopping Spot

❶ dan geten

1999年创立的日本品牌，不为流行所动摇，经过岁月洗礼反而越有风情的手工皮革专卖店。无论包包、皮带、帽子等皮革制品都是亲环保制品。

✉ 本馆1F M101
@ from-genten.kuipo.co.jp

❷ galliano

以大胆又具国际观的设计引领新风潮的John Galliano，注重素材与质量，适合各种年龄层。

✉ 本馆1F M105
@ www.johngalliano.com

❸ VICTORINOX

兼具创意设计与实用功能性的服饰、钟表与包包等原创商品，深受许多追求高质感生活形态的潮流人士喜爱。

✉ 本馆2F M205
@ www.victorinox.co.jp

❹ Edition

高雅的空间设计、原创服饰商品以及高质量精品都突显了这间人气商家的创新风格。HAUTE、ALEXANDER WANG、MAISON MARTIN MARGIELA等名牌商品也一应俱全。

✉ 本馆2F M212 @ www.edition-jp.com

❺ H.P. FRANCE BIJOUX

法国流行的创意首饰品牌，以悠久历史为傲的古董精品更是大受消费者欢迎。另外，人气设计师推出的手工限量款商品也非常热销。

✉ 本馆B1 MB118 @ www.hpfrance.com/bijoux

❻ kisara粹更

1818年创立，延续日本传统工艺"奈良晒"的中川政七商店所直营的生活用品店，以传统秘法制造每一条线后缝制手工商品，包括麻制的衣服、杂货与生活家饰。

✉ 本馆B2 MB211 @ www.yu-nakagawa.co.jp/kisara

❼ DELFONICS

日本人最钟爱的文具品牌，为消费者带来创造力的魅力文具，造型独特且兼具实用性。

✉ 本馆B3 MB315 @ www.delfonics.com

❽ amadana

　　将家电视为装潢一部分的综合家电品牌。复古外观虽然很有装饰性，但不禁让人担心是否不实用，不过该品牌是以设计与耐用质量闻名的哦！

✉ 本馆B3 MB316
@ www.amadana.com

❾ 京商表参道（KYOSHO OMOTESANDO）

　　拥有40年历史的模型车公司Kyosho所成立的直营店，展售金属模型车与R/C车等，店内还设立了小型赛车场与意式酒吧，成为许多车迷的梦想游乐空间（已于2010年5月30日关闭）。

@ www.kyosho.com/jpn/shop/omotesando

❿ bliss

　　以 "Everyday Diamond！" 为标语，强调日常生活中也可以轻松地佩戴各式休闲风首饰的设计名店，因帕丽斯·希尔顿的代言而更加出名。

✉ 西馆1楼W102

⓫ Idea Frames

　　呈现新式生活风格的设计商品专卖店。展售约1500件TAKUMI、Marant、Brown等海内外创意设计商品。虽然价位有点高，但可以找到属于自己风格的宝物。

✉ 西馆B2 WB201

竹下通

　　原宿著名的购物街。从JR原宿站竹下口一路延伸到明治通，长约350米的步行专用道两旁令人眼花缭乱的招牌、巷弄中的异国料理餐厅与个性小店吸引着路过的民众，明星外围商品、潮流&古着服饰等，价格都相当便宜。

🚇 JR山手线原宿站正对面

东京最大GAP分店
原宿GAP旗舰店

　　2009年11月7日GAP旗舰店在原宿隆重开业。与Pierre Hardy合作的开业纪念限量鞋款在当时造成轰动。另外，Stella McCartney设计的GAP Kids& Baby商品也在日本大受欢迎。

🚇 JR原宿站竹下口正对面
✉ 东京都涩谷区神宫前1-14-27
🕐 10:00~21:00
📞 03-5786-9200　@ gap.co.jp

省钱的最佳伙伴
DAISO

　　具备8万多种品项的百元商店，家居用品、化妆品、食品与文具等这里都有。每月推出1000种以上的新品，是经济生活的最佳伙伴。

🚇 JR原宿站竹下口步行约1分钟
✉ 东京都涩谷区神宫前1-19-24ビレッジ107
🕐 10:00~21:00（全年无休）
📞 03-5775-9641
@ www.daiso-sangyo.co.jp

袜子王国

PORTA PORTESE

面积约16平方米，店内有千种款式与颜色的袜子，三双1050日元。

📨 JR原宿站竹下口步行2分钟
✉️ 东京都涩谷区神宫前1-6-13
🕐 10:30～20:30　📞 03-3796-1725

随性自然的服饰杂货

Zona Liberata

店内售蓬松、自然、简约的剪裁搭配天然素材的服饰，也销售生活杂货及与美国相关的商品。

📨 从JR原宿站竹下口步行2分钟
✉️ 东京都涩谷区神宫前1-16-4
🕐 11:00～20:00
📞 03-3403-9848
@ zona.ne.jp

男士内衣专卖店

PARADOG

于1982年开业，散发清凉感的灰色空间中布满各种男性内衣裤，包括三角裤、四角裤、丁字裤及紧身内裤或是成套比基尼等贴身衣物，千种品项只卖1000日元左右。还有许多性感或限量的进口商品，特别推荐给内衣爱好者。

📨 从JR原宿站竹下口往竹下通方向步行约1分钟
✉️ 东京都涩谷区神宫前 1-19-11 アッシュビル1F
🕐 11:00～20:00　📞 03-3423-4733
@ www.paradog.net

日本街头流行指标

ANAP

因青春性感的风格而获得女性喜爱，当季最流行的行头都能以合理的价格购得。囊括USA、Latina、CHILLE、Settimo、KIDS等儿童用品及内衣等多元化商品，人气100%的可爱小女人约会用时尚单品以及特惠商品也不在少数。

📨 从JR原宿站竹下口步行约3分钟
✉️ 东京都涩谷区神宫前1-16-12 539ビル1F
🕐 11:00～20:00　📞 03-5786-4225
@ www.anapnet.com

可爱的少女内衣品牌

AMO'S STYLE

专卖设计青春洋溢、鲜艳又可爱的内衣。售价为3900日元的浪漫蕾丝搭配华丽色调的"梦みるブラセット（梦幻胸罩成套）"是热卖商品。

- 从JR原宿站竹下口步行约3分钟
- 东京、都涩谷、区神宫前1-20-7 ハッピーハーツ1F
- 11:00~21:00
- 03-5772-7401
- @ www.amos-style.com

粉红居家服专卖店

TuTuanna Pink Heart Label原宿店

全国拥有202家分店的人气居家服饰品牌TuTuanna，为迎合少女们喜好而开设了这家粉红色商店，质感一流的内衣、袜子、丝袜与居家服的价格很亲民，成套内衣定价约1995日元。

- 从JR原宿站竹下口步行约3分钟
- 东京都涩谷区神宫前1-16-3
- 10:00~21:00   03-5771-6044
- @ tutuanna.co.jp

时尚杂志争相采访的鞋店

NO FALL

每天引进新款鞋子，不仅流行，价格也很便宜，是时尚杂志争相采访的购物名胜，千万不能错过！

- 从JR原宿站竹下口步行约2分钟
- 东京都涩谷区神宫前1-6-7
- 11:00~21:00   03-3479-6366
- @ www.nofall.jp

时尚单品胜地

Marche原宿店

小巧的店内展售着超过一千件的包包及各式单品，每周替换的鲜艳独特的商品吸引了许多常客，便宜实惠的价钱更是其魅力之一。

- 从JR原宿站竹下口步行约2分钟
- 东京都涩谷区神宫前4-26-5 エムズビル3F
- 10:30~20:00（周六日与国定假日为10:00开张）
- 03-3423-2484
- @ www.marche-corp.jp

 ★ Special

SoLaDo

　　位于原宿中心地段的新兴时尚购物商场SoLaDo于2008年4月11日开业，进驻25种品牌以满足10~30岁年龄层的消费者。以太阳为基本概念的建筑，散发着明亮的气息。B1~1F是潮流与杂货区，2F是美食区，3F则是以宽敞的原木阳台为主要构造，消费者可在此悠闲地享用甜点或饮料。

🚇 从JR原宿站竹下口沿竹下通步行约5分钟
✉ 东京都涩谷区神宫前1-8-2
🕐 B1~1F 11:00~21:00，2~3F 11:00~22:00（全年无休）
📞 03-6440-0568
@ www.solado.jp

Shopping Spot

❶ WEGO

　　独创风格的潮流商店，有二手服饰与品牌原创商品。

✉ B1
@ www.wego.jp

❷ Pinklatte

　　全店以粉红色为基调，是为想要可爱变身的少女开设的精品店。中央摆设粉红色大型飞机，以此分为服饰、内衣、化妆品、杂货与饰品等区。

✉ 1F
@ pinklatte.net

❸ Glass Tiaracara

以合理价格销售最新潮流鞋款与配件的品牌商店。以大量的玻璃柜陈列商品，性感与休闲风的各种单品也广受好评。

✉ 1F   @ www.takeya-shoes.co.jp

❹ claire's

全球最大的饰品连锁店，走在国际潮流最前沿，价格低廉，店内有3万多件特色商品。

✉ 1F   @ www.clairesn.co.jp

❺ RUSH

便宜销售大众化且容易穿搭的休闲服饰与杂货。以原创鞋类品牌为主，囊括许多特色商品。

✉ 1F

❻ 本家味增炒面（本家みそ焼きそば驛）

用味增调配出高级又有深度的美味酱料，淋在Q弹面条上一起烹调的炒面专卖店。由横滨ビール社生产制造，富含氨基酸的面条也因有达人风味而大受好评。

✉ 2F
@ www.umaya.com

❼ Sweets Paradise（スイーツパラダイス）

聚集许多人气甜品的Buffet，消费者可在一定的时间内享用各式餐点，除了蛋糕、日本传统茶点与饼干外，还有意大利面、色拉等点心与饮品。此外，甜点区设有木制阳台，可让客人在此度过愉悦的午茶时光。用餐70分钟需1480日元。

✉ 3F
@ www.sweets-paradise.com

明治通

　　整齐划一的榉木行道树装饰着美丽的明治通（明治通り），一路可见La Foret、t's harajuku等大型购物商场，以及Levi's、Miss Sixty、TK、Hysteric Glamour、Paul Smith、QUIKSILVER等中高价位品牌商店。

引领原宿潮流的时尚指标

La Foret

　　1978年开业以来，这栋大型复合式购物商场就持续以原宿时尚领导者之姿登场，而且通过每年的改装不断进化。B1.5~5F集合140余个品牌商家，有许多明星艺人与时尚杂志也经常到此。B1.5进驻多家萝莉风品牌，如Nile Perch、Angelic Pretty等，反映出独特的原宿文化；人气街头品牌atmos、earth music & ecology sustainbility、france lippee等专柜也很值得注意。每年1月1日的新年特卖活动开跑，全馆打2~7折，凌晨排队的人龙也间接证明了La Foret的超高人气！

📍 从JR原宿站表参道口往明治通方向步行约3分钟
📮 东京都涩谷区神宫前1-11-6　🕐 11:00~20:00
📞 03-3475-0411　@ www.laforet.ne.jp

瑞典平价品牌进攻日本市场

H&M

　　继银座店之后，于2008年11月开业的瑞典知名品牌H&M日本2号店，占地是银座店的1.5倍，开业当时与COMME des GARÇONS的客座设计师共同推出的限量纪念商品，吸引了2000多名消费者光顾。最值得购入的是日本限定的时尚单品。

📍 从JR原宿站表参道口往明治通方向步行约4分钟
📮 东京都涩谷区神宫前1-11-6　🕐 11:00~21:00（全年无休）
📞 03-5413-3633　@ www.hm.com/jp

美国平民时尚领导者强势登场
Forever 21

　　美国时尚领导品牌Forever 21在东京开业时，掀起樱花妹疯狂抢购热潮并令各大媒体争相报道，至今仍令人印象深刻。与H&M并驾齐驱的Forever 21，因多款时尚单品均能以超低价购得，而获得民众压倒性的支持。目前已在全球开设500多家分店，并以每年成立90家店面的速度扩增。东京原宿分店占地1750平方米，几乎每日都有新款上市，2000日元左右的ONE PIECE以及百元的饰品最受好评。

📛 从JR原宿站表参道口往明治通方向步行约4分钟
✉ 东京都涩谷区神宫前 1-89
🕐 11:00~21:00（全年无休）
📞 03-3523-2402
@ www.forever21.co.jp

UNIQLO T恤专卖店始祖
UT STORE HARAJUKU

　　标榜实用与质量兼顾的UNIQLO，将500多款彩色T恤放入塑料罐里销售，令人联想到便利超商的购物模式，消费者可参考容器上的说明将衣物取出。创意的设计与经常更替的新品会让民众不自觉就打开荷包。

📛 从JR新宿站表参道口往明治通与涩谷方向步行约6分钟
✉ 东京都涩谷区神宫前6-10-8
🕐 11:00~21:00（全年无休）
📞 03-5468-7313
@ ut.uniqlo.com/store

日本帽子品牌的骄傲
Hats&Caps Override

　　充满日本精神的帽子专卖店。以原创品牌Override为主力，兼售Bailey、KANGOL等世界知名品牌商品，质感与图样设计都深受年轻人的喜爱。针织帽与棒球帽约3000日元，时尚款设计帽约7000日元。

📛 从JR新宿站表参道口往明治通与涩谷方向步行约6分钟
✉ 东京都涩谷区神宫前 6-29-3
🕐 11:00~20:00
📞 03-5467-0047
@ www.ovr.jp

如同魔术店般的避孕套商店

Condomania（コンドマニア）

　　表参道与明治通交会的路口有间外观相当独特的避孕套专卖店，让人以为来到了魔术商店。营造明亮与轻松的心情是此店吸引顾客的一大特点，主要顾客为二三十岁的女性以及热恋中的情侣。

📧 从JR原宿站表参道口步行约5分钟
✉ 东京都涩谷区神宫前6-30-1
🕐 10:30~22:30
📞 03-3797-6131
@ condomania.jp

运动迷们的必败点

onspotz原宿店

　　引进众多NEWERA商品的运动迷天堂。以简约配色与独特设计的选手用帽（MLB选手竞赛专用）为主力商品，还有Jordan品牌的服饰与配件。每件商品都是手工缝制，尺寸与裁缝略有不同，记得一定要试穿看看。

📧 从JR原宿站表参道口往明治通方向步行约3分钟，位于La Foret对面
✉ 东京都涩谷区神宫前4-32-8 2F
🕐 12:00~20:00
📞 03-3461-0532
@ www.onspotz.com/shop.html

日本最大牛仔服饰连锁店

Jeans Mate原宿本社

　　以亲民价格销售EDWIN、Levi's、LEE等知名牛仔品牌以及稀有古着商品的连锁服饰店，还有NIKE、Adidas、OSH-KOSH、Champion的上衣、外套、配件等多种品项，大部分都可用超低价购得，但最新流行款式的折扣幅度不大。

📧 从JR新宿站表参道口往明治通与涩谷方向步行约6分钟
✉ 东京都涩谷区神宫前6-27-8 京セラ原宿ビル1F
🕐 11:00~20:00
📞 03-5467-9999
@ www.jeansmate.co.jp

古着特集！人气商店大比拼

❶ WEGO

　　日本到处有分店的人气古着WEGO的总店，完整干净的商品颠覆了人们心中对二手衣的既有印象，单月营业额最高可达3000万日元。明亮的店面利用层柜与展示板，让商品一目了然。

📨 明治通神宫前交叉路口
🏠 东京都涩谷区神宫前6-5-3イベリアビル 1~2F
🕐 10:00~21:00
📞 03-3400-7625
@ www.wego.jp

❷ 古着屋本铺

　　位于地下室的商店，与竞争对手WEGO的形象大相径庭，有别于WEGO的窗明几净，这里类似于施工现场，剥落的瓷砖与外露的钢筋充满着老旧气息。品位崇高的商品、风格独特的室内装潢以及低廉的价格都是人气来源。

📨 明治通神宫前交叉路口
🏠 东京都涩谷区神宫前6-5-3イベリアビル地下1F
🕐 11:00~21:00
📞 03-5467-6936
@ www.spinns.com

❸ HANJIRO

　　符合潮流且充满创意的穿搭风格深受造型师喜爱，店内的二手服饰与新款原创商品各占一半，而同样的原创商品大约只会制作200件，主打限量销售的策略。其中大部分是设计系学生的作品，在这里能找到许多充满创意的商品。

📨 明治通H&M对面
🏠 东京都涩谷区神宫前4-31-10 YMスクウェア原宿3~4F
🕐 11:00~20:00　📞 03-3796-7303
@ www.hanjiro.co.jp

❹ KINJI原宿店

以橘色为基调的小店，以拥有许多独特T恤而闻名。充满美式风格的休闲服饰以及每日热情接待客人的店员让人倍感亲切。

📍 明治通H&M对面
🏠 东京都涩谷区神宫前4-31-10 YMスクエア原宿地下1F
🕐 11:00~20:00
📞 03-6406-0505
@ www.kinji.jp/shop.php? eid=00018

❺ THANK YOU MART

全部产品390日元均一价的特惠古着服饰店，光在原宿地区就设有三间分店。低廉的价格以及开朗热情的员工都是其人气魅力的来源。除了服饰外，还有皮带、鞋子与帽子等配件，请用寻宝的心情慢慢挑选！

📍 竹下通SoLaDo后方
🏠 东京都涩谷区神宫前1-8-25 ランザンアネックス2F
🕐 11:00~20:00
📞 03-3401-8556
@ www.390yen.jp

❻ CHICAGO原宿本店

1966年创立，拥有悠久历史的古着服饰店。时尚而又整洁的宽敞店面、童装、和服等传统服饰及配件一应俱全，清仓特惠期间更是会涌入大批人潮。此外，在表参道、池袋与吉祥寺的商店街也设有分店。

📍 明治通神宫前交叉路4号出口方向
🏠 东京都涩谷区神宫前6-31-21 原宿オリンピアネックス店
🕐 11:00~20:00
📞 03-3409-5017
@ www.chicago.co.jp

Cat Street（キャットストリート）

　　小巷中林立着多家精致小店，以潮流商街闻名并广受年轻潮流人士的推崇，于是各式设计品牌店纷纷进驻，因而从单纯的购物街变成完整又吸引人的时尚生活空间。也因为有许多街猫生活在此，而名为Cat Street，人们在此地犹如进入缤纷的奇幻王国。

🚃 由JR原宿站沿表参道步行约6分钟，位于Candy Land与BVLGARI之间的巷弄　@ www.cat-street.jp

魅力四射的年轻一族休闲服饰
FIORUCCI TOKYO

　　知名牛仔服饰品牌EDWIN开设的活力女性休闲服饰馆。性感且带点趣味的设计服饰兼具功能性与实用性。1F是原创休闲服饰与配件，2F则是简约精致的轻熟女休闲服饰。T恤约2000日元。

🚃 由JR原宿站表参道口步行约6分钟
🏠 东京都涩谷区神宫前5-11-11
🕐 11:00~20:00　📞 03-3499-9331

宛如画廊般的设计家具卖场
hhstyle.com

　　hhstyle原宿旗舰店，是喜爱室内设计的人必来之地。由知名建筑师与设计师打造，风格新颖、功能性卓越的设计家具卖场，能让你实践新型理想生活品位。

🚃 由JR原宿站表参道口步行约7分钟
🏠 东京都涩谷区神宫前 6-14-2
🕐 12:00~20:00
📞 03-3400-3434
@ www.hhstyle.com

花与蝶的浪漫组合

ANNA SUI

纽约个性名牌ANNA SUI表参道分店，梦幻设计风格的装潢简直就像把纽约总店搬了过来。华丽的时尚秀场中的服饰、鞋款、包包等商品都可以在这里找到。

📷 JR原宿站表参道口步行约5分钟
✉ 东京都涩谷区神宫前6-1-4 ガーデンテラス1F
🕐 11:00~20:00　📞 03-3486-1177
@ www.annasui-cosmetics.com

HONDA的服饰店

SHINICHIRO ARAKAWA H FREE

2008年2月28日，知名汽车公司HONDA的服饰店H-FREE在知名设计师荒川真一郎的协助下重新开业。以象征HONDA的鲜红色装潢店面里，有许多HONDA重机等流行摆饰。

📷 由JR原宿站表参道口步行约5分钟
✉ 东京都涩谷区神宫前6-1-4 ガーデンテラスGF
🕐 12:00~20:00
📞 03-3499-9370
@ www.honda.co.jp/SHINICHIROARAKAWA/sa_h_free

原创美式休闲

FREAK'S STORE

呈现原味美式风格的人气服饰店，严选许多高质感的设计师商品，以及具有浓厚的OLD SCHOOL风格的单品推荐给喜欢复古的您。T恤约10000日元。

📷 从JR原宿站步行约10分钟
✉ 东京都涩谷区神宫前 5-27-7
🕐 12:00~20:00
📞 03-5469-7501
@ www.freaksstore.com

阿迪达斯的历史之旅

Adidas Originals Shop原宿

展示着20世纪60~80年代最高人气的经典商品，以及复制版的阿迪达斯原创商品、怀旧的三叶草LOGO设计商品。

📷 由JR原宿站表参道口步行约5分钟
✉ 东京都涩谷区神宫前6-14-7 MEビル
🕐 12:00~20:00
📞 03-5464-5580
@ www.adidas.com/jp

UNITED ARROWS District

　　知名品牌UNITED ARROWS打造出的具有强烈个性风的Cat Street店，展售年轻潮人喜爱的都会风格商品以及高品位休闲服饰。采用高级材质并符合潮流走向，虽然价格偏高，但也因为持久耐穿而广受好评。

- 由JR原宿站表参道口步行约5分钟
- 东京都涩谷区神宫前5-17-9 2F
- 12:00~20:00
- 03-5464-2715
- @ www.district.jp

高级手工首饰

A BOMBER原宿店

　　以精致银饰闻名的BIG HAND直营的饰品店，除了原创珠宝品牌CODE.Z外，也有许多皮制配件。由于纯手工打造，每件商品都是独一无二的。虽然价格颇高，但仍值得推荐给喜欢历久弥新手工饰品的消费者。

- 由JR原宿站表参道口步行约5分钟
- 东京都涩谷区神宫前6-14-2 1F
- 11:00~20:00
- 03-3498-8707
- @ www.a-bomber.com

弥漫神秘色彩的Nike

NIKE NSW STORE

　　2008年10月，NIKE SPORTWEAR全新风格的旗舰店NSW STORE重生了。在这间引起许多话题的旗舰店中，除了NIKE专业运动服等基本商品外，还展售了在北京奥运会中登场的高机能产品。豪华的店面装潢也很有吸引力。

- 由JR原宿站表参道口步行约5分钟
- 东京都涩谷区神宫前6-14-5
- 12:00~20:00
- 03-5774-5585
- @ nike.jp

里原宿

　　从Cat Street越过表参道，就来到了布满美式休闲服饰店与年轻设计师开设的个性小店的里原宿。引领原宿潮流的里原宿，有许多人气店家、玩具模型店、户外运动用品店以及首饰专卖店等。

📮 从JR原宿站表参道口往表参道方向步行约4分钟，位于Ralph Lauren巷弄　@ www.urahara.org

独特的创意天地

Lamp Harajuku

　　精致家饰店中摆设着漂亮的床铺与抽屉柜，让顾客感觉仿佛是在参观一间美丽的家。以YAB-YUM、mina perhonen等活跃于海外的日本设计师设计的商品以及各式创意商品为主力，还有充满可爱新潮感的人气家饰品牌。

📮 从JR原宿站表参道口步行约4分钟　🏠 东京都涩谷区神宫前4-28-15
🕐 12:00~20:00　📞 03-3498-8707　@ lamp-harajuku.com

里原宿的代表性品牌

TORNADO MART

　　摆脱稚嫩气息，广受10~30岁族群喜爱的人气男装品牌。位于里原宿主要干道的黄金地段，以及所走的高质感精致路线都是吸引顾客的最佳利器。此外，特设女装柜位与各式原宿限定商品。

📮 从JR原宿站表参道口步行约4分钟
🏠 东京都涩谷区神宫前4-26-21
カレント表参道 1~2F
🕐 11:00~20:00　📞 03-5414-3025
@ www.spic-int.jp

顶级精品SHIPS旗舰店

SHIPS JET BLUE

以SHIPS原创商品为主，独卖来自世界各国的高质感严选品牌商品。1F为SHIPS原创商品区，2F摆设新兴女装品牌专柜，以及迎合年轻族群的潮流服饰。

📇 从JR原宿站表参道口步行约4分钟
✉ 东京都涩谷区神宫前4-25-12 MICO神宫前
🕐 11:00~20:00
📞 03-5414-5747
@ www.shipsltd.co.jp

帽子天堂

SHAZBOT

品牌名称意味着"年轻与青春"，也因此销售适合年轻族群的帽子。印有独特图样的个性棒球帽、女人味十足的针织帽、暖和的毛帽以及可爱的儿童帽等3000多种款式都是明星商品，价格也相当平易近人。在池袋与吉祥寺等地均设有分店。

📇 从JR原宿站表参道口步行约4分钟
✉ 东京都涩谷区神宫前4-26-22 木村ビル1F
🕐 12:00~20:00
📞 03-5775-4451
@ www.shazbot.jp

高质感二手商店

nai chi chi（ナイチチ）

灵活运用古着服饰、独创又简约的男装引领潮流。除了Raised by robots、Home Grown、Loud Color、Trash a Porter等品牌商品外，还有Parker、Boots、Sneakers等日系品牌，经常在时尚杂志看到这家店的介绍。商品价格偏高，帽衫定价约20000日元起。

📇 从JR原宿站表参道口步行约4分钟
✉ 东京都涩谷区神宫前3-20-18 高山ビル
🕐 12:00~20:00
📞 03-5771-5198
@ www.naichichi.com

引领潮流的男士时尚品牌

FUGA

短裤搭配色彩缤纷的上衣，点缀流行配件，连艺人也爱不释手的雅痞男性服饰品牌。经典的穿搭法则与高品位风格是招徕人气的秘诀！

🚶 从JR原宿站表参道口步行约4分钟
✉ 东京都涩谷区神宫前3-22-7　🕐 12:00~20:00
@ www.rakuten.ne.jp/gold/fuga/index.html

里原宿的魅力精品

MADE IN WORLD

创立于1988年，集合世界各国进口单品以及日本当地品牌，严选高级男性时尚的服饰店，长久以来都以超高人气著称。主力商品有BOHLA、HIDE AND SEEK、LO-HI、STALL TENDERLOIN等品牌。

🚶 从JR原宿站表参道口步行约5分钟
✉ 东京都涩谷区神宫前3-26-11 ホノラリー原宿地下1F
🕐 12:00~20:00
📞 03-3401-2660　@ www.madeinworld.co.jp

南美风古着杂品

sands of time by A.I.C

以橘色与绿色为基础色调的南美复古风A.I.C原创服饰为主力，兼售世界各国进口杂货配件。融合20世纪60~70年代欧洲异国情调的波西米亚风格服饰，以及从印度、尼泊尔搜集来的配件都相当特别。

🚶 从JR原宿站表参道口步行约5分钟
✉ 东京都涩谷区神宫前3-27-23 Uビル1F
🕐 12:00~20:00　📞 03-3470-6466
@ www.aiclove.com

时尚顽童MARC JACOBS副牌

MARC BY BARC JACOBS

LV艺术总监Marc Jacobs的自创副牌，新颖时尚的店面充满生气蓬勃的青春感，即使是东京限定的手绘包、鞋子、手表或配件等人气商品，也均能以亲民的价格购得。

🚶 从JR原宿站表参道口步行约4分钟
✉ 东京都涩谷区神宫前4-25-18 エスポワール表参道アネックス2
🕐 11:00~20:00　📞 03-5772-5561
@ www.marcjacobs.com/#/ja-jp

南青山榆家通

　　由表参道越过地铁表参道站旁的交叉路口进入榆家通（榆家通り）后，眼前是宽敞的名品街，就像进入了优雅的高级住宅区，这里林立着世界知名建筑师打造的PRADA、D&G、Cartier等名牌旗舰店。这里不仅是东京贵妇们的聚集地，也是众多明星艺人的购物场所，还隐藏着只有老饕才知道的美食餐厅。

闻名世界的日本品牌

Samantha Thavasa DELUXE表参道GATES店

　　广受好莱坞明星喜爱的日本流行包品牌Samantha Thavasa的概念店。因邀请帕丽斯·希尔顿、碧昂丝、木村拓哉等艺人代言而在日本造成风潮。超过330平方米的店面，放满了甜美风格的包包、皮夹、配件与首饰等，共有8个专柜，是日本最大的复合式概念店。

🚇 表参道站A5出口往表参道方向步行约30秒，在表参道以及青山通交叉的十字路口
🏠 东京都港区南青山5-1-27　🕐 11:00~20:00
📞 03-5774-0666　@ www.samantha.co.jp

价值8000万美金的钻石精品店

Prada Boutique

　　占据所有视线的Prada Boutique青山店，于2003年由知名建筑师Herzog & de Meuron亲手打造落成，通过犹如钻石般的菱形格子的透明墙面可看到店内的展示，是青山最具代表性的地标。

🚇 由表参道站A4出口步行约1分钟
🏠 东京都港区南青山5-2-6
🕐 11:00~20:00　📞 0120-559-914

高级成衣市场的领导品牌
COMME des GARÇONS青山路面店

于1989年设立的COMME des GARÇONS直营创始店，展售着设计师川久保玲的创新商品。充满设计感的空间陈列着主导高级成衣市场的COMME des GARÇONS各系列品牌商品，格纹与水滴图样是该品牌的经典设计，然而店员身上的服装搭配也很值得参考。

- 📫 由表参道站A4出口步行1分钟
- ✉️ 东京都港区南青山5-2-1
- 🕐 11:00~20:00（全年无休）
- 📞 03-3406-3951

卡地亚的东京名店
Cartier

2005年11月，外观就像大型钻石的Cartier概念店在青山梦幻登场。从B1~2F有Trinity、Vater、Tank等人气系列商品，同时B1还设置了艺廊，展出巴黎Cartier现代美术财团所推出的展览品。

- 📫 由表参道站A4出口步行约1分钟
- ✉️ 东京都港区南青山5-3-2　🕐 11:00~20:00
- 📞 03-5464-6400　@ www.cartier.jp

象征大胆设计的晚宴服
Miu Miu

色调华丽、设计大胆强烈的Prada副牌Miu Miu，其风格独特的服饰、鞋子、配件都是艺人明星表现个性风格的最佳选择。

- 📫 表参道站A4出口步行约4分钟
- ✉️ 东京都港区南青山5-5-8　🕐 11:00~20:00
- 📞 03-5778-0511　@ www.miumiu.com/ja

在世界各地广受欢迎
ISSEY MIYAKE

日本代表性的时尚设计师三宅一生的系列品牌，设计灵感来自和服，自然风格上衣与外套是长销型单品。PLEATS PLEASE、A-POC、me ISSEY MIYAKE等副牌也颇具知名度。

- 📫 表参道站A4出口步行约1分钟
- ✉️ 东京都港区南青山3-18-11　🕐 11:00~20:00
- 📞 03-3423-1408　@ www.isseymiyake.com

三本耀司的个性休闲&运动品牌

Y-3

设计师三本耀司与Adidas携手合作的品牌Y-3的日本创始直营店。兼具造型与运动功能，1F陈列着季节限定商品与时尚秀场的商品。

- 🚇 表参道站A4出口步行约5分钟
- 📮 东京都港区南青山5-3-20
- 🕙 11:00-20:00
- 📞 03-5464-1930
- @ www.adidas.com/y-3

20世纪40~70年代风格的西洋二手商品店

Mid Century Modern

在20世纪40~70年代，以George Nelson、Charles Eames等知名设计品牌闻名，由北美、欧洲设计师所推出的人气家具商店，所有现代家具与设计商品均具实用功能。

- 🚇 表参道站B1出口往骨董通方向步行约3分钟
- 📮 东京都港区南青山5-12-6 2F
- 🕙 11:00~20:00　📞 03-3797-3700
- @ www.mid-centurymodern.com

成熟时尚的购物广场

La Place南青山

坐落于青山中心的小型购物广场La Place，聚集了话题时尚品牌与家饰用品店。人气服饰店The Closet、上衣专卖品牌NARACAMICIE UOMO、打出15分钟完美变身的彩妆工作室15min biew's、引进国外知名潮流配饰品牌的Cath Kidston、杂货用品starvery、PLEATS PLEASE ISSEY MIYAKE，以及知名红茶专柜Karel Capek的Arrivee et Depart等多元商家，可让顾客享受一趟愉悦又满足的购物之旅。以大型绿色遮阳伞吸引众人目光的咖啡厅Limapuluh，于平日中午推出1000日元左右的餐点，别忘了来此享用一顿正统Brunch，夜晚也有漂亮灯饰点缀营造浪漫的气氛。

- 🚇 表参道站A4出口往青山方向步行约1分钟
- 📮 东京都港区南青山3-13-21
- 🕙 11:00~23:30
- 📞 03-3401-1193
- @ www.mayanddee.co.jp

SHIBUYA

涩谷

　　红极一时的涩谷109辣妹、街上满是视觉系潮人，这是所有追求流行的高校生的天堂。除了著名地标109、LOFT、Parco、西武百货、东急百货等大型购物中心，也有许多属于年轻人的现场表演舞台、生活杂货店、动漫商品专卖店，甚至还有闻名世界的美食餐厅与具有本地味道的居酒屋，从白天到黑夜都热闹非凡。现在就带你一探涩谷街头潮流以及年轻的时尚风格！

涩谷

最IN潮流在这里！与邻近的原宿都是广大年轻族群的购物天堂。越过JR涩谷站前的Scramble十字路口往中央街（センタ街）方向前进，就可亲自体验这条能让人消磨一整天的潮流购物商街。

★涩谷时尚领导者109人气商家排行榜

在东京，引领日本年轻文化的涩谷109百货，齐全的最新潮流品牌可让人在第一时间掌握所有时尚趋势。

❶ 完美融合潮流×可爱×性感的CECIL McBEE（P.117）
❷ 将女人味发挥到极致的LIZ LISA（P.117）
❸ 高校女生的天堂SBY（P.117）
❹ 流行鞋款集散地R&E（P.117）
❺ 热门香水专卖店COCO BRANCHE（P.117）

★ 展现高层次涩谷潮流的神南精品商街

神南商街

来到涩谷，除了年轻化的潮流商圈外，神南地区还有许多质感绝佳、简单又不失个性的服装品牌。此外，也一定要去看看日本权威排行连锁ranKing ranQueen的年度TOP 10商品。

❶ 迎合各消费族群的人气品牌United Arrows（P.119）

❷ 俘获许多精打细算血拼族的RagTag（P.120）

❸ 精巧特别的内衣店BOURGMARCHE（P.121）

❹ 豪华的市中心时尚广场DRESSTERIOR（P.122）

❺ 潮流杂志纷纷报道的JOURNAL STANDARD（P.122）

公园通

109 MEN'S

★ 喜爱日本潮流消费者的必败商店

无论是设计独特的牛仔裤，还是突显好身材的合身衬衫，在引领潮流的涩谷男装店中都能以合理的价格与优良的质量满足男士的需求。

❶ 从休闲服饰到正式套装，一手包办的全系列男士品牌JUNMEN
 涩谷OIOI CITY 7F

❷ 适合20岁以上，展现美好身形的大男孩品牌BOYCOTT
📧 涩谷OIOI CITY 8F

❸ 时尚雅痞型男的绅士品牌TAKEO KIKUCHI
📧 涩谷OIOI CITY 6F、涩谷西武B馆5F、东急东横6F

❹ 兼售原创与国外高级品牌商品的日系服饰店BEAMS
📧 从JR涩谷站八公口往中央街方向步行约3分钟

❺ 引进世界各国潮流商品的时尚先驱FREE'S SHOP MEN
📧 从JR涩谷站往公园通方向步行约6分钟

01 来时尚天堂购物街挖宝

年轻人最爱的时尚天堂涩谷与原宿，俨然已成为世界级的潮流发源地。在高校女生最爱的涩谷中央街与西班牙坂（スペイン坂）可以买到便宜的商品，而109、PARCO、OIOI等购物商场也汇集了许多高质感的时装。

02 小布置让生活充满活力

除了囊括所有生活必需品的大型杂货用品店东急手创、以缤纷设计广受好评的居家用品店LOFT、综合特惠量贩店Donki Hote等代表性知名店家外，别忘了！涩谷地区新兴必败店——Three Minutes Happiness涩谷店，兼备女装、首饰、生活用品等商品。

> 繁华的涩谷商圈，有迎合黄金败犬年龄层需求的东急百货与西武百货，而109、PARCO、OIOI等则适合10~30岁年轻族群。想掌握东京最IN的潮流就去涩谷吧！

中央街

Three Minutes Happiness

公园通

Time is on

Three Minutes Happiness

西班牙坂 道玄坂

03 满足各领域爱好者的专卖店

让御宅族尽情徜徉于动漫魅力的MANDARAKE（まんだらけ）、美式原创古着杂货铺Bingo、迪士尼外围专卖店Disney Story等，这些主题式商店都能在涩谷找到。

04 除了时尚，涩谷的3C电器店也很有看头

包括Bic Camera、LABI、专卖二手相机的KITAMURA Camera等在内的大型3C量贩店，让居住在涩谷地区的民众在选购商品时十分方便，庞大的规模与迎合涩谷女性消费者的陈列方式也相当特别。

百货公司&购物商场

❶ 涩谷109

聚集最新品牌，主导涩谷时尚走向的百货公司。

从JR涩谷站八公口往正前方步行约3分钟

❷ 涩谷109-2

适合青少年的品牌聚集地。

从JR涩谷站八公口往右方步行约1分钟

❸ 东急百货本馆

设立于1967年，历史相当悠久。馆内的大型综合文化设施"文化村"与B1的红酒专柜相当有名。

从JR涩谷站八公口往文化村通方向步行约10分钟

❹ 涩谷OIOI CITY

聚集许多以女性为主的年轻潮流品牌。

从JR涩谷站八公口往公园通方向步行约4分钟

❺ 西武涩谷店

涩谷地区最大的百货公司。全区分为女性时尚A馆、男士潮流B馆和名牌movida馆。

从JR涩谷站八公口往井之头通方向步行约2分钟

❻ QFRONT

外墙的巨型屏幕Q'S EYE
让人们驻足。

✉ 从JR涩谷站八公口步行约1分
钟，Scramble十字路口对面

❼ PARCO

占据涩谷最大复合式购物
商城地位，以PARCO PART1
为中心，周围坐落着PARCO
PART2、3、UP'-4、SR6等别馆。

✉ 从JR涩谷站八公口往公园通方
向步行约7分钟

❽ 涩谷OIOI JAM

适合10~30岁年轻潮流的
商品集散地，女性时尚杂志
VIVI、JJ经常报道的人气购物
商场。

✉ 从JR涩谷站八公口往右方步行
约2分钟

名牌专柜

❶ H&M

　　2009年7月开业的日本三号店，以2800平方米的规模闻名。

📧 从JR涩谷站八公口往文化村通方向步行约5分钟

❷ ZARA

　　西班牙时尚品牌ZARA涩谷旗舰店。

📧 从JR涩谷站八公口往井之头通方向步行约5分钟

❸ GAP

　　美国代表性人气休闲品牌GAP涩谷旗舰店，童装与男装也一应俱全。

📧 从JR涩谷站八公口往公园通方向步行约7分钟

❹ UNIQLO

　　无论男女老幼都非常适合的日本国民品牌。

📧 从JR涩谷站八公口往西班牙坂方向步行约5分钟

生活用品家饰店

❶ TOKYU HANDS

充满实用的DIY商品，品项超过17万种的大型生活用品专卖店。

📨 从JR涩谷站八公口往井之头通方向步行约5分钟

❷ LOFT

新品位生活家饰用品专卖店，值得留意入口旁的特别企划区。

📨 从JR涩谷站八公口往井之头通方向步行约4分钟

❸ Donki Hote

囊括所有生活必需品的综合特惠商店。

📨 从JR涩谷站八公口往文化村通方向步行约6分钟

❹ Three Minutes Happiness

贴身衣物、彩妆、家饰品等3000多种品项均以约100日元的价格销售。

📨 从JR涩谷站八公口往公园通方向步行约10分钟

❺ 宇宙百货

提供女性生活用品的百货公司。

📨 从JR涩谷站八公口往公园通方向步行约7分钟，位于PARCO PART3 3F

❻ Francfranc

高品位的家饰杂货品牌。

📨 从JR涩谷站八公口往井之头通方向步行约3分钟

❼ 无印良品

以自然风格著称的MUJI，在中国设有多家分店。

📨 从JR涩谷站八公口往公园通方向步行约7分钟，位于PARCO PART3 6F

涩谷109 涩谷中心最受欢迎的时尚商场

公园通 涩谷著名的潮流商街

OIOI CITY 汇集多种品牌的百货商场

PARCO 同时享受购物、美食与表演的复合式购物商城

💼 旅行秘诀

　　搭乘JR、东京地铁等交通工具抵达涩谷站，从"八公口"出站。八公前广场是知名的会面地点，这里有Scramble十字路口，从主要干道玄坂北端开始，公园通、井之头通、中央街与文化村通呈放射状分布。所有街道尽是繁华的商街，无需拘泥于顺序，随心所欲地闲逛即可。朝着NHK电视台或代代木公园方向前进即可通往原宿，而沿着JR涩谷站南口方向前进则会来到代官山。

移动路径
- 东京站→JR山手线（22分钟，190日元）→涩谷站
- 银座站→东京地铁银座线（15分钟，190日元）→涩谷站
- 涩谷站→东急东横线（9分钟，150日元）→自由之丘站
- 涩谷站→京王井之头线（16分钟，190日元）→吉祥寺站

步行1分钟　步行2分钟　步行1分钟　步行1分钟

步行1分钟　步行2分钟　步行1分钟

JR涩谷站八公口　涩谷109　公园通　OIOI CITY　PARCO　西班牙坂

前往方式

　　若安排涩谷购物之旅，建议在JR涩谷站下车。若从新宿或东京站出发，适合搭乘JR山手线；从银座出发请搭乘银座线；从代官山和自由之丘出发请搭乘东急东横线。而想要到吉祥寺则搭乘京王井之头线。

JR涩谷站
· 山手线、埼京线、湘南新宿Line、横须贺线、成田Express

东京地铁涩谷站
· 半藏门线、银座线、副都心线

私铁涩谷站
· 东急东横线、田园都市线、京王井之头线

| 井之头通 | 步行2分钟 | 中央街 | 步行1分钟 | 文化村通 | 步行1分钟 | 东急百货 | 步行5分钟 | MARK CITY | 步行1分钟 | JR涩谷站 |

JR涩谷站外围道玄坂

涩谷周边总有大批人潮涌入，巷弄街道中充满各式购物商场与小店，邻近东急百货东横店、MARK CITY、西武百货等。

 ★ Special

引领日本少女时尚

涩谷109

涩谷109是引领日本少女潮流的人气商场，自1979年开业以来，因进驻许多年轻潮牌而广受消费者喜爱，更因此成为日本非常著名的地标。圆形外墙上的巨幅LCD放送着新人气指标商品。年轻男性可至涩谷109-2 5F的男装专区逛逛。

🚃 从JR涩谷站八公口步行约3分钟
✉ 东京都涩谷区道玄坂2-29-1
🕐 10:00~21:00（餐厅11:00~22:30）
📞 03-3477-5111
@ 女装 www.shibuya109.jp
　 男装 109mens.jp

❶ 可爱又性感的
CECIL McBEE

获得东京女性10~35岁年龄层压倒性支持的流行品牌，连续刊登于JJ等知名时尚杂志，年末推出的福袋更是值得抢购。

✉ 涩谷109 2F　@ www.cecilmcbee.jp

❷ 将女人味发挥到极致的
LIZ LISA

以Sweet&Cute为概念的女装品牌。若说CECIL McBEE 是精致与性感走向，那么LIZ LISA则是以甜美小女人风格取胜。棉质连身裙约5000日元。

✉ 涩谷109 5F　@ www.lizlisa.com

❸ 高中女生的最爱
SBY

意味着涩谷"SHI-BU-YA"的SBY主要销售潮流配件与首饰等商品，提供杂志与免费化妆试用品，有Café Style Shop的氛围。

✉ 涩谷109 8F　@ sbys.jp

❹ 潮流鞋款聚集地
R&E

火速引进潮流前端的鞋款，让顾客入手最新时尚商品的人气品牌。精美的设计与低廉的价格颇具魅力，自创品牌R&E、REZOY经常登上日本VIVI杂志。商品定价约7000日元。

✉ 涩谷109 B1　@ www.rosessence.jp

❺ 青春洋溢的情侣风格休闲品牌
COCOLULU

美式休闲风格融合亮丽色调，散发着青春活力的商品逐渐累积高人气。无袖上衣约1000日元、T恤约2000日元。另外，色彩缤纷的运动鞋与彩妆品也很受欢迎，备有男装区，不妨试着挑战情侣装扮哦！

✉ 109 MEN'S 7F

其他推荐商店

- 模特儿渡边熏企划的JSG
  @ jsg.bz
- Cool & Sexy的代名词LIP SERVICE
- 摇滚风格的休闲服饰GILFY
  @ www.gilfy.com
- 像娃娃般的造型风格 TRALALA
  @ tralala-net.com
- 帽子专卖店HEADSTAR ぽこ・あ・ぽこ
- 新款丝袜、贴身衣物、泳装与配件专卖店
  @ www.pocoapocotokyo.com

东京人气指标必逛！
ranKing ranQueen

　　将日本人气NO.1的物品集结，包括CD、书籍、杂志、杂货、美妆、食品、饮料等，根据排行榜将所有商品分门别类陈列，使顾客一眼就能掌握最热卖的新潮商品。

🚇 JR涩谷站内八公口方向　🕐 9:00~23:30（1月1日休息）
📞 03-3770-5480　@ www.ranking-ranqueen.net

涩谷大型女性商城
MARK CITY（マークシティ）

　　于2000年4月开业，专门为25岁以上女性开设的综合商场。与EXCEL HOTEL共存的MARK CITY，西栋为办公区，东栋则是MARK CITY MALL，购物商场里还有人气猪排饭专卖店"和幸"、坚持传统的啤酒排屋银座ライオン、历史悠久的Tsubame Gril（つばめグリル）等知名餐厅。

🚇 JR涩谷站西口直接与West Mall相通　✉ 东京都涩谷区道玄坂1-12-1
📞 03-3780-6503　@ www.s-markcity.co.jp

大型3C量贩店的至尊级分店
LABI

　　拥有35年历史的综合3C量贩店，除了极具竞争力的低廉价格外，还特地为较没科技概念的女性顾客设置了便利的陈列展售区。约5600平方米的超大规模店面中，拥有超过50万种商品。B1特设为相机专区，6F为游戏软件区及玩具区。

🚇 由JR涩谷站八公口往Mark City方向步行约1分钟
✉ 东京都涩谷区道玄坂2-29-20　🕐 10:00~22:00
📞 03-5456-6300　@ www.yamadalabi.com

Tip
涩谷的象征物——忠犬小八铜像（ハチ公）

　　在涩谷最热门的会面场所八公前广场中央，有一个忠犬小八铜像。1923年出生于秋田的小八，被东京大学的裕之教授收养。小八每天都从位于世田谷的家护送教授到车站，却因为教授突然死亡而数日不愿吃喝，之后辗转来到教授夫人所在的冈山市，在邻近的店家中过着动荡的生活。不过，它最后还是因病死在路上。小八护送主人的忠诚行为被《朝日新闻》披露之后，受到感动的人们开始募款为它打造铜像。虽然只是个小小的铜像，但它的故事不只一次被翻拍成连续剧及电影，并成为涩谷的象征性地标。

公园通

与涩谷站及代代木公园相连的公园通（公园通り），是涩谷地区的主要干道之一。越过涩谷站的八公前广场，沿着西武百货B馆与OIOI CITY之间的道路前进，就能进入设有高品位购物商场PARCO等各式精品服饰店的神南一带。

以梦想为题的迪士尼卡通专卖店
Disney Store（ディズニーストア）

是以独特外观成功让许多顾客驻足的迪士尼卡通专卖店，1F是米奇和高飞狗商品，2F则是以梦想与浪漫为主题的文具及首饰，3F是以冒险为主题的儿童用品区。各楼层均有特惠企划区，请特别留意！也可在此购买迪士尼乐园的门票，以减少排队等候的时间。

📫 由JR涩谷站往公园通方向步行约5分钟，位于西武百货B馆旁
📮 东京都涩谷区宇田川町20-15　🕙 10:00~21:00
📞 03-3461-3932　@ www.disneystore.co.jp

三分钟就幸福
Three Minutes Happiness

低价销售超过3000种商品的大型杂货用品店，舒适的气氛与自然风格装潢就像超市一样，实用且丰富的商品单件仅需100日元左右。

📫 由JR涩谷站八公口往公园通方向步行约10分钟
📮 东京都涩谷区宇田川町3-5リカビル1F~2F　🕙 11:00~21:00　📞 03-5459-1851

满足各式消费族群的品牌
BEAUTY & YOUTH UNITED ARROWS

涩谷公园通店是2008年4月20日开业的九号店，完整呈现UNITED ARROWS品牌的典型风格。1F女装区、2F男装区，还特别引进世界知名的金子眼镜等配饰专柜，让造型搭配更加完整。

📫 由JR涩谷站八公口往公园通方向步行约10分钟　📮 东京都涩谷区神南1-19-11　🕙 11:00~21:00　📞 03-5428-1853　@ www.beautyandyouth.jp

神南

　　若想寻找比涩谷街头时尚更高层次的潮流商品，一定要来高级服饰店林立的神南地区。这里网罗了25~40岁年龄层会喜爱的商品，除了二手商店，也有高品质的精品服饰店，掌握了专属于涩谷的高级时尚。

高品位专家们的最爱

Rag Tag

　　展售各式名牌服饰、包包与配件的人气二手精品店。囊括CHANEL、Hermes等世界名牌与精品，媲美百货公司专柜的精美装潢与特设咖啡吧都是招揽人气的秘诀。地下楼层设有George Nelson、Le Corbusier等知名品牌家具店，许多知名设计师与潮流人士都是店内主顾。另外也备有COMME des GARÇONS、Miu Miu、D&G、Chloe、Zucca等品牌精品。

　📫 由JR涩谷站八公口往公园通方向步行约5分钟，位于"香烟与盐的博物馆"后方
　📮 东京都涩谷区神南1-17-7　🕐 12:00~21:00（全年无休）
　📞 03-3476-6848　@ www.ragtag.jp

时尚艺人最爱的帽子专卖店

CA4LA

　　由13位设计师共同设计的具有独特风格的各式帽款，长久以来获得许多大众的喜爱。除了自创品牌外，还备有3000多种外国知名设计师的作品，不仅有许多忠实的老顾客，也让前来寻求各式潮帽的年轻人获得极大的满足。

　📫 由JR涩谷站往公园通方向步行约5分钟，位于劳动福祉会馆后方巷弄
　📮 东京都涩谷区神南1-18-2　🕐 11:00~21:00
　📞 03-3770-5051　@ www.ca4la.com

精巧特别的内衣店

BOURGMARCHE

　　华歌尔直营的内衣与杂货用品店。由于许多明星艺人光顾，因此经常登上电视媒体。男女用贴身衣物、成套睡衣、家居服、配件饰品一应俱全，多样化的品项加上轻松舒适的购物环境让许多情侣相偕而来，也成为此店的另一项特色。专业新潮的设计与可爱的包装，是华歌尔累积人气的秘诀之一。女性内衣单件约1000日元起。

📨 由JR涩谷站往公园通方向步行约7分钟
✉ 东京都涩谷区神南1-15-5　🕐 11:00~20:00
📞 03-3770-7135　@ www.bourgmarche.jp

都会时尚名店

BEAMS

　　在神南地区拥有5间分店，BEAMS的超高人气可见一斑。以迎合各种年龄层的男士休闲服为重心，兼备BEAMS原创商品与MONCLER等高级副牌精品。此外，主打军装风、运动风与欧美风的传统美式休闲品牌BEAMS BOY，总是令人爱不释手的男士休闲潮牌BEANS PLUS，囊括女装、配件、首饰的BEAMS TIME等系列副牌商品也齐聚一堂。让人感受到BEAMS专有品位的咖啡厅"TIME CAFÉ"也很值得亲身体验。

📨 由JR涩谷站往公园通方向步行约6分钟
✉ 东京都涩谷区神南1-15-1　🕐 11:00~20:00
📞 03-3780-5500　@ www.beams.co.jp

复合式潮流商店的代表者

FREE'S SHOP

　　以第一手引进世界最新潮流商品而受到大众瞩目的FREE'S SHOP，首次以MAN'S & LADY'S为主题开设的复合式服饰店。于2009年5月开业，异国风情的装潢令人联想到地中海度假饭店，B1~1F展售来自国内外的严选品牌与原创商品，是个让所有顾客都能愉悦购物的乐趣空间。第一线品牌FREE'S SHOP MEN、人气颇高的原创系列FREE'S SHOP、Debbie by FREE'S SHOP、Plush & Lush等子牌都值得留意。

📨 由JR涩谷站往公园通方向步行约6分钟
✉ 东京都涩谷区神南1－18－2フレーム神南坂 B1~1F
🕐 11:00~21:00　📞 03-5456-3271
@ www.frees-shop.com

时尚杂志密切注意的人气商店

JOURNAL STANDARD

以东京为中心，于日本各地开设超过20间分店的人气服饰店，也是许多时尚杂志争相报道的对象。除了讲求现代风格的原创品牌外，也有许多高品位的设计商品。每季更替的精致都会风格休闲服饰以及设计品牌精选商品，都展现了独特的眼光与品位。其他如家饰用品、男装及人气品牌HAKKIN.itJ.S.都值得购买，Homestead涩谷店、journal standard luxe涩谷店等系列分店也位于邻近地点。罩衫约10000日元起，外套约20000日元起。

📨 由JR涩谷站八公口往公园通方向步行约10分钟，位于星巴克巷弄内
✉ 东京都涩谷区神宫前6-18-14 B1~2F
🕐 11:00~20:00
📞 03-5766-0510
@ journal-standard.jp

都会潮流名店

DRESSTERIOR

兼备基本时尚单品与极富收藏价值的古着服饰等多样化商品，成为涩谷地区代表性的人气服饰店，也是许多杂志媒体的报道重点。虽然平均价格偏高，但呈现品位生活、精致感媲美高级名牌的Maison de Dressterior、以经典模式为主题的Merceria Dressterior等品牌商品都是值得投资的潮流必需品。

📨 由JR涩谷站八公口步行约10分钟
✉ 东京都涩谷区神南1-6-5-1~2 3F
🕐 12:00~20:00（全年无休）
📞 03-5457-2431
@ www.world.co.jp/dressterior

井之头通（井の头通り）

　　由西武百货A馆与B馆之间的斜坡路前进，经过HMV、LOFT与TOKYU HANDS等购物商场，就会来到NHK Studio Park及代代木公园。在TOKYU HANDS外围还有人气动漫店MANDARAKE与各式商店林立的宇田川町。

生活用品专卖百货店
LOFT

　　比起主打实用DIY商品的TOKYU HANDS，LOFT添加了许多女性喜爱的漂亮可爱杂货。1~6F分门别类的家饰用品、文具、彩妆与生活必需品，尤其是1F的Japan Style专区销售许多日本限定商品，赢得了许多消费者的欢心。

📮 由JR涩谷站八公口往井之头通方向步行约5分钟
✉ 东京都涩谷区宇田川町21-1
🕐 10:00~21:00　📞 03-3462-3807
@ www.loft.co.jp/shoplist/shibuya

创立于1980年，历史悠久的动漫胜地
MANDARAKE（まんだらけ）

　　世界最大的漫画、卡通、公仔、模型专卖店，可在此感受动漫天国日本的特殊魅力。媲美中野百老汇（Nakano Broadway）的品项数量以及几近市价一半的低价，还专为来自各国的动漫迷聘请了通晓英文、中文与韩文的服务人员，真是让御宅族动心！

📮 由JR涩谷站八公口往井之头通方向步行约8分钟
✉ 东京都涩谷区宇田川町31-2 涩谷BEAM地下2F
🕐 12:00~20:00　📞 03-3477-0777
@ mandarake.co.jp

涩谷规模最大的百货公司

涩谷西武

　　全馆区分为女性时尚A馆、男士潮流B馆，以及位于公园通彼端的名牌movida馆。设有名牌与精品专柜，是涩谷相当知名的高级百货，A、B馆间设有连接通道，让消费者能更便利地逛街购物。

📧 由JR涩谷站八公口往井之头通方向步行约2分钟
🏠 东京都涩谷区宇田川町21-1
🕙 10:00~20:00（周四、五、六到21:00）
📞 03-3462-0111
@ www.seibu.jp

DIY天堂

TOKYU HANDS（台隆手创）

　　于1979年9月开业，在涩谷闹区占据举足轻重的地位。自营品牌开发商品、组合式家具类以及超过千种的相关商品，如此庞大的数量受到许多讲求生活品位的人士青睐。另外，创意设计商品与新潮文具类也都颇受欢迎。

📧 由JR涩谷站八公口往井之头通方向步行约8分钟
🏠 东京都涩谷区宇田川町12-18
🕙 10:00~20:30
📞 03-5489-5111
@ shibuya.tokyu-hands.co.jp

124

西班牙坂

从井之头通延伸到涩谷PARCO，长约100米的西班牙坂（スペイン坂）上坐落着许多十岁以上年轻少女最喜爱的杂货铺、服饰店、流行鞋店以及异国餐厅，这里还会有许多专程来观赏东京FM Studio现场节目的年轻男女。

西班牙坂的著名杂货铺

大中

以熊猫造型的商品为主，经营许多精致中国风物品的杂货铺，包括服饰、睡衣、抱枕等居家用品，以及文具、鞋子甚至旅行用推车等，可爱又充满活力，深受民众欢迎。

- 由JR涩谷站八公口步行约5分钟
- 东京都涩谷区宇田川町16-13 内田ビル1F
- 11:00~21:00　📞 03-3463-8756　@ www.daichu-co.co.jp

兼具休闲服饰功能的人气贴身衣物

une nana cool

华歌尔于2003年推出的日系年轻副牌。巧妙运用银色与红色装饰商店外墙，店内销售多款可爱的内衣，适合都会中追求独特、与众不同的个性女孩。

- 由JR涩谷站八公口步行约6分钟　　东京都涩谷区宇田川町16-14
- 11:30~21:00　📞 03-5784-0250　@ www.une-nana-cool.com

超低价女性潮流商店

BLUE BRAIN

T恤约399日元、迷你裙约599日元，超低价的魅力完全征服了性感派或可爱派的女性顾客，在店内一眼就能立即掌握涩谷最新的潮流动向。

- 由JR涩谷站八公口步行约6分钟
- 东京都涩谷区宇田川町16-13内田ビルB1F
- 12:00~21:30　📞 03-5456-3877

中央街（センター街）

越过Scramble十字路口，从巨型屏幕的Qfront左方道路前进，就能进入涩谷最大的娱乐闹区。这里有快餐店、咖啡厅、餐厅、KTV与电玩店。

正宗美式古着店

Bingo

直接由美国引进主流古着、杂货与饰品等万种商品，成为日本独有的连锁古着专卖店。店内有儿童相关用品，年轻父母也能在此享受购物的乐趣。

由JR涩谷站八公口步行约5分钟
东京都涩谷区宇田川町32-13 BOOK OFF B1
11:00~22:00　03-5428-4812
www.bookoff.co.jp/shop/shop8703.html

日本风休闲品牌

Flash report

融合正统美式休闲与日本风格的新兴潮流品牌，包括POLO衫、卡其裤、帽子与包包等基本潮流服饰。千万不能错过折扣季打3折的大幅特惠。T恤约2000日元。

由JR涩谷站八公口步行约5分钟　东京都涩谷区宇田川町35-2
11:00~22:00　03-3461-7808　flashreport.co.jp

口耳相传的超高人气

INGNI

结合可爱与性感的新颖设计，具有极高的时尚敏感度，且因迅速引进新品以及合理的价格而获得许多20多岁女性支持的中低价休闲品牌。粉红色搭配蝴蝶结、抓皱以及蕾丝等细腻又富有女人味的设计都很时髦。

由JR涩谷站八公口往中央街步行约5分钟　东京都涩谷区宇田川町24-4
11:00~20:00　03-5459-5330　www.ingni.com

IKEBUKURO

池袋

位于东京西北部的池袋，旅客流量仅次于新宿。以JR池袋站为中心，聚集了许多大型百货、购物中心与电器店，还有年轻人喜爱的商店与酒吧，以及令"腐女"深深着迷的动漫街。

池袋

继新宿、涩谷后成为最具代表性的商业区。百货商场竞争激烈，随着Echika池袋开业、三越百货倒闭，更多的消费者前来感受池袋区日新月异的变化。

★ 车站复合商场Echika

Echika池袋在2009年3月24日于东京地铁副都心线池袋站内隆重开业，进驻40多个品牌，还有销售期间限定商品的店家哦！2005年开设的Echika表参道更偏重女性顾客，而Echika池袋则增添了流行商品、男士用品、甜点、饼干零食等各式店铺，昭和时期的装潢风格也颇具魅力。

★ 腐女为之疯狂的动漫街——乙女ロード

若说秋叶原是御宅族的天堂，那么池袋乙女ロード可说是"腐女"的最爱。在太阳城Sun Shine60通西侧起长约200米的乙女（Otome）街上，开设了众多与动漫游戏相关的专卖店，包括animate、MANDARAKE、K-Books、漫画之森（まんがの森）等。此外，Cosplay爱好者绝不能错过"女仆咖啡厅（Maid Café）"，当然还有"腐女"最爱的"执事喫茶"，当女客人走进店内，帅气迷人的男店员会亲切地对你说："大小姐，您回来了。"

★ 大型3C量贩店的决战地

3C产品虽以秋叶原最著名，但价格竞争惨烈的决绝地却是池袋地区。大型3C量贩店Bic Camera、さくらや与LABI山田电机纷纷开出破盘价，除了比较集点方式与折扣率外，让顾客讨价还价的另类优惠也是池袋的一大特色。

❶ 在此聚集5家分店的巨型量贩店
　 Bic Canera池袋总店
❷ 兼具低价与优质服务的
　 LABI山田电机
❸ 贴心服务取胜的さくらや池袋店

"

池袋是适合各年龄层的购物商圈。西武、PARCO、东武百货均坐落于JR池袋站东口与西口外围，加上邻近的大型购物商场 Sunshine City Alpa、Metropolitan Plaza，以及TOKYU HANDS、LOFE等生活用品店的进驻，品牌多元、价格合理等特色，让这里的购物气氛比新宿、涩谷多了一份轻松自在。

"

01 One-Stop Shopping! 车站地下街Echika

池袋车站附近有ＰＡＲＣＯ、西武百货、东武百货、Metropolitan Plaza等大型购物商城。池袋地下街Echika有各式潮流商品、杂货配件与美食餐厅，很适合时间紧迫的旅客。

02 精打细算的血拼景点——Sunshine City Alpa

Sunshinecity（阳光大厦）是池袋著名地标，是日本第一个复合式商城，有办公大楼、百货公司、展望台、美食街等，著名的王子饭店也在这里。在Sunshine City Alpa内有玩具反斗城、Disney store等商店，Sunshine City Alta则有较多年轻女性喜爱的流行品牌。

03 生活杂货 TOKYU HANDS vs. LOFT

TOKYU HANDS池袋店有8层楼高，宽敞明亮的卖场让消费者享受便捷的购物体验。以女性顾客为主的LOFT则位于西武百货 9~12F。

Sunshine City

池袋站东口

TOBU HOPE CE

Echika
IKEBUKURO

Echika

Sunshine City Alpa

Sunshine City Alpa

西武百货

Sunshine 60通

TOKYU HANDS

SASAI MITUSO 学生

喜爱品牌
freak's store、
HARE、Paul
Smith、ELEVEN
EIGHT

池袋必败点
PARCO、Sunshine
City Alpa、
OIOICITY、Right-on

今日穿搭
AndA的潮流仿旧外套

LILI 学生

喜爱品牌
Gucci、GAP、
ZARA、Forever21、
TO BE CHIC

池袋必败点
Sunshine City
Alpa、ALTA、
OIOI

今日穿搭
在OIOI买的上衣与蛋
糕裙，搭配最喜爱的
Gucci包

YOKO 上班族

喜爱品牌
HANJIRO、
MOUSSY、DIESEL、
CECIL McBEE

池袋必败点
Metropolitan
Plaza、东武百货、
PARCO

今日穿搭
青春洋溢的休闲风
格，搭配及膝长靴

百货公司

❶ 西武百货

　　与JR池袋站直接相通，为日本最大规模的百货公司。与新宿伊势丹百货分列日本销售额的冠亚军，相当具有人气。

✉ 与JR池袋站东口相通
@ www.seibu.jp

❷ PARCO

　　与西武百货公司合称为池袋舰队的大型购物商城，有众多人气服饰店与年轻人喜爱的新潮品牌店。

✉ 与JR池袋站东口相通
@ www.parco.co.jp

❸ 东武百货

　　与JR池袋站西口直接相通的东武百货公司总店，以日本规模最大的百货公司闻名。

✉ 与JR池袋站西口相通
@ www.tobu-dept.jp

❹ OIOI CITY池袋

　　东京女郎最爱的购物商城，设有许多日本原创品牌店。

✉ 从JR池袋站西口步行约4分钟
@ www.OIOI.co.jp

品牌商店

❶ ORIHICA池袋东口店

专为轻熟男女设计的时尚购物商场。从正式套装到休闲服饰一应俱全。

📮 从JR池袋站东口步行约2分钟
@ www.orihica.com

❷ Right-on

日本最大的丹宁与休闲服饰专卖店。最新款牛仔裤与T恤都能便宜入手。

📮 从JR池袋站东口往Sunshine 60通步行约5分钟
@ right-on.co.jp

❸ Jeans Mate池袋本店

以低价销售大众化牛仔服饰的休闲时尚连锁店。

📮 从JR池袋站东口往Sunshine 60通步行约4分钟
@ www.jeansmate.co.jp

❹ ZARA

世界知名的西班牙时尚品牌。

📮 从JR池袋站东口往PARCO方向步行约2分钟
@ www.zara.com

❺ BEAMS STREET池袋

年轻时尚的人气品牌，提供流行最前沿的个性商品。

📮 从JR池袋站东口往西武池袋站方向步行约2分钟
@ www.beams.co.jp

❻ ABC-MART池袋サンシャイン60通り店

大型鞋类专卖店，务必看看日本设计的运动鞋款。

📮 从JR池袋站东口往Sunshine 60通步行约4分钟
@ www.abc-mart.com

❼ UNIQLO池袋东口店

UNIQLO池袋东口店，在Sunshine City B1与东武百货7F也设有卖场。

📮 从JR池袋站东口步行约1分钟
@ www.uniqlo.com

生活用品专卖店

❶ LOFT

销售美容用品、文具、家饰杂货与厨房用品等各式商品的大型杂货专卖店。顾客主要是女性。

📧 与JR池袋站东口相通，位于西武百货9~12F

❷ 台隆手创（TOKYU HANDS）

拥有8层楼的卖场销售多种手创产品与创意生活用品。

📧 从JR池袋站东口往Sunshine 60通步行约6分钟

❸ MUJI无印良品

诉求自然主义与舒适生活形态的家居品牌。在PARCO 2F、Metropolitan Plaza 6F也设有卖场。

📧 与西武池袋站相通

❹ 松本清药妆店

东京营业额最高的连锁药妆店，值得留意的日本彩妆品牌。

📧 从JR池袋站东口往Sunshine 60通步行约5分钟

动漫专卖店

❶ アニメイト 池袋本店
（animate）

1983年在日本池袋设立分店的アニメイト，是日本最大的动漫游戏商品连锁店。以多元化的商品数量屡获动漫迷的心。

📩 从JR池袋站东口往Sunshine 60通步行约9分钟
@ www.animate.co.jp

❷ コアブックス
（Core Books）

漫画之森（まんがの森）改头换面后新开业的商店。引进的动漫商品与漫画数量居日本之首。

📩 从JR池袋站东口沿着Sunshine 60通步行约8分钟，位于TOKYU HANDS后方
@ www.corebooks.jp

❸ とらのあな池袋本店
（Toranoana）

动漫专卖店。

📩 从JR池袋站东口沿着Sunshine 60通步行约5分钟，位于巷弄内
@ www.toranoana.jp

❹ まんだらけ池袋店
（MANDARAKE）

以世界规模最大而闻名的漫画、动画、组合模型、玩具公仔二手专卖店。

📩 从JR池袋站东口沿着Sunshine 60通步行约9分钟，位于Lion's Mansion B1
@ www.mandarake.co.jp

❺ K-Books

分为Animate馆、Premium馆、Comics馆等。网罗游戏、海报、CD/DVD、漫画等多元化的商品。

📩 从JR池袋站东口沿着Sunshine 60通步行约7分钟
@ www.k-books.co.jp

❻ らしんばん池袋本店

动漫外围、Cosplay、角色扮演道具……一应俱全的专卖店。

📩 从JR池袋站东口沿着Sunshine 60通步行约7分钟
@ www.lashinbang.com

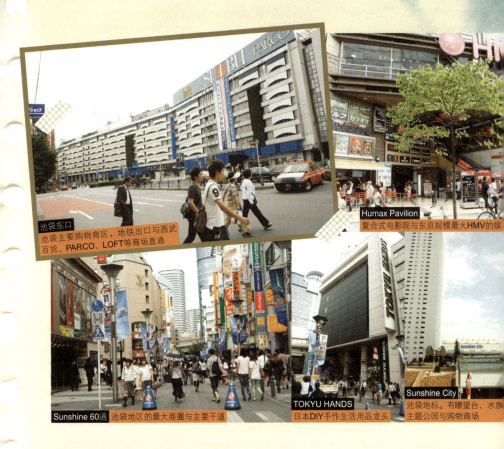

池袋东口
池袋主要购物商区，地铁出口与西武
百货、PARCO、LOFT等商场直通

Humax Pavilion
复合式电影院与东京规模最大HMV的娱

Sunshine 60通 池袋地区的最大商圈与主要干道

TOKYU HANDS
日本DIY手作生活用品龙头

Sunshine City
池袋地标。有瞭望台、水族
主题公园与购物商场

📁 旅行秘诀

　　建议从池袋东口相通的西武百货、PARCO、无印良品等开始，沿着Sunshine 60通来到
TOYOTA AMLUX以及Sunshine City阳光大厦。动漫迷绝对不能错过乙女ロード的动漫巡礼，预
计花费时间约为3小时。池袋西口则是东武百货、OIOI CITY、Metropolitan Plaza等购物商城以
及演艺场、东京艺术剧场等文化设施，也有不输给歌舞伎町的特种行业与夜店。

移动路径
- 新宿站→JR山手线、湘南新宿ライン（8分钟，150日元）→池袋站
- 惠比寿站→JR山手线（17分钟，160日元）→池袋站
- 银座站→东京地铁丸之内线（19分钟，190日元）→池袋站
- 巢鸭站→JR山手线（5分钟，130日元）→池袋站
- 饭田桥站→东京地铁有乐町线（9分钟，160日元）→池袋站

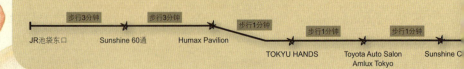

Metropolitan Plaza
位于池袋西口的超大型复合式购物商城

乙女ロード
充满动漫相关商品

LOFT
适合女生的生活用品店

OIOICITY
具有最多东京女性喜爱品牌的时尚百货

Echika池袋
潮流与时尚齐聚在东京地下街

前往方式

　　若要从东京市区前往池袋，可搭乘JR山手线或埼京线。若想要继续前往东京站或神乐坂的饭田桥站，则搭乘地铁最为迅速。从涩谷经由新宿至池袋的新东京地铁副都心线已于2008年通车，交通变得更加方便。

JR池袋站
·JR山手线、湘南新宿Line、埼京线

私有铁道池袋站
·东武东上线、西武池袋线

地铁池袋站
·东京地铁丸之内线、有乐町线、副都心线

步行10分钟　　步行1分钟　　步行5分钟　　步行3分钟　　步行1分钟

乙女ロード　　LOFT　　Metropolitan Plaza　　OIOI CITY　　池袋西口　　Echika池袋

池袋站东口

池袋的主要商圈位于东口一带，有西武百货、PARCO、Bic Camera、LABI 电机等大型购物商场。也因为临近车站，所以能在短时间内完成所有购物行程。

集结所有潮流商铺的最新商场

Echikaエチカ池袋

Echika位于东京地铁副都心线池袋站，进驻有40多家潮流商铺，由于大多是限定商品，很适合用来掌握流行动向。寸土寸金的日本，在人来人往的车站中设立地下街，不仅成为媒体注目的观光景点，也带来了无限的商机。

✉ 与地铁副都心线池袋站相接
🏠 东京都丰岛区西池袋3-28-14
🕐 每间商铺时间不一
📞 03-3941-2004
@ www.tokyometro.jp/echika

Echika池袋推荐商店

❶ PLAZA 讲求美丽生活，严选进口潮流商品的生活杂货铺。

❷ MYSTIC 自然又性感的人气品牌。

❸ patte doie 时尚×前卫的袜类专卖店。

❹ two O two 独特的钟表店。

❺ げたばこ 京都达人开设的传统杂货铺。

❻ Podhale 风格新颖的奶酪蛋糕专卖店。

❼ PAPILLONNER 品位潮流商品店。

❽ BONAPARTE 零负担的红酒吧。

裁缝与拼布的天堂

キンカ堂

Kinkado是专售各式手工材料的大型商场，全区B1~5F包括以串珠及装饰材料为主的本馆，以及销售布匹、成衣、家具为主的别馆，更有一批死忠的主妇顾客。不过，已在2011年宣布破产，将改建为其他商店。

🚇 从JR池袋站东口步行约3分钟
✉ 东京都丰岛区南池袋1-24-5
@ www.kinkadou.com

以世界级规模闻名

淳久堂书店池袋本店

于神户三宫起家的大型连锁书店淳久堂（ジュンク堂）在关东地区的总店。在林立着许多大大小小书店的池袋地区以超大规模取胜。在B1~9F的卖场中展售着不同领域的书籍，且B1还特设了藏书量相当惊人的漫画专区，成为另一个动漫迷的天堂。此外，艺术类与进口书区也深受许多专业人士的喜爱。

🚇 从JR池袋站东口往明治通方向步行约5分钟
✉ 东京都丰岛区南池袋2-15-5
🕐 10:00~22:00
📞 03-5956-6111
@ www.junkudo.co.jp

Sunshine City 60通

从JR池袋站东口沿着グリーン大通（Green大通）前进，就会进入朝向Sunshine City长约100米的主要干道Sunshine City 60通。这里坐落着Humax Pavilion与Cinema4等电影院，又称为映画通，形成池袋代表性的娱乐商街。各式商店、快餐店、气氛绝佳的咖啡厅等，让这里无论昼夜都聚集了许多年轻人。Toyota Auto Salon Amlux Tokyo、TOKYU HANDS、Sunshine City等都是此处的象征。

★ Special

池袋地区的高人气购物商城兼知名地标

Sunshine City（サンシャインシティ）

　　无论是瞭望台、水族馆、主题公园、电影院、博物馆、饭店还是各式餐厅都一应俱全的复合式超大型商城，令人觉得这里并非只是漂亮的建筑，而是像个城市般应有尽有。跃居池袋地区代表性观光、购物名胜的Sunshine City自1978年巢鸭刑务所（后来的东京拘留所）移转之后，就以Sunshine 60大厦为中心，结合World Import Mart、Prince Hotel以及文化会馆等四大建筑与繁荣的地下商街，构成这个复合都市型Sunshine City，并将主要购物商城划分为ALPA和ALTA两大区。

✉ 从JR池袋站东口沿Sunshine 60通步行约8分钟
@ www.sunshinecity.co.jp

Sunshine City必败点！

Sunshine City ALPA

共有**113**个店铺的品牌商街ALPA，聚集了女性时尚、潮流杂货、男装、童装以及户外休闲等各式商品，适合全家人一同购物置装。

❶ 3COINS

能让生活吹起一股清风的家饰杂货与首饰店，全品项315日元。

B1
@ www.3coins.jp

❷ Claire's

世界级大型首饰专卖店。以平价销售最新款时尚品牌独家商品的人气连锁店。

B1
@ www.clairesn.co.jp

❸ salut

可以1000日元购得漂亮家饰用品的杂货铺。低廉的价格与精致的设计广受好评。

B1

❹ ALDELUXE

引领休闲服饰潮流的PAGE BOY与LABORATORY WORK等品牌精品店。

B1
@ deluxe.jp

❺ AMPHI

华歌尔内衣商品店。展现新层次生活风格的贴身衣物与杂货专卖店。

B1
@ www.amphi.jp

❻ ANNA SUI

囊括服饰、包包、配件、彩妆等各类商品的浪漫世界。

B1
@ www.annasui.co.jp

❼ COMME CA ISM

以家庭为主题，呈现各式家庭生活风格的服饰、配件杂货店。

1F

❽ Disney Store

是除了迪士尼人物的各式外围商品外，还兼售迪士尼游乐园门票的官方商店。

B1
@ www.disneystore.co.jp

❾ iiMK

以抓皱及蕾丝突显个性的潮流品牌店。

B1
@ iimk.jp

❿ LAZY SUSAN

以极具设计感的原创商品而深受欢迎的潮流配件＆送礼用品专卖店。

B1
@ www.lazysusan.co.jp

⓫ MONO COMME CA

引领时尚配件风潮的日本人气品牌。

B1

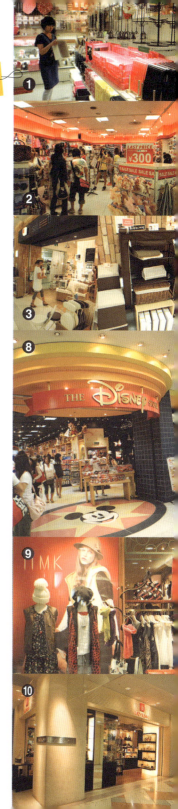

⑫ Shinzi Katoh Design

日本插画家加藤真治（Shinzi Katoh）的系列商品专卖店。

📧 1F ＠ shinzikatoh.com

⑬ Triumph Shop

以"天使的内衣（天使のブラ）"引发热烈讨论的贴身衣物店，附设sloggi专柜。

📧 1F ＠ shop.triumphjapan.com

⑭ Vinos Yamazaki Wine+ist

经常登上报纸杂志的平行输入红酒铺。以具备专业知识的服务人员与合理价格广受各界喜爱。

📧 1F ＠ www.v-yamazaki.co.jp

⑮ Vivitix Tokyo

销售三丽鸥卡通的商店，Hello Kitty系列商品相当受欢迎。

📧 B1 ＠ www.sanrio.co.jp

⑯ Toysrus（トイザらス）

销售各类玩具的儿童用品专卖店。电玩游戏、自行车以及幼儿用品也很齐全。

📧 B1 ＠ www.toysrus.co.jp

⑰ RED SHOES（レッドシューズ）by OIOI

OIOI丸井企划的鞋类、包包、潮流配件自营精品店，充满新鲜风格。

📧 B1 ＠ www.redshoes.jp

Sunshine City ALTA

以年轻时尚为主要诉求的Sunshine City ALTA，从World Import Mart B1~1F，共设置了66个商铺。在宽敞的卖场中，聚集着许多价格合理的潮流品牌店，让人一次就能接触到各式品牌。

❶ 999

充满缤纷又可爱的女鞋、袜子、包包、帽子、首饰的潮流商店。 📧 B1

❷ archives

以自然风格广受各年龄层喜爱的休闲服饰品牌。主要销售基本潮流商品。 📧 B1

❸ Baby Shoop

同时强调性感与可爱的BLACK STLYE精致潮流商品店。

📧 B1 ＠ www.baby-shoop.com

❹ CLEF DESOL

展售以简约舒适造型突显自我风格的独特设计服饰。

📧 B1 ＠ www.riochain.co.jp

❺ G-LAND

California Style的冲浪潮牌 GOTCHA、M.C.D以及girl star 人气品牌商店。 📱 1F

❻ LA BREA AVENUE

以"ROUGH & EAZY" 为概念的帅气美式潮流原创店。 📱 1F

❼ BLUE MOON BLUE

CUTE&SEXY冲浪风休闲 女装店，人气迅速上升中。
📱 1F
@ www.b-m-b.com

❽ NO FALL

突显女性风情的设计鞋款 专卖店，亲民价格与原创设计 颇受好评。 📱 B1

❾ OUTLET

活力四射的户外用品及个 性潮流商品店。 📱 B1

❿ POU DOU DOU trop la peche

日系休闲服饰店，以舒适 的设计与亲民价格取胜。
📱 B1
@ www.poudoudou.jp

⓫ ROXY Store

以SEXY风格闻名世界的 美国冲浪品牌，销售泳装与休 闲运动用品。
📱 1F
@ roxyjapan.jp

⓬ XY-Z

从大阪发迹的人气品牌， 兼具性感与狂野风格。 📱 1F

⓭ 1丁目1番地

儿时曾流行过的复古甜 食驮果子（だがし）又卷土重 来。纯朴的滋味与便宜的价格 最适合全家人一起享用。
📱 B1
@ www.4.ocn.ne.jp/~honey1.1

池袋站西口

　　与池袋站西口相连接的东武百货，周围有OIO ICITY、Metropolitan Plaza等购物商城，还有东京艺术剧场（Tokyo Geijutsu Gekijo）等设施。车站旁的池袋西口公园（West Gate Park）经常有电视剧摄制组在此取景，也是池袋最热门的会面场所。此外，这里也是夜店的聚集地。

充满各类丰富商品的购物商城

Metropolitan Plaza

　　池袋西区的流行先锋"Metropolitan Plaza"是一家复合式购物商场，与东武百货有联络通道，交通也十分便利。B1~6F是属于女性的时尚潮流商品区，7~8F则设有餐厅、电影院与多用途活动厅。5F设置有生活杂货品牌PLAZA、Franc franc、无印良品，6F因有CD专卖店HMV而成为最热门的楼层。

🚇 与JR池袋站西口相接　　📍 东京都丰岛区西池袋1-11-1
🕐 11:00~20:30（餐厅营业到22:30）　　📞 03-5954-1007

推荐商店

❶ CECIL McBEE　年轻时尚的女性人气潮牌。　🔖 B1

❷ NATURAL BEAUTY BASIC　用百年不败的基本款单品，搭配出各种流行造型。　🔖 B1

❸ BE RADIANCE　充满魅力的OL服饰。　🔖 2F

❹ PEACH JOHN　日本最受欢迎的内衣品牌。　🔖 2F

❺ 银座かねまつ　融合传统的鞋类名家。　🔖 3F

❻ THE EMPORIUM　年轻休闲服饰品牌。　🔖 4F

❼ indio　平价可爱的大众品牌。　🔖 5F

GINZA

银座

银座地名源自于江户时代，当时以铸造银币为业，长久以来都是顶级高贵商街的银座，不仅是日本出现第一盏瓦斯灯的地方，也曾经以仿建英国Regent Street式石墙而闻名。这里是世界一流名牌旗舰店与老铺名店共存的时尚天地。

银座
でぶらぶら

优雅地漫步在银座街头，让所有追求品位与质感的女性都满足于银座魅力！

复合式购物商城全攻略！

银座集中了多家复合式购物商城，设于有乐町的Marion、ITOCiA有乐町丸井（P.169）以精致休闲风格为主，消费者大多为20~40岁的女性。还有位于银座マロニエ通りMarronnierGate购物中心、精品家饰品牌BALS TOKYO、以成年情侣的休闲优质空间为理念的Velvia馆。

❶ OL的最爱Marronnier Gate（P.170）
❷ 优雅生活品位的银座Velvia馆（P.166）
❸ 银座魅力潮店 Abercrombie & Fitch（P.156）

★Abercrombie & Fitch银座旗舰店

继纽约、LA、伦敦与米兰后，知名品牌Abercrombie & Fitch世界第五号旗舰店于2009年12月15日在东京银座开业，吸引了大批媒体报道。

★ 银座限定高级巧克力

银座不仅聚集了许多世界顶级名牌，专售高价甜点的商店也不少。享誉国际的顶级巧克力Pierre Marcolini提供现做新鲜巧克力产品，想要品尝一级甜点的朋友千万别错过！

❶ 比利时巧克力名店Pierre Marcolini（P.168）
❷ 高格调的成熟风巧克力店WAKO Chocolate Salon
❸ 以160年历史自傲的Lindt Shop银座店（P.168）

★ 人气品牌旗舰店

银座有UNIQLO、H&M、ZARA、无印良品旗舰店，这些大规模的商场值得一逛。街道上林立着众多精品店，如Louis Vuitton、Christian Dior、Gucci、Cartier、Salvatore Ferragamo、JIMMY CHOO等，俨然是世界名品的展示橱窗。

❶ 瑞典休闲品牌H&M（P.157）
❷ 日本最大规模的UNIQLO银座旗舰店（P.157）
❸ 追求舒适生活方式的无印良品有乐町店（P.399）
❹ 高级鞋子品牌JIMMY CHOO（P.167）
❺ Swatch集团大楼Nicolas G. Hayek Center（P.170）

"
满足熟男熟女时尚与味蕾的银座商圈，是日本最大的商业重镇。许多日本民众与外国观光客都前来感受这里指标性的精致品位。无论是世界名牌、日本高级品牌或是传统历史老铺，尽在银座。
"

01 大和吸金女的梦幻基地

号称世界名牌决战地的银座，聚集了CHANEL、Hermes、LV、PARDA等国际名牌。除了最新商品外，银座限定商品更是潮流人士的最爱。坐落于中央通与并木通外围的品牌旗舰店散发着奢华高贵的气息，门口站着帅气又严肃的保安人员，日本店员的服务态度非常和善。

02 格调非凡的银座百货

中央通与晴海通路口的和光百货是著名的银座地标，开业于1924年的松坂屋是银座最古老的百货公司，集结日本流行与美食的三越百货以及OL消费天堂的Printemps（プランタン）百货等都聚集在银座地区。走访这些著名百货，感受特别的服务质量与银座魅力，绝对是必备行程！

EMPORIO ARMANI

MIKIMOTO

中央通

和光百货

03 一探悠久历史的日本老店

银座四处散落着许多以悠久传统自傲传统商店，如日本最大的精品文具店伊东屋、鸠居堂等，这些老店中销售的纪念品，虽然价格有点昂贵，但这些隐含着日本传统精神的物品却有着高贵的气息。

04 来到宛如宝石般的洋食店感受银座的美味！

明治时代文人夏目漱石以及曾获诺贝尔文学奖的川端康成等无数文士相当喜爱的银座洋食街，散发着特别的历史气息。Shiseido Parlour、Ginza Candle（银座キャンドル）、Grill Swiss（グリルスイス）以及木村屋总本铺等洋食店虽然价格颇高，但只要吃过一次，就能感受到其蕴含的深深情怀。

并木通

鸠居堂

TOKYO KYUKYODO

Nicolas G. Hayek Center

木村屋

并木通

百货公司

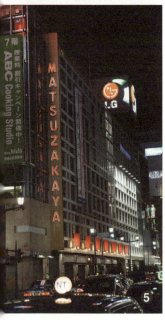

❶ 银座三越

兼具国际品位与优雅质感的银座代表性百货公司。

🔁 与地铁银座站A8出口相接
@ www.mitsukoshi.co.jp/store/1210

❷ 松屋银座

集结顶级名牌与国际品牌的女性百货公司。

🔁 与地铁银座站A12出口相接
@ matsuya.com/m_ginza

❸ GINZA CORE（银座コア）

设有许多传统老铺及美食餐厅。

🔁 与地铁银座站A4出口相接
@ www.ginza-core.co.jp

❹ GINZA WACO（银座和光）

1932年开业的高级百货公司。新文艺复兴风格的钟楼是银座地标。

🔁 银座站A9出口
@ www.wako.co.jp

❺ 松坂屋

于1924年成立，设有名牌专柜与女装。

🔁 与地铁银座站A3出口相接
@ www.matsuzakaya.co.jp/ginza

❻ Printemps GINZA（プランタン银座）

以OL为主要对象，地下楼层有知名甜点店。

🔁 银座站C6、C8、C9出口步行约2分钟
@ www.printemps-ginza.co.jp

❼ ITOCIA有乐町

OIOI百货的大变身，再现奢华休闲新品位。

🔁 与JR有乐町站中央口相接
@ www.itocia.jp

❽ 阪急MEN'S TOKYO

2011年10月强势登场的男性百货公司。

🔁 JR有乐町站银座口步行1分钟，地铁银座站A0出口
@ www.hankyu-dept.co.jp/mens-tokyo

潮流商场&名牌专柜

❶ モザイク银座阪急 （ MOSAIC GINZA ）

有美人百货之称的购物中心。

从JR有乐町站银座口步行约3分钟，与地铁银座站C2、C3出口相接

@ www.mosaic-ginza-hankyu.jp

❷ OPAQUE

迎合上流OL品位的精品店。

与地铁银座站A12出口相接

@ www.world.co.jp/opaque

❸ Barney new york GINZA

掳获追求自我风格潮流人士欢心的精品店。

JR有乐町站银座口步行约12分钟，或从地铁银座站A2出口步行约3分钟

@ www.barneys.co.jp/stores/ginza.html

❹ TSUMORI CHISATO GOLD

以缤纷色彩与独特设计闻名国际的设计师津森千里的银座概念店。

从JR有乐町站银座口往银座一丁目站方向步行约4分钟

@ www.tsumorichisato.cc

❺ ZARA

以高质量与精美设计广受欢迎的西班牙平价服饰，在マロニエ通り开设了银座2号店。

从地铁银座站A3出口步行约2分钟

@ www.zara.com

特惠&二手商店

❶ BRAND OFF

位于银座四丁目的二手名牌店。

🚇 与地铁银座站A1出口相接

❷ Kome兵（コメ兵）

设置在有乐町Bic Camera别馆内的二手商品店。

🚇 JR有乐町站银座口步行约1分钟

❸ ドン・キホーテ银座本馆（Donki Hote）

以特惠价格销售二手名牌、家电、生活用品、食品与化妆品等各式商品的人气商店。

🚇 从JR有乐町站银座口步行约15分钟，或从地铁银座站A2出口步行约5分钟，或从JR新桥站银座口步行约3分钟

❶

童装店

❶ 银座サエグサ（SAYEGUSA）

创立于140年前的高级幼儿用品专卖店。

🚇 从地铁银座站A2出口步行约5分钟，位于中央通上
@ www.sayegusa.com

❷ 银座いさみや（ISAMIYA）

婴幼儿、学龄儿童服饰专卖店，有机棉制品是妈妈的最爱。

🚇 与地铁银座站A8出口相接
@ www.ginza-isamiya.com

❸ familiar银座本店

四位母亲于1950年共同投资的日本幼儿品牌商店。

🚇 从地铁银座站A2出口步行约3分钟，位于中央通上
@ www.familiar.co.jp

药妆店&彩妆店

❶ 松本清（マツモトキヨシ）

有各式医药品、化妆保养品与食品的连锁药妆店。

🚇 从地铁银座站B5、B3出口步行约1分钟
@ www.matsukiyo.co.jp

❷ DHC

销售彩妆、保养、健康食品的美容品牌DHC，提供试用与护肤咨询。

人气排行商品：No.1 深层卸妆油，No.2 纯榄护唇膏，No.3 睫毛修护液。

🚇 银座站C6、C8、C9出口步行约2分钟
@ DHC日本 | www.dhc.co.jp

❸ FANCL银座店（ファンケル银座スクエア）

强调无添加美妆保养品牌FANCL的复合式商店。

@ 从地铁银座站A3出口往中央通方向步行约3分钟
@ www.fancl.co.jp/fh/shopinfo/square_top.html

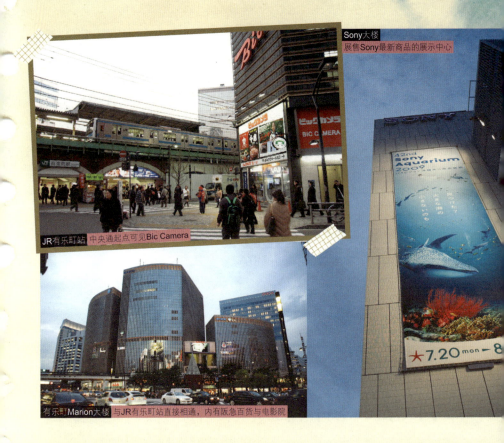

Sony大楼
展售Sony最新商品的展示中心

JR有乐町站 中央通起点可见Bic Camera

有乐町Marion大楼 与JR有乐町站直接相通，内有阪急百货与电影院

🧳 旅行秘诀

如果是第一次造访银座，建议从和光百货与三越百货前的银座四丁目交叉路口开始，一路延伸至中央通与春海通，体验融合流行名牌与传统老店的中央通，感受血拼天国银座的真实魅力！特别推荐周日12:00~18:00封街的"步行者天国"时段。

步行1分钟		步行1分钟		步行2分钟		步行1分钟		步行6分钟		步行1分
JR有乐町站银座口	ITOCIA有乐町		有乐町Marion		Sony Building		春海通		和光百货	

中央通
传统与时尚共存的银座心脏地带

并木通り
5

春海通
松本清等药妆店聚集的商街，一路延伸至歌舞伎座

并木通 潮流名牌商街

和光百货 拥有百年历史的银座地标

JR新桥站

有高尔夫用品店JYPER'S与LABI电器店

前往方式

从东京市区内前往银座，适合搭乘银座线、丸之内线或日比谷线。至银座站下车后即可抵达银座四丁目，也就是银座的中心地带。若搭乘JR山手线或京滨东北线，则在有乐町站银座口出站，即可连接有乐町Marion与银座主要干道春海通。

JR有乐町站
・山手线、京滨东北线

东京地铁银座站
・丸之内线、日比谷线、银座线

东京地铁银座一丁目站
・有乐町线

移动路径
・东京站→JR山手线（2分钟，130日元）→有乐町站
・新宿站→东京地铁丸之内线（16分钟，190日元）→银座站
・池袋站→东京地铁丸之内线（19分钟，190日元）→银座站
・六本木站→东京地铁日比谷线（9分钟，160日元）→银座站
・浅草站→东京地铁银座线（16分钟，190日元）→银座站

步行2分钟   步行5分钟

中央通   并木通   JR新桥站

中央通

　　中央通是银座的主要干道，和光百货、CHANEL、APPLE STORE、Ferragamo、ZARA、H&M都在这条街上，每逢周末及国定假日，从银座1丁目到8丁目便会实施"步行者天国"，禁止车辆进入，因而成为民众漫步的好去处。周六开放时间15:00~19:00（11月至次年3月到18:00），周日及国定假日12:00~18:00（10月至次年3月到17:00）。

亚洲唯一分店

Abercrombie & Fitch

　　1892年创立于纽约的Abercrombie，以质感的美式休闲风格著称，在世界各地拥有1000多家分店。2009年12月，A&F亚洲唯一旗舰店在银座中央通盛大开业。高达12层楼的宽敞店面，展售Abercrombie & Fitch的所有系列商品。超人气美式休闲品牌不仅被外界视为潮牌指标，打着帅哥美女牌的店员更是魅力焦点，获得媒体高度关注也进而成为时尚界的宠儿。

🚶 由JR有乐町站银座口步行约6分钟
✉ 东京都中央区银座6-9-10
🕐 11:00~20:00
@ www.abercrombie.com

登陆日本话题品牌

H&M

瑞典人气品牌H&M终于在2008年9月登陆日本银座，以"亲民价格"就能买到设计款单品，绝不再版的稀有单品更是引起抢购风潮。开业当日吸引了逾3000人来店，也因此造就许多话题。

📧 由JR有乐町站银座口往中央通方向步行约6分钟
🏠 东京都中央区银座7-9-15 GINZA gCUBE BF~3F
🕙 11:00~21:00　📞 03-3571-8131
@ www.hm.com/jp

日本最大UNIQLO旗舰店

UNIQLO FLAGSHIP STORE

在2005年10月开业的UNIQLO的银座旗舰店是全日本最大的商店，分楼层销售女装、男装、童装与贴身衣物等各类商品，现代化的店面装潢充满设计感，还会不定时推出银座限定商品哦！

📧 由JR有乐町站银座口往中央通方向步行约5分钟
🏠 东京都中央区银座5-7-7
🕙 11:00~21:00（全年无休）
📞 03-3569-6781　@ www.uniqlo.com/jp

挑战高端女士细致品位的潮流精品店

OPAQUE

可一览生活品位的潮流品牌，有时尚、彩妆与生活杂货用品，让顾客自由打造属于自己的风格。严选休闲服饰品牌JEANING SELECTION与日本制彩妆品牌mademoiselle de Tokio最为热门。

📧 与地铁银座站A12出口相通
🏠 东京都中央区银座3-5-8　🕙 11:00~21:00
📞 03-5250-1184　@ www.opaque.ne.jp

为追求自我风格的潮流人士设计的精品店

Barney new york Ginza

　　总店位于曼哈顿，专售独特高级设计品牌的百货精品店。设置在大楼内的店面是由建筑师Jeffrey Hutchison与艺术家Sean Paul Philip等共同打造的，展售包括KENZO保养品牌KENKOKI等全球知名最新人气商品。

📮 由JR有乐町站银座口步行约12分钟；由地铁银座站A2出口步行约3分钟
📍 东京都中央区银座6-8-7
🕐 11:00~20:30
📞 03-3289-1200
@ www.barneys.co.jp

FANCL最大规模复合式商店

FANCL银座店

　　以无添加、天然、安全的形象而成为日本通信购物知名度最高的品牌FANCL，销售多种保养品、健康食品及营养补给品，清爽的蓝绿色建筑中，设有餐厅、咖啡厅、FANCL艺廊与专柜、咨询部门等设施。提供免费的试用品更是一大特色。

📮 由地铁银座站A3出口往中央通方向步行约3分钟
📍 东京都中央区银座5-8-16　🕐 10:00~20:00
📞 03-5537-0231　@ www.fancl.co.jp

日本最大的苹果3C专卖店

Apple Store Ginza

　　2003年开业的Apple Store，1F展售苹果所有系列商品，2F是Digital Hub，4F则是相关软件与配件区。此外，3F的剧场活动厅经常举办针对入门到专家各族群所设计的讲座活动。

📮 由JR有乐町站银座口步行约8分钟；由地铁银座站A9出口往京桥方向步行约2分钟
📍 东京都中央区银座3-5-12　🕐 10:00~21:00
📞 03-5159-8200　@ www.apple.com/jp/retail/ginza

BEST！银座鞋子名店

银座有许多有名的鞋店，以下将介绍兼具舒适、高级材质以及时尚设计的日本鞋子品牌。

❶ Yoshinoya（银座ヨシノヤ）

顶级匠人严选素材打造出高机能、高质量的顶级鞋款与包包，自1907年于银座创立至今，已在全国开设70多家分店。比起位于银座六丁目的总店，银座四丁目店还囊括了男鞋、童鞋，以及与意大利、法国制鞋名家携手推出的商品。

🚇 由地铁银座站A9出口步行约2分钟　📍 东京都中央区银座4-5-4
🕐 11:00~19:30　📞 03-3562-3871
@ www.ginza-yoshinoya.co.jp

❷ Washington本店（银座ワシントン）

伴随银座走过70多年历史，除了原创鞋款外，还推出了许多职场鞋款、休闲鞋款等系列品牌。有专为年轻女性设计的STUDIO、WASH carina、RIGAL精选鞋款以及儿童专用品牌Kis等。接受大尺码鞋款定做。

🚇 由地铁银座站A2出口步行约1分钟
📍 东京都中央区银座5-7-7 B 1~2F
🕐 10:30~20:30　📞 03-3572-5911
@ www.washington-shoe.co.jp

❸ DIANA

经常刊登于JJ、CAMCAN、VIVI、OGGI等知名时尚杂志的女鞋专卖店，精美的设计深受20~40岁女性喜爱，除了约10000日元的高跟鞋与实用性极佳的运动鞋款外，以特殊材质设计的包包也值得留意。

🚇 由地铁银座站A2出口步行约3分钟　📍 东京都中央区银座6-9-6
🕐 11:00~20:00　📞 03-3573-4001
@ www.dianashoes.co.jp

★ Special　　**银座中央通的知名幼童用品店**

❶ SAYEGUSA（银座サエグサ）

　　这栋以古典装潢吸引众人目光的建筑就是拥有140年悠久历史的高级幼童用品店，2F展售欧式玩具与配件，并设有儿童游戏区；1F陈列了来自法国、伦敦、比利时的知名品牌商品；B1则有古典洋装与鞋子；B2是定制服专区。昂贵的价格可能令人难以接受，建议参考折扣季的优惠。

🚇 由地铁银座站A2出口往中央通方向步行约3分钟
✉ 东京都中央区银座7-8-8　🕐 10:30~19:30
📞 03-3573-2441　@ www.sayegusa.com

❷ ISAMIYA（银座いさみや）

　　位于银座四丁目有着粉蓝色招牌的童装店，在1923年创立时专营定制服饰。随着建筑的改建，转变成婴幼儿服饰专卖店，除了ANGEL BLUE、MEZZO PIANO、Nike、Adidas等品牌以外，还有日本制有机棉制品等天然商品。较为低廉的售价与店员的专业服务让顾客轻松享受购物时光。

🚇 与地铁银座站A8出口相接
✉ 东京都中央区银座4-6-16　🕐 10:00~20:00（全年无休）
📞 03-3563-1338　@ www.ginza-isamiya.com

❸ familiar银座本店

　　1950年由四位母亲合作投资，创立于神户的儿童用品专卖店。除了幼儿用品与孕妇相关产品外，也提供儿童房设计咨询等全方位服务项目。

🚇 由地铁银座站A2出口往中央通方向步行约3分钟
✉ 东京都中央区银座5-7-10 ニューメルサ 地下B1
🕐 11：00~20:00　📞 03-3574-7111　@ www.familiar.co.jp

❹ 博品馆TOY PARK

　　知名旅游指南必定介绍的玩具专卖店，曾在1986年以"世界最大玩具店"之名登上吉尼斯世界纪录。1899年开业时，因率先使用"百货店"名称以及在银座地区第一个设置电梯等而闻名。B1~4F为齐备各式主题玩具的Toy Park，5、6F设有餐厅，8F则为电影院。B1是娃娃莉卡Licca（リカちゃん）专区，购买10000日元以上可持护照办理退税。

🚇 由地铁银座站A2出口步行约5分钟
✉ 东京都中央区银座8-8-11　🕐 11:00~20:00
📞 03-3571-8008　@ www.hakuhinkan.co.jp

春海通

从JR有乐町站一路延伸到筑地的春海通，与中央通同为银座地区的主要干道。在和光百货与三越百货银座四丁目交叉路相连接的名牌商街上，林立着有乐町Marion、Sony Building、Hermès、COACH、Christian Dior等名品店。

集结Sony创意的空间

Sony

　　Sony所有最新3C数字商品的聚集地。1966年由日本知名建筑师芦原义信完工的SONY大楼，2~4F是3C卖场，还设有法式餐厅MAXIM'S de Paris、咖啡厅以及PLAZA等商店。

🚉 由JR有乐町站银座口步行约3分钟；与地铁银座站A9出口相通
🏢 东京都中央区银座5-3-1　🕚 11:00~19:00（全年无休）
💴 免费　📞 03-3573-2563　@ www.sonybuilding.jp

买二手名牌来这里！

BRAND OFF

　　位于银座四丁目交叉路口的二手名牌专卖店，是捡便宜的好去处，像LV、CHANEL、Hermes等品牌的名牌包、皮夹与珠宝首饰，以新品的7~9折销售，如果会说日文，还能多优惠几千日元。

🚉 与地铁银座站A1出口相接
🏢 东京都中央区银座5-7-2
🕚 11:00~20:30（全年无休）
📞 03-6274-0039　@ www.brandoff.co.jp

MOSAIC（モザイク银座阪急）

　　位于Sony大楼旁的阪急百货，于2004年10月8日开业，聚集40多个深受20~40岁女性喜爱的品牌，因而有美人百货之称。百货内设有GAP、HMV以及私の部屋家饰品牌。

🚃 由JR有乐町站银座口步行约3分钟；与地铁银座站C2、C3出口相通

✉ 东京都中央区银座5-2-1

🕐 10:30~21:00　　📞 03-3575-2011

@ www.mosaic-ginza-hankyu.jp

银座独有的特别巧克力

Wako Chocolate Salon
（和光チョコレートサロン）

和光百货直营的顶级巧克力专卖店，在充满巧克力香气的商店里，销售着30多种手工制作的巧克力，马卡龙630日元，巧克力布蕾（18入）4830日元。

🚶 由JR有乐町站银座口步行约5分钟；由地铁银座站B1出口往Gasuto通（ガス灯通り）方向步行约1分钟
🏠 东京都中央区银座4-4-5
🕐 10:00~20:00（全年无休）
📞 03-5250-3135
@ www.wako.co.jp

日本顶级水果专卖店

银座千疋屋

创立于1894的日本顶级水果专卖店。除了新鲜的当季水果外，还兼售果汁、果冻与蛋糕等利用水果制造的各式商品。店内有日本国产水果与进口水果可供选购，质量极优，所以价格也颇高。果酱三瓶套组2835日元，特制果酱一瓶735日元。

🚶 与地铁银座站B5出口相接
🏠 东京都中央区银座5-5-1
🕐 11:00~20:00（周日与国定假日到17:30）
📞 03-3572-0101
@ www.ginza-sembikiya.jp

如宝物仓库般的银座老铺

❶ 伊东屋银座本店

　　1904年开业的"伊东屋"是日本代表性文具专卖店，以红色回形针为招牌，B1~8F的卖场中展售着来自世界各地的笔类与事务用品，以及国产文具与画具等合计16万个品项。此外，也有日记本、圣诞卡、明信片与贺年卡等应景商品。

- 📮 由地铁银座站A13出口步行约3分钟
- 📧 东京都中央区银座2-7-15
- 🕐 10:30~20:00（周一、二、日为10:30~19:00）
- 📞 03-3561-8311
- @ www.ito-ya.co.jp

❷ 东京鸠居堂

　　1663年创立于东京，是日本最古老的文具店。1F主要为和纸、装饰扇、名片、杂货、娃娃等日本传统商品，2F则有200余种香氛与绘画用具。传统友禅染磁铁（420日元）与箸台（500日元起）最有人气。

- 📮 由JR有乐町站银座口步行约6分钟，与地铁银座站A2出口相通
- 📧 东京都中央区银座5-7-4
- 🕐 10:00~19:30（周日与国定假日为10:00~19:00/1月1~3日以及2月29日休息）
- 📞 03-3571-4429

❸ 银座大野屋

创立于歌舞伎座，拥有130年历史的和风生活杂货专卖店。古典的木造房屋与简朴装潢的店内有400多种款式的手帕，很适合作为赠礼，也有各式家居服与浴衣。招财猫手帕630日元，面纸包1050日元。

🚇 与地铁银座站A1出口相接
🏠 东京都中央区银座5-12-3
🕐 10:00~19:00（全年无休）
📞 03-3541-0975
@ www.ginza-oonoya.com

❹ 银座大和屋

从大正时代传承至今，具有悠久历史的和服配饰店。不仅经常登上报纸杂志，而且是许多歌舞伎演员与知名艺人喜爱的隐藏版名店。结合传统图样、素材以及现代化设计的包包与零钱包都是人气商品。涂漆皮夹1890日元。

🚇 与地铁银座站A4出口相接，位于银座コア 3F
🏠 东京都中央区银座5-8-20 银座コア3階
🕐 11:00~20:00
📞 03-3571-0744

❺ 银座香十本店

创立于京都，400多年来从不间断地守护着传统香氛的古老名店。将传统香氛融入生活，以新颖的香气呈现舒适生活品位。室内芳香、趋虫芳香以及小香包（1050日元）都是人气商品，深受讲求古典品位的人喜爱。

🚇 与地铁银座站A4出口相接
🏠 东京都中央区银座5-8-20 银座コア 4F
🕐 11:00~20:00
📞 03-3574-6135
@ www.koju.co.jp

并木通

以银座Printemps百货为首，并木通林立着LV、CHANEL、D&G、ETRO、Bally、Max Mara、Cartier等国际名品店。与中央通与春海通的大型旗舰店相比稍显逊色，但这里依然以银座起源老街之名维持着声望。

呈现富饶生活品位

GINZA Velvia馆

在2007年4月开业，满足所有时尚人士需求的复合式购物商场。除了各式高级精品外，还设有NOLLEY'S good man与高级生活品牌三阳山长等男士用品专区。4~5F有设计精品BALS TOKYO GINZA与家电品牌amadana，6F则设有全方位美妆沙龙店kakimoto arms，B1与7~9F的美食区也有一些精致舒适的酒吧餐厅与啤酒屋。

由JR有乐町站中央口步行约6分钟；由地铁银座站C8、C9出口步行约3分钟；由地铁有乐町站银座一丁目站5号出口步行约1分钟

东京都中央区银座2-4-6　11:00~21:00（餐厅为11:00~23:30）

www.midcity.jp/velviakan

适合母女共访的高级精品店

SUN MOTOYAMA

创立于1964年，拥有悠久历史的精品店，是率先让Armani、Gucci、Ferragamo等国际名牌在日本打开知名度的先驱。凡服饰、珠宝、东洋风品牌、餐具以及居家用品等各式高级精品，长久以来都广受各族群的欢迎。包括英国皇室爱用的Asprey以及拥有足够经验且值得信赖的SUN MOTOYAMA都是品位人士的最爱。

由地铁银座站B6出口步行约4分钟

东京都中央区银座6-6-7　11:00~19:30

03-3573-0003　www.sunmotoyama.co.jp

强力推荐给寻求独特感的型男潮女！

TSUMORI CHISATO GOLD

　　以缤纷色彩与独特设计闻名国际的设计师津森千里的银座概念店。店内充满了高质感图样与材质混搭的各式商品。貌似鱼鳞的建筑外墙，一眼就能看出它的不平凡。休闲、礼服或银座限定商品都一应俱全。

- 由JR有乐町站银座口往银座一丁目方向步行约4分钟
- 东京都中央区银座1-4-9
- 11:00~20:00
- 03-6382-8266
- @ www.tsumorichisato.cc

好莱坞女星最爱的鞋子品牌

JIMMY CHOO

　　持续在巴黎、伦敦、巴塞罗那等城市开设分店的高级鞋品牌。日本最大规模的银座店内，充满着以鞋跟高度突显魅力曲线美的Jimmy Choo之作，已故的黛安娜王妃也是爱用者，这再次证明了这个品牌的价值。

- 由JR有乐町站银座口往西五番街方向步行约5分钟
- 东京都中央区银座6-7-2
- 11:00~20:00
- 03-5537-2115
- @ www.jimmychoo.com

日本生活陶瓷器店

EPOCA THE SHOP 日日
（エポカザショップ 日々）

　　在1998年成立的陶瓷器精品店，常开设兼具艺术与实用性的特别企划展览活动。职人级的作品价格当然很昂贵。

- 由地铁银座站B5出口步行约1分钟
- 东京都中央区银座5-5-13
- 12:00~20:00（周日与国定假日为12:00~19:00）
- 03-3573-3417
- @ www.epoca-the-shop.com/nichinichi

比利时高级巧克力
ピエール マルコリーニ銀座

比利时知名的巧克力店Pierre Marcolini。银座店是全球唯一将巧克力店与咖啡厅结合的分店，因此备受国际瞩目。巧克力840日元、清爽的Original Pierre Marcolini 294日元、可爱造型的牛奶巧克力315日元、巧克力蛋糕1680日元。

🚄 由JR有乐町站银座口步行约5分钟；由地铁银座站B3出口步行约1分钟
🏠 东京都中央区银座5-5-8
🕐 11:00~20:00（周日与国定假日为11:00~19:00）
📞 03-5537-0015
@ www.pierremarcolini.jp

高级巧克力品牌Lindt银座店
Lindt银座店

在1845年推出世界首创固体巧克力，拥有长远历史的巧克力制造品牌Lindt & Sprungli于2007年2月开设的亚洲直营店。除了世界广受好评的Excellence系列外，还有超高级Cacao、以严选可可豆制作的各式巧克力商品。银座限定的松露巧克力（五入1050日元）最具人气。融合甜蜜与呛辣口感的Excellence Chili Pepper 100克410日元。

🚄 由JR有乐町站银座口往并木通方向步行约6分钟，位于银座资生堂后方
🏠 东京都中央区银座7-6-12
🕐 11:00~22:00
📞 03-3569-2021
@ www.lindt.jp

有乐町マリオン

　　走出JR有乐町站银座口出口，正前方是大型购物商城有乐町マリオン（Marion），内有阪急百货、电影院、餐厅、Asahi Hall及银行等设施。Marion刚好占据了从有乐町站前往银座的路上宛如玄关般的位置，也因此成为最热门的会面场所。斜对面则是Sony大楼。

New Style！OIOI大变身
ITOCIA有乐町

　　2007年10月，在成熟的银座地区吹起一股清新风潮的ITOCIA诞生了。主要的购物商场是OIOI百货，结合设有电影院的ITOCIA PLAZA以及Office Zone等多元化商城。B1是包括Krispy Kreme Doughnuts等在内的知名餐饮、咖啡厅区域，1~8F是品牌服饰区。其中位于1F的Idea Seventh Sense专卖设计独特的家饰品。开放的商场结构与舒适的休憩空间，呈现与既有OIOI百货截然不同的气氛。

🚩 与JR有乐町站中央口以及地铁银座站C9出口相接
🏠 东京都千代田区有乐町2-7-1
🕐 11:30~21:00（周六为11:00~20:30，周日与国定假日为11:00~20:00；
不定期休息）
📞 03-3212-0101
@ www.OIOI.co.jp/yurakucho

OL专属的购物天地

MARRONNIER GATE

以银座20~40岁OL为对象，聚集服饰与精品的多元化商城。知名专柜包括CHRISTIAN PEAU、ISABEL、journal standard L'ESSAGE，以及UNITED ARROWS等日系品牌。5~8F的TOKYU HANDS因推出银座限定商品而备受瞩目。连续43年获得米其林三星评价的BRASSERIE PAUL BOCUSE GINZA，以及由Thai Silk品牌创始者Jim Thompson创立的传统泰式料理店Table THAILAND等知名餐厅也绝对不容错过！

🚇 由JR有乐町站中央口往外堀通方向步行约3分钟
✉️ 东京都中央区银座2-2-14
🕐 10:30~20:30（餐厅为11:00~23:00）
📞 03-3538-0109　@ www.marronniergate.com

 Special　世界最高水平的名牌专店

集结世界国际名牌的银座，是个名副其实的高级时尚街。领先于亚洲其他地区引进顶级名牌商品，更有许多专属于银座的限定商品。一起来欣赏这些最高水平的时尚商品吧！

❶ HARRY WINSTON

路易十四与玛丽·安东妮德等世界重量级人物都曾认定过它的价值，属于最高等级的首饰品牌。虽然知名度屈居Tiffany之后，但它依然是即将步入礼堂的新娘们最想拥有的首饰品牌之一。在1920年开设于纽约第五大道的分店曾被誉为"King Of Diamond"，动辄数千万的价格主攻金字塔顶端的顾客。

🚇 由地铁银座站A13出口步行5分钟　✉️ 东京都中央区银座1-8-14
🕐 11:30~19:00　📞 03-3535-6441　@ www.harrywinston.com

❷ Nicolas G. Hayek Center

成立于2007年5月，在这家散发着瑞士钟表产业历史辉煌气息的空间内，设有Swatch、OMEGA、Breguet、Léon Hatot、Blancpain、Glashütte、Jaquet Droz等七大名牌专柜与顾客中心。1F设置了品牌展示柜与手扶梯，从1F延伸到14F的玻璃帷幕与绿化装饰让大楼充满了神秘风采。

🚇 由JR有乐町站银座口步行约10分钟；由地铁银座站A3出口步行约3分钟
✉️ 东京都中央区银座7-9-18　🕐 11:00~20:00
📞 03-6254-7411　@ www.swatchgroup.jp

❸ ミキモト 御木本（Mikimoto）

　　由全球首位成功养殖珍珠的御木本幸吉于1899年创立的珍珠首饰专卖店。以出众的光彩、色泽、外形、日式设计与精湛的切工技术赢得大众的喜爱，尤其是价值约5000日元的相框、钢笔等高级生活用品，更是用作赠礼的人气商品。每年圣诞节店内设置的华丽圣诞树也颇具吸引力。

🚃 由JR有乐町站银座口步行约7分钟；由地铁银座站A9出口步行约1分钟
✉ 东京都中央区银座4-5-5　🕐 11:00~19:00
📞 03-3535-4611　@ www.mikimoto.com

❹ LOUIS VUITTON GINZA

　　以华丽的LV LOGO妆点外墙的银座1号店，位于松屋百货1F。拥有LV最新商品以及日本限定与银座限定商品。LV旗舰店银座2号店则位于并木通上。

🚃 与地铁银座站A12出口相接　✉ 东京都中央区银座3-6-1
📞 03-3567-1211　🕐 10:00~20:00

❺ CHANEL GINZA

　　以世界最大香奈儿旗舰店闻名，由建筑师Peter Marino打造，同时他也是全世界的香奈儿概念店的设计者。1~2F为新品展售区，3F是VIP沙龙，4F有活动厅，而顶楼10F则是法国顶级餐厅BEIGE ALAIN DUCASSE东京店。

🚃 由JR有乐町站银座口步行约8分钟；由地铁银座站A13出口步行约1分钟
✉ 东京都中央区银座3-5-3
🕐 11:00~20:00（全年无休）
📞 03-5159-5555
@ www.chanel-ginza.com

❻ Maison Hermès

　　法国高级名牌Hermes银座旗舰店，由设计关西国际机场的意大利建筑师Renzo Piano打造，透明的玻璃帷幕建筑在夜间尤其美丽。大楼内部除了Hermes专柜外，还有Lounge、电影院、咖啡厅以及艺廊等设施。

🚃 由JR有乐町站银座口步行约3分钟；与地铁银座站B7出口相接
✉ 东京都中央区银座5-4-1
🕐 11:00~19:00
📞 03-3289-6811
@ www.hermes.com

❼ ARMANI GINZA

　　2007年11月，结合Armani服饰及各式商品、沙发区、餐厅以及Lounge Bar的高级空间诞生了。以竹子为概念设计，继米兰分店之后增设肌肤保养商品、男士专用品、美妆及居家系列商品。位于5F的沙发区更是亚曼尼分店的创举。

📫 与地铁银座站B5、B3出口相接
✉ 东京都中央区银座5-5-4
🕐 11:00~20:00（全年无休）
📞 03-6274-7000
@ www.armaniginzatower.com

❽ Gucci银座

　　在2006年11月开业的Gucci银座旗舰店，外观是新潮的落地窗，地下层楼为男士用品，1F是包包等配件区，2~3F则为女性服饰区，4F设置了可以享受悠闲时光的咖啡厅（咖啡700日元起），6F是专为艺术展示所规划的空间。

📫 与地铁银座站B2出口相接
✉ 东京都中央区银座4-4-10
🕐 11:00~20:00（全年无休）
📞 03-5469-6611
@ www.gucci.com/jp

❾ BVLGARI银座Tower（ブルガリ銀座タワー）

　　2007年12月开业的宝格丽银座旗舰店。以珠宝盒为设计概念的宝格丽大楼，先前也因在1~3F展售高达7亿日元的蓝钻项链，以及2亿日元的黄钻戒指而声名大噪。8~11F的天台设有与Ritz Carlton饭店联合营运的高级餐厅IL RISTORANTE与Bar。

📫 由JR有乐町站银座口步行约10分钟；与地铁银座站A13出口相接
✉ 东京都中央区银座2-7-12
🕐 11:00~20:00　📞 03-3239-0100
📞 03-6254-7411　@ www.bvlgari.com

❿ BOTTEGA VENETA

　　以轻薄的皮革反复凹折的编织技术而闻名世界的意大利高级皮革品牌。1~5F展售鞋类、手提包、潮流配件等全系列商品，2F的世界大规模Home Collection也值得留意。

📫 由JR有乐町站中央口步行约5分钟；与地铁银座一丁目站5号出口相接
✉ 东京都中央区银座2-5-14
🕐 11:00~20:00
📞 03-3538-3211
@ www.bottegaveneta.com

⓫ Christian Dior

宛如巨型蓝水晶般光彩夺目的Christian Dior银座店，以多彩多姿的装潢设计将商品衬托得更加灿烂动人。这间以亚洲最大规模闻名的银座店，有各式珠宝、钟表与配件等商品。

📧 由JR有乐町站银座口步行约5分钟；由地铁银座站A1出口往有乐町方向步行约2分钟
🏠 东京都中央区银座5-6-1
🕐 11:00~20:00　📞 03-5537-8211
@ www.dior.com

⓬ CELINE

于2005年开业，优雅又新潮的CELINE银座店充满了许多穷极女人美感的商品。2F以舒适宽敞的空间陈列着高级服饰。

📧 由JR有乐町站步行约5分钟；由地铁银座站往并木通方向步行约6分钟
🏠 东京都中央区银座5-4-8
🕐 11:00~20:00
📞 03-5537-1500
@ www.celine.com

⓭ TIFFANY & Co.

2008年11月完成重新改装的Tiffany银座店，以令人联想到钻石多面体的结构与玻璃帷幕装潢而成，整栋大楼的结构充满了戏剧性。当时也因推出开业纪念的11克拉与19克拉钻戒而引起轰动。商场内除了各式珠宝外，也有钟表与首饰等系列商品，以庞大的商品数量傲视全国。

📧 由地铁银座站A13出口步行约2分钟
🏠 东京都中央区银座2-7-17
🕐 11:00~20:00
📞 03-5250-2900
@ www.tiffany.co.jp（日本）

⓮ Burberry

约1320平方米的店面中，除了经典的伦敦Burberry Prorsum外，也有日本Burberry黑标与蓝标商品。

📧 由地铁银座站A2出口步行约4分钟
🏠 东京都中央区银座8-8-9
🕐 11:00~20:00
📞 03-5537-6160
@ jp.burberry.com/store

⑮ PRADA

2003年3月，追求极致简约与美丽的PRADA银座店开业了！不过，日本最大的PRADA旗舰店位于南青山，该品牌的设计理念为设计美感与实用性兼具。

- 🚇 由地铁银座站A3出口步行约4分钟
- 🏠 东京都中央区银座6-10-16
- 🕐 11:00~20:00
- 📞 03-3575-9071
- @ www.prada.com/ja

⑯ Salvatore Ferragamo

来自意大利的品牌Ferragamo，商场规模领先全日本。销售意大利制鞋名家Ferragamo的高级设计鞋款与皮革包，也有展示历年商品的艺廊。

- 🚇 由地铁银座站A3出口步行约2分钟
- 🏠 东京都中央区银座7-8-2
- 🕐 11:00~20:00
- 📞 03-3572-6600
- @ www.salvatoreferragamo.it/jp/

⑰ COACH

COACH首度在美国本地以外国家开设的旗舰店位于银座，卖场构造令人仿佛置身于美国纽约分店，1~2F是包包、钟表、围巾、男女服饰等商品区。

- 🚇 与地铁银座站B5、B3出口相接
- 🏠 东京都中央区银座5-4-3
- 🕐 11:00~20:00
- 📞 03-5537-5145
- @ japan.coach.com

⑱ Cartier

金碧辉煌的外观呈现出奢华气息的法国首饰品牌Cartier银座旗舰店。位于9层建筑中的1~2F展售区，是曾主导巴黎本店设计的知名建筑师的得意之作。

- 🚇 由JR有乐町站中央口步行约10分钟；与地铁银座站A13出口相接
- 🏠 东京都中央区银座2-6
- 🕐 11:00~20:00
- 📞 03-5159-3200
- @ www.cartier.jp

ROPPONGI

六本木

随着Roppongi Hills、Tokyo Midtown、国立新美术馆等崭新建筑接连竣工，让越夜越美丽的六本木蜕变为时尚之都，拥有各式国际级购物中心、餐厅、美术馆等多元设施，加上世界各国大使馆群聚在此，因此有许多外国人，也让各种国籍的店员热情招揽顾客的景象变得稀松平常。

六本木

这是个瞬息万变的城市。

Roppongi Hills与Tokyo Midtown是个集结流行服装、高级名牌、设计精品，以及美食餐厅的购物名胜。

现在，就启动你的购物之旅吧！

❶

★ 东京数一数二的购物天堂

六本木从灯红酒绿的娱乐闹区成功转变成未来型都心。占地广大的六本木之丘（Roppongi Hills）聚集了230多家商店与各式文化设施，适合全家人一同享受购物时光；而拥有130多家专柜且以精致奢华为傲的Tokyo Midtown属于熟龄族群的高级天地。

❶ 品味奢华都会生活Tokyo Midtown
   （P.188）
❷ 未来型多元商城的先驱六本木之丘
   （P.192）

2

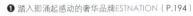

★ 顶级奢华精品就在六本木

汇集时尚与艺术的六本木Hills尽是世界时尚精品店，虽然极度奢华的高价商品令人望而却步，但仍是值得一逛提升鉴赏力的Window Shopping！

❶ 踏入即涌起感动的奢华品牌ESTNATION（P.194）
❷ 集结世界知名设计品牌的VIA BUS STOP（P.190）

★ 送给自己和朋友的手信

超高人气！LV与日本知名设计师村上隆（Murakami Takasi），以及多位新兴艺术家的创意商品都是适合装载旅行回忆的最佳手信。

❶ 位在六本木Hills West Walk 3F的 ART & DESIGN STORE（P.195）
❷ 朝日电视原创商品THE SHIP テレビ朝日

> "
> 六本木Hills与Tokyo Midtown悠闲舒适的环境让购物变得更优雅。
> 被誉为东京比弗利山庄的けやき坂通り是六本木最繁华的名牌街，一同来体验时尚生活品位吧！
> "

01 六本木最高级的名牌街——榉木坂通

Giorgio Armani、LOUIS VUITTON、Tiffany & Co、ESCADA、Antonini、Harat，光看就令人心动的高级名牌全都聚集在此，可让人悠闲地享受奢华的时尚洗礼。

02 从ZARA到Vivienne Tam，老少咸宜的购物商场六本木Hills

六本木Hills以54楼的森大楼（Mori Tower）为中心，设有购物、美食、电影院、电视台、商务中心、日式庭园及瞭望台等多样设施，包括童装stompstamp、家饰AGITO、Banana Republic以及ZARA等品牌商店。

@ www.roppongihills.com

03 满足奢华时尚人士的精品商城Tokyo Midtown

占地广大的Tokyo Midtown，有GALLERIA购物中心、SUNTORY美术馆、Tokyo Midtown Design Hub等设施，邻近安藤忠雄设计的21_21 Design Sight设计中心，可让人随时与艺术邂逅。定位于奢华顶级购物中心的Tokyo Midtown，有巴黎绅士服装品牌ARNYS、瑞典生活居家品牌J. LINDEBERG、欧风精品Theatre H.P. FRANCE等高价品牌商店进驻。

@ www.tokyo-midtown.com

名品街——けやき坂通り

森大楼

六本木Hills DIESEL

Tokyo Midtown三宅一生

Tokyo Midtown

六本木街访

JUDY　主妇

最爱品牌

Max Mara、Optitude、Jil Sander、ESCADA、kitson、Abercrombie & Fitch

六本木必败点

六本木Hills的Metro Hat Hollywood Plaza、Tokyo Midtown

今日穿搭

Max Mara连身长裙是Party必备！优雅与精致的设计百穿不腻

ARIMA　上班族

最爱品牌

MARUI MANS、Paul Smith、TAKEO KIKUCHI、Banana Republic、H&M、ZARA

六本木必败点

六本木Hills与Tokyo Midtown家饰专卖店

今日穿搭

以舒适感穿搭为主，主角是散发清凉感的白色长裤

YOKOYAMA CHIEKO　发型设计师

最爱品牌

ISBIT、AMERICAN RAG CIE、Chloe、HYSTERIC GLAMOUR

六本木必败点

365天都很便宜的Donki Hote、六本木Hills的SABON及ESTNATION

今日穿搭

军装毛毛长版大衣，冬日必备的皮草靴

生活用品&
居家装饰

❶ ligne roset

　　法国精品家具品牌，中国也有代理。

📫 从六本木站3号出口往外苑东通东京铁塔方向步行约8分钟

❷ LIVING MOTIF AXIS GALERY ANNEX

　　日本设计杂志AXIS推荐的设计品牌"LIVING MOTIF"，有杂志、书籍、厨房餐厅用品、家饰与文具等，可体会高尚生活品位。

📫 从六本木站3号出口往外苑东通东京铁塔方向步行约8分钟

@ LIVING MOTIF www.livingmotif.com

　　AXIS　www.axisinc.co.jp

❸ TROIKA DESIGN STORE

　　商务人士最爱的文具礼品商店，极具设计感的文具最热卖。截稿至2011已搬迁，请参考官网www.troikadesignstore.jp。

❹ Baccarat Shop

　　法国水晶Baccarat的日本直营店，中国也没有分店。
@ www.baccarat.com

❺ BALS TOKYO ROPPONGI by AGITO

　　日本优良精致的设计家饰店，打造高格调的生活空间。

📫 六本木Hills West Walk 3F
@ www.balstokyo.com

❻ SAYA

　　让生活变得更丰富的日常用品，尤其是日本柳宗里餐厨具。

📫 Tokyo Midtown GALLERIA 3F
@ www.shop-saya.com

❼ LIBECO HOME

　　顶级亚麻制品LIBECO LAGAE在日本的首间分店。

📫 Tokyo Midtown GALLERIA 3F
@ www.libeco.jp

❽ THE COVER NIPPON

　　流传百年的日本匠人工艺，如铸铁锅、茶壶、筷子等生活用品。

📫 Tokyo Midtown GALLERIA 3F
@ www.thecovernippon.jp

童装店

❶ Stomp Stamp

聚集国内外100多个儿童品牌的大型商场。

📬 六本木Hills Hillside B2
@ http://www.rakuten.ne.jp/gold/stompstamp/

❷ HAKKA KIDS

专为儿童设计的购物空间。

📬 六本木Hills Hillside B2
@ 官网 www.hakka-group.co.jp
在线购物 hakka-onlineshop.jp

❸ LE WATOSA + notsobig

在巴黎相当受瞩目的人气童装精品店。

📬 Tokyo Midtown GALLERIA 2F
@ www.watosa.com

特惠&二手商品店

❶ Donki Hote

24小时全年无休的六本木大型平价生活用品店。

📼 由六本木车站5号出口往外苑东通Tokyo Tower方向步行约3分钟

❷ 百元商店
（100円ショップ）

生活用品与彩妆商品均一价100日元的特惠商店。

📼 由六本木车站5号出口往外苑东通Tokyo Tower方向步行约2分钟

❸ 松本清
（六本木Matsukiyo）

以亲民价格销售各式医药品、彩妆品、生活杂货的综合药妆店。

📼 与六本木站3号出口相接

美妆店

❶ Terracuore

天然有机草本原料制作的香氛品牌。

📍 Tokyo Midtown GALLERIA 2F
@ www.terracuore.com

❷ SABON

含有死海天然矿物质成分的身体保养品牌。

📍 六本木Hills Metro Hat Hollywood Plaza 1F
@ www.sabon.co.jp

❸ CHARIS SEIJO

天然派化妆品与芳香生活用品店。

📍 六本木Hills West Walk 4F
@ www.charis-herb.com

❹ LUSH

环保手作皮肤保养用品专卖店。

📍 从六本木站3号出口往外苑东通东京铁塔方向步行约2分钟
@ www.lushjapan.com

六本木Hills 多元复合式商场的代表者

Tokyo Midtown
聚集着全世界高贵品牌的高级购物商城

榉木坂通
被称之为日本比弗利山庄的奢华名牌商街

💼 旅行秘诀

对于六本木之旅，建议可安排一天的行程。早上搭乘东京地铁千代田线至乃木坂站，从6号出口直接到国家新美术馆，优雅地欣赏展览与品尝米其林美食。下午步行到Tokyo Midtown与六本木Hills尽情购物，品味处处充满装饰艺术的六本木。最后一定要来风情韵致的麻布十番，探访朴实的商店街与隐藏版美食。夜晚时，探访充满夜店与特色餐厅的外苑东通，或到Tokyo City View瞭望台欣赏东京铁塔璀璨的光芒，在此还能一览东京城市全景。

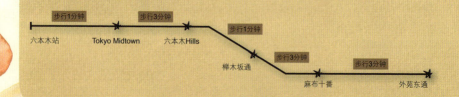

麻布十番（あざぶじゅうばん）
广受明星艺人喜爱的美丽住宅区

外苑东通
夜生活非常发达的六本木娱乐商圈，一路
从Tokyo Midtown延伸至东京铁塔

前往方式

　　六本木一带没有JR，必须搭乘地铁前往，
且在中心点"六本木站"下车最为便利。若从
原宿往六本木方向前进，建议在明治神宫前站
搭乘千代田线；若从新宿出发则搭乘大江户线
至六本木站或麻布十番站下车。

六本木站
• 东京地铁日比谷线
• 都营大江户线

乃木坂站
• 东京地铁千代田线

麻布十番站
• 都营大江户线

移动路径
• 新宿站→都营大江户线（10分钟，210日元）→六本木站
• 惠比寿站→东京地铁日比谷线（6分钟，160日元）→六本木站
• 银座站→东京地铁日比谷线（9分钟，160日元）→六本木站
• 明治神宫前站→东京地铁千代田线（4分钟，130日元）→乃木坂站

外苑东通

　　六本木外苑东通（外苑东通り）是最著名的美食街，以六本木通交叉路为起点，一路往Tokyo Midtown与东京铁塔方向延伸，路上有各式餐厅与居酒屋。

夜猫族的寻宝基地
Donki Hote

　　在号称不夜城的六本木，位于外苑通上的Donki Hote平价殿堂24小时全天候营业，杂货、食品、彩妆等商品应有尽有，还设有Cosplay馆。超大型的卖场还曾经在屋顶设置云霄飞车，不过因为附近居民的抗议已停止运作。

　📩 六本木站5号出口往外苑东通方向步行约3分钟
　✉ 东京都港区六本木3-14-10　🕐 24小时（全年无休）
　📞 03-5786-0811　＠ www.donki.com

夜猫族的美食天堂
一兰拉面

　　日本知名的自助拉面店，最大特点是可依个人喜好调配汤头浓度、油量、配料、辣度、面的软硬度等客制化拉面。首先，在门口的食卷机购买招牌拉面790日元，再依个人喜好加购配料，如半熟蛋100日元、叉烧150日元。店内就像K书中心般有着一格格的隐秘空间，坐定位后，店员会给一张喜好单（备中文），填妥后将食卷一同交给服务人员即可。

　📩 六本木站5号出口往外苑东通方向步行约3分钟
　✉ 东京都港区六本木4-11-11　六本木GMビル2F　🕐 11:00~翌日6:00
　📞 03-3796-7281　＠ www.ichiran.co.jp

创新经营的知名书店

ABC青山图书中心
（青山ブックセンター）

Aoyama Book Center俗称ABC书店，每天营业至凌晨5点。专营设计、摄影、建筑等领域的创新书籍，也有许多知名作家与艺人经常在此举办新书发布会或签名会，并不定期企划主题特展。

📍 从六本木站3号出口步行约3分钟　　✉ 东京都港区六本木 6-1-2
🕐 10:00~翌日5:00　　📞 03-3479-0479
@ www.aoyamaabc.co.jp

设计家饰专卖店

LIVING MOTIF AXIS GALLERY ANNEX

兼具设计与实用功能的设计品牌"LIVING MOTIF"，三层楼的空间中齐备家具、餐厨等居家用品。

📍 从六本木站3号出口往外苑东通东京铁塔方向步行约8分钟
🏢 东京都港区六本木5-17-1 AXIS BD B1~2F
🕐 11:00~19:00
📞 03-3587-2784
@ www.livingmotif.com

Tokyo Midtown
（东京ミッドタウン）

　　Midtown前身为防卫厅腹地，占地7万平方米，投入约3700万日元重新改装后，B5~54F高达248米，成为东京最高的复合建筑大楼。外围还有高25层的Midtown East与13层的Midtown West、SUNTORY美术馆、21_21 Design Sight、Garden Terrace等，六栋建筑形成一整片的购物商城，包括Ritz-Carlton Tokyo大饭店，以及展售富士胶片广场FUJI FILM SQUARE。商城专柜来自世界知名的品牌，此外还有超越国界与主题的雕塑、艺术品，再加上广阔的桧町公园，让整个购物商城与周边营造出高品位的都会生活氛围。

🚇 与都营大江户线、东京地铁日比谷线8号出口相通；由东京地铁千代田线乃木坂站3号出口步行约3分钟

🏢 东京都港区赤坂九丁目内　　📞 03-3475-3100

@ www.tokyo-midtown.com

---

❶ Midtown Tower
（ミッドタウン タワー）

　　高248米的东京最高商厦，B1~4F为购物商区GALLERIA。

❷ The Ritz-Carlton Tokyo

　　位于Midtown Tower 43~53F华丽的顶级饭店。

@ www.ritzcarlton.com

❸ 三得利美术馆
（サントリー美术馆）

　　于1961年开业，拥有悠久历史的SUNTORY美术馆。因举办各式展览而广受大众喜爱，与GALLERIA 3F相接。

@ www.suntory.co.jp/sma

❹ FUJI FILM SQUARE

　　富士展示摄影艺术的艺廊。

@ fujifilmsquare.jp

❺ TOKYO FM Midtown Studio

　　继涩谷西班牙坂Studio后新开设的东京FM Studio，每周六14:00开始现场直播。

@ www.tfm.co.jp/midtown

❻ 21_21 Design Sight

　　将艺术与生活结合的展示性场所，经常举办日本代表性知名设计师的高水平特展。

@ www.2121designsight.jp

❼ GALLERIA

　　Tokyo Midtown的主购物区，以木、竹、和风设计出宽阔空间，1F的"Tree Shower"概念来自京都清水寺的音羽之泷，展现幽静神秘的气息。

❽ Garden Terrace

　　聚集众多讲究装潢的高级餐厅与日本名店。

❾ Plaza

　　结合自然景观的咖啡厅、甜点等商店。

❿ 桧町公园

　　设立于江户时代的历史性设施，可一眼饱览街景的美丽庭园。

Tokyo Midtown导览

❶ Tokyo Midtown Tour

除了各项设施相关说明外，还提供建筑设计作品与艺术特性介绍，长约60分钟的导览需通过电话或网络预约。

🕐 11:15~17:00
📞 03-3475-3290
费用：成人1500日元，儿童700日元
申办地点：GALLERIA 3F Design Shop服务柜台

❷ Ubiquitous Art Tour

从Plaza 1F大厅的巨型雕刻作品开始，完整参观Garden Terrace、21_21 Design Sign等约20多项外围知名艺术作品。以日本首创的"U化导览系统"进行导览，同时提供英语、法语、中文、韩语等芯片式导览系统，让参观者能自由自在地享受这趟艺术之旅。限高中生以上。

🕐 11:00~18:00（最长可借用2小时）
📞 03-3475-3290
费用：1000日元（押金500元，退租时归还）
申办地点：GALLERIA 3F Design Shop服务柜台

GALLERIA购物商店推荐

Tokyo Midtown的主购物区GALLERIA云集国内外品牌专柜，在此介绍热门的商店。

❶ VIA BUS STOP

设立Alexander McQueen等世界知名设计品牌，经常登上时尚杂志的高级精品店。除了具有当代设计感的服饰以外，还有小礼服、正式套装、包包与鞋子等时尚商品。

📧 GALLERIA 2F
@ www.viabusstop.com

❷ Cruciani

摩登精致且充满高贵气息的意大利品牌Cruciani登陆日本，具有男女服饰与Cruciani Pelle全系列商品。

📧 GALLERIA 1F
@ www.cruciani.jp

❸ Equation du Temps

云集Breguet、Blancpain、Jaquet Droz、Léon Hatot与OMEGA等瑞士钟表品牌的名店，也可以找到限量的手工表。

📧 GALLERIA 1F
@ www.swatchgroup.jp

❹ PUMA-The Black Store TOKYO

由Jil Sander、Prada等世界顶级名牌设计师与PUMA联手推出的新潮运动休闲服饰，受到许多主流时尚人士的推崇。其中专业鞋类设计师三原康裕（Mihara Yasuhiro）的各式商品具有极高人气。

📧 GALLERIA 1F
@ www.puma.com

❺ E . MARINELLA NAPOLI

1914年创立的意大利领带品牌在海外的第一家直营店。因细致的做工与华贵的设计而获得许多国家元首的青睐。

📮 GALLERIA 1F
@ www.marinellanapoli.it

❻ STYLE MEETS PEOPLE

以轻松、高贵为概念的原创设计精品店，专售纽约高级生活杂货与家具。精致的设计与优异的质量，让高价卫浴用品与居家用品受到国际的肯定。

📮 GALLERIA 3F
@ www.stylemeetspeople.com

❼ LE WATOSA + notsobig

LE WATOSA旗下有彩妆、女士服饰及儿童品牌，是适合亲子共同享受购物时光的新型精品店。

📮 GALLERIA 2F
@ www.watosa.com

❽ DEAN & DELUCA

1977年开设于纽约的食品材料专卖店，销售享誉全球的美味佳肴原料，如奶酪、巧克力、意大利面、红酒等，另出售厨具等商品。销售面包、蛋糕、三明治的DEAN & DELUCA CAFÉ位于PLAZA B1。

📮 GALLERIA B1

必游景点六本木之丘

★ Special

Roppongi Hills
（六本木ヒルズ）

占地12万平方米的六本木之丘（Roppongi Hills），是集住宅、购物、旅馆、餐厅、艺文设施于一体的庞大聚落，打造出适合全家人同欢的游憩空间。其中有知名的森大楼、毛利庭园、朝日电视，而66广场上由Louise Bourgeois设计的蜘蛛装饰MAMAN则是六本木最著名的地标。榉木坂通与麻布十番等高级住宅区相连接，聚集了世界名牌精品店。

🚃 与东京地铁日比谷线六本木站1C出口大厅相接
从都营大江户线六本木站3号出口步行4分钟
从都营大江户线麻布十番站7号出口步行约4分钟
从东京地铁南北线麻布十番站4号出口步行约7分钟

🏠 东京都港区六本木6-10-1　📞 03-6406-6000

@ www.roppongihills.com

❶ 森大楼

象征六本木Hills的森大楼（森タワー），2~6F为餐厅及购物区，7~4 8F为商务中心，49~53F则是Tokyo City View瞭望台以及森美术馆等设施。

@ www.mori.co.jp

❷ Metro Hat Hollywood Plaza

与日比谷线六本木站相通的多元购物中心。

❸ NORTH TOWER

设有休闲品牌服饰店、餐厅、咖啡厅的小型购物商场。

❹ 66 PLAZA

以法国艺术家Louise Bourgeois的巨型蜘蛛雕塑作品"Maman"为中心的广场。

❺ 榉木坂通
（けやき坂）

被誉为东京比弗利山庄的奢华名牌街。

❻ HILL SIDE
（ヒルサイド）

充满各式室内精品摆设的艺术、人文空间。

❼ WEST WALK
（ウエストウエーク）

聚集众多品牌商店的购物中心，是享美食与血拼的首选。

❽ 森美术馆

位于森大楼53F的美术馆，出自于建筑师Richard Gluckman之手。

@ www.mori.art.museum

❾ 朝日电视
（テレビ朝日）

日本媒体朝日电视总部。

@ www.tv-asahi.co.jp

❿ 六本木Hills Arena
（六本木ヒルズアリーナ）

都会型户外人造公园。

⓫ 毛利庭园

坐落于都市中心的和风庭园。

⓬ VIRGIN TOHO CINEMAS

东京最早的Cinema Complex。

⓭ 六本木Hills Residence
（六本木ヒルズレジデンス）

高级住商大厦，以IT产业或股票致富并居住于此的新贵被外界统称为"Hill族"。

❶ 眺望东京夜景之美的绝佳地点

位于森大楼52F的Tokyo City View瞭望台是欣赏东京夜色的最佳景点，在这里可亲身体验在海拔270米高空俯视的感觉。

🚇 六本木Hills Mori Tower 52F

🕐 周一到周四 10:00~23:00（最晚22:30入场）
周五、周六，假日前夕 10:00~翌日1:00

入场费：成人1500日元、学生1000日元、儿童（4岁~中学）500日元
其他事项详见官网
www.roppongihills.com/tcv/jp

❷ OYAKO亲子室

让6岁以下孩童与家长共度愉悦时光的休闲空间。有专为亲子设计的哺乳室、尿布更换台与游戏区等设施。

🚇 Hill Side B2

🕐 11:00~21:00（全年无休）

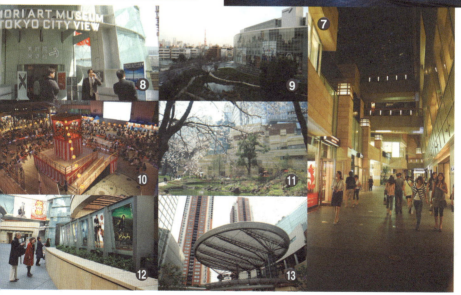

六本木Hills推荐商店

❶ DIESEL

Diesel是由意大利设计师Renzo Rosso于1978年创立的品牌，突破创新的丹宁服饰、包包、鞋子、手表、墨镜及配件等商品，都能穿出个人风格。

📺 Metro Hat Hollywood Plaza 2F　@ www.diesel.co.jp

❷ HYSTERIC GLAMOUR

Hysteric Glamour品牌全系列商品，包括潮流男女服饰Hysteric以及童装副牌Joey Hysteric。设计师北村信彦用新新艺术设计赋予其产品时尚冲击力，摇滚颓废风格连木村拓哉、中岛美嘉都是爱用者。

📺 Metro Hat Hollywood Plaza 2F　@ www.hystericglamour.jp

❸ BANANA REPUBLIC

GAP旗下的美国服饰品牌Banana Republic（中译香蕉共和国），在全球有逾600家分店，其结合高级材质与魅力简约的典雅设计，适合都会人士。因高质感与合理的价格而成为让人容易亲近的时尚品牌。

📺 North Tower 1F
@ bananarepublic.co.jp

❹ ESTNATION

以洗练、时尚为基础的备受国际瞩目的年轻一代精品，除了展售自家品牌商品外，还引进海内外创意服饰、杂货与彩妆品等。

📺 North Tower 1~2F
@ www.estnation.co.jp

❺ Vivienne Tam

来自中国香港的设计师Vivienne Tam的原创品牌，以东洋风、华丽刺绣与细腻做工在设计界成功闯出名号。一件能呈现独特品位的T恤要价20000日元。

📺 Hill Side B1
@ www.viviennetam.jp

❻ ANNA SUI

浪漫蝴蝶图样搭配神秘的紫色调而获得广泛喜爱的ANNA SUI，在店内陈列了纽约时装周推出的系列服饰，还有包包、彩妆与配件等流行单品。

📥 Hill Side B1
@ www.annasui.co.jp

❼ stomp stamp

聚集国内外百余家儿童品牌商品的大型精品店，引进了Moncler、LACOSTE、DIESEL以及D&G等名牌童装。虽然价格不菲，仍可在折扣季入手当作友人的赠礼！

📥 Hill Side B2
@ www.rakuten.ne.jp/gold/stompstamp

❽ HAKKA KIDS

HAKKA原创商品加以独特配件，以能够刺激儿童感知的生活用品为主的精品店。内部还设有能与大人一同享用餐点饮品的R Café R咖啡厅。

📥 Hill Side B2
@ www.hakka-group.co.jp

❾ BALS TOKYO ROPPOGI by AGITO

标榜"from TOKYO"，以居家设计商品为主的品牌BALS TOKYO，与追求顶级质量的AGITO完美结合的设计家饰店。除了国内外设计师联手打造的原创商品外，还有英国皮件品牌Bill Amburg、意大利G. Lorenzi等商品。

📥 West Walk 3F
@ www.balstokyo.com

❿ ART & DESIGN STORE

这里可以买到日本艺术家村上隆为六本木Hills设计的专属吉祥物——可爱的白色外星人、笑脸的花朵，还有新兴设计师的T恤、配件、插画糖果盒，以及人气糕点师傅制作的限定版甜点等。

📥 West Walk 3F
@ www.macmuseumshop.com

⓫ La Perla

　　凯特·哈德森等好莱坞知名影星爱用的时尚内衣品牌La Perla，以吻合人体工学与高质感的设计，让女人可以用身体线条自在地展现自我品位。

📧 榉木坂通
@ www.laperla.com

⓬ PLS+T GALLERY

　　严选PLS+T、Theory、Guia's、REBECCA MINKOEF品牌的商店，囊括女装、珠宝、包包、鞋子、围巾、领带等全系列商品。

📧 West Walk 2F
@ www.link-theory.com

⓭ Samantha Thavasa New York

　　兼具高级与优雅的包包。

📧 West Walk 2F

⓮ Trek Store Roppogi

　　销售以最新科技制作的高级自行车，现场备有多样化的车型与其他装备。

📧 榉木坂通
@ www.trekstore.jp/roppogi

⓯ ENOTECA

　　ENOTECA是一家红酒连锁专卖店，售有法国勃艮第（Bourgogne）红酒Romanee-Conti与亲民平价的佐餐酒，并设有品酒区。

📧 榉木坂通
@ www.enoteca.co.jp

⓰ ESCADA

　　德国品牌ESCADA的日本旗舰店，饱和的色调与高级材质让休闲服饰也能兼具时尚与优雅。

📧 榉木坂通
@ www.escada.com

EBISU&
DAIKANYAMA

惠比寿&代官山

兼具时尚与文化的惠比寿与代官山地区，最适合安排悠闲自在的散步行程。漫步在充满异国风情的Yebisu Garden Place，接着在38F享用佐以绝佳美景的美味午餐后，再前往代官山选购最新潮流商品，或是在绿意盎然的街道旁找间下午茶餐厅休息片刻，度过满足又愉快的一天。

代官山是幽静的高级住宅区，有着许多隐藏于巷弄中的杂货铺、奢华顶级的名牌旗舰店，以及历史悠久的美食餐厅。

OUTLET CouCou

惠比寿&
代官山

散发着年轻、创新、令人玩味的气息。

这里是欧美生活潮流第一手的流行集散地，浪漫动人的街景经常出现在偶像剧中。

充满许多创意又独特的生活杂货铺以及个性小店，绝对能满足所有潮流人士的需求。

★代官山的人气杂货小店

代官山是聚集世界各国珍贵宝物的杂货＆时尚天地，不妨展开优雅休闲的杂货巡礼吧！

❶ 代官山规模最大的主流杂货铺OUTLET（P.217）

❷ 御宅族的天堂D-FORME（P.216）

❸ 均一价315日元的杂货专卖店CouCou（P.216）

❹ 传统英式印花的杂货品牌店Cath Kidston（P.214）

❺ 充满温暖情感的手作珠宝盒Curly Collection（P.218）

❻ 散发浓郁江户时代气息的手帕专卖店Kamawanu（P.214）

❼ 生意总是很好的人气杂货铺Zapady-doo（P.218）

❽ 令人联想到欧洲田园乡镇的Campagne（P.217）

★ 潮流人士的必败精品店

❶ 展售好莱坞名人必备单品的知名精品店three dots代官山（P.211）
❷ 展现最新潮流造型穿搭的DOUBLE STANDARD CLOTHING惠比寿
（P.206）
❸ 充满独特和风商品的时尚商店Okra（P.218）
❹ 以严选精品而广受好评的Via Bus Stop（P.219）

★ 意大利高级超市

❶ 意大利都灵（Torino）的高级食材专卖
超市首度进驻海外EATALY（P.213.）

> 惠比寿主要购物区集中在车站内的atre、Garden Place以及三越百货。虽然从惠比寿站到明治通一带的巷弄中有许多夏威夷风格的小店，但因为还不到特地绕去的程度，所以还是将火力集中在路线明确的代官山比较好。惠比寿地区或许会让一些血拼族感到失望，但有较多比涩谷、原宿质量更好的年轻品牌，依然能使向往精致生活品位的族群在此获得满足。

01 代官山必访的景点

因应高级住宅区而生的精品名店，价格与原宿、涩谷等地区一样昂贵，街上随处可见打扮时髦的男女或推着婴儿车的年轻夫妇。由知名建筑师桢文彦规划的Hillside Terrace与八幡通上的La Fuente是一定要造访的景点。

02 OL下班后的购物天堂——惠比寿三越

与一般三越百货不同，有特别以惠比寿的消费水平为基础设置的许多高级时尚的摆设与进口商品。美食广场位于B2，华丽的Garden Place也是气氛绝佳的休憩场所。

03 体验代官山的杂货魅力

代官山不仅是时尚发源地，也是杂货迷的天堂。从世界各地进口的居家用品、日本小物、原创手作商品等，成功地攻占了人们的荷包。

Castle Street

D-FORME

STANDARD CLOTHING

惠比寿Garden Place

代官山街访

WATA　陶艺家

喜爱品牌
喜欢精品小店与古着

惠比寿&代官山必败点
代官山
ADDRESS、
DEPT、オクラ

今日穿搭
古着店买的长裙搭
配简单上衣，体现
舒适休闲风

AYA　学生

喜爱品牌
Mystic、109、
Samantha Thavasa New
York、Vivienne
Westwood

惠比寿&代官山必败点
推荐惠比寿atre与八幡
通巷弄内的特色小店，
有很多咖啡厅哦

今日穿搭
在下北泽买的帽子，原
宿买的直筒裤

DAISUKE OMORI
摄影师

喜爱品牌
COMME des
GARÇONS、TK、
JUNMEN、LAD
MUSICIAN与古着店

惠比寿&代官山必败
点
DEPT EAST、代官
山空、Via Bus Stop

今日穿搭
窄管休闲裤搭配在古
着店买的猎人帽

百货公司&复合式购物中心

❶ 惠比寿三越

　　顶级消费取向的百货公司。

 从JR惠比寿站东口沿Sky Walk
步行约5分钟

❷ atre

　　满足上班族的车站复合购物中心。

 与JR惠比寿站相接

❸ 代官山ADDRESS（アドレス）

　　完美结合居住空间与时尚购物商场的代官山新地标。

 从代官山站步行约2分钟

❹ HILLSIDE TERRACE（ヒルサイドテラス）

　　位于高级住宅区内的复合购物中心，简约的设计成为代官山地标。

 从代官山站步行约5分钟

❺ La Fuente（ラ・フェンテ代官山）

　　引领代官山潮流的代表性购物名所。

 从代官山站步行约3分钟

彩妆店&家饰用品店

❶ Cosme Kitchen

　　有机保养与彩妆商店。

📨 与代官山站相接
@ cosmekitchen.jp

❷ MAMEW

　　2007年开业的典雅型彩妆沙龙。

📨 从代官山站往八幡通方向步行约2分钟
@ www.mamew.jp

❸ Arrivee-et Depart

　　展售各类法式杂货的可爱咖啡厅与杂货用品铺。

📨 从JR惠比寿站西口往驹泽通方向步行约3分钟
@ www.arrivee-et-depart.com

❹ bodum shop

　　功能性厨房用具代表品牌瑞士bodum的专卖店。

📨 从代官山站步行约3分钟，位于La Fuente 1F
@ www.bodum.com

❺ equipee（エキペ）

　　展售从欧洲各国进口的二手家具、异国服饰与杂货用品的综合商店。

📨 从JR惠比寿站西口步行约2分钟，位于惠比寿公园旁
@ www.equipee.info

❻ D-FORME代官山店

　　提供美国进口杂货、自行车与家具等各式商品。

📨 从代官山站往八幡通方向步行约4分钟
@ d-forme.com

◆ 其他：OUTLET、CouCou、Cath Kidston、Curly Collection、かまわぬ、Zapady-doo、Campagne

驹泽通
连接惠比寿与代官山的宽敞商街

惠比寿Garden Place
设有百货公司、品牌商场、电影院、美术馆、漂亮景观餐厅等的欧风多元商业中心

JR惠比寿站atre 为上班族设计的复合购物中心

旧山手通 坐落着Hillside Terrace、西乡山公园与露天咖啡厅的漂亮街道

🧳 旅行秘诀

　　要前往惠比寿Garden Place，可从JR惠比寿站东口沿着长达400米的Sky Walk一直走到底即可。如果前往与Garden Place反方向的代官山，只要从JR惠比寿站西口沿着布满拉面店的驹泽通坡道步行约15分钟即可到达。位于丘陵上的代官山一带，只能搭乘东急东横线区间车，建议从JR惠比寿站前往比较合适。此外，代官山的商店营业时间大多在11:00之后，建议午后再前往。

JR惠比寿站东口　　步行5分钟　　惠比寿Garden Place　　步行1分钟　　三越百货　　步行6分钟　　JR惠比寿站内atre　　步行10分钟　　驹泽通　　步行5分钟

Hillside Terrace
1969年诞生的住商复合大厦

代官山アドレス
适合购物与漫步的商城，代官山核心地带

八幡通
从代官山延伸到涩谷的潮流商店街

代官山站
有多样化的商店街

🐾 前往方式

目前只能利用从涩谷出发的私营铁道东急东横线区间车前往代官山，建议从JR惠比寿站前往较方便，沿着驹泽通从JR惠比寿站到代官山步行需要15分钟。

JR惠比寿站
· JR山手线、埼京线、湘南新宿Line

地铁惠比寿站
· 东京地铁日比谷线

私铁代官山站
· 东急东横线

移动路径
· 新宿站 → JR山手线（9分钟，150日元）→ 惠比寿站
· 东京站 → JR山手线（20分钟，190日元）→ 惠比寿站
· 六本木站 → 东京地铁日比谷线（3分钟，120日元）→ 惠比寿站
· 涩谷站 → 东急东横线（3分钟，120日元）→ 代官山站

步行5分钟　　　　　　　　　　　步行3分钟

旧山手通Hillside Terrace　　　八幡通代官山ADDRESS　　　代官山站

惠比寿

　　曾经是札幌啤酒工厂的惠比寿Garden Place，现今已成为最浪漫美丽的约会名胜，每到领证节就会布满华丽的灯饰。邻近的三越百货能满足逛街购物的欲望，也推荐能一眼饱览东京市区景色的空中餐厅。

专为OL设计的车站复合百货

atre

　　高达7层楼的购物中心，聚集了OL最爱的品牌精品、甜点与餐厅，还有生活家饰品牌无印良品、PLAZA、Afternoon Tea Living、熟龄高质感内衣品牌Jolierre、加州帽子专卖店arth、人气化妆品Fancl等，让上班族在返家途中能顺道进去逛逛。

✉ 与JR惠比寿站相连　🏠 东京都涩谷区惠比寿南1-5-5
📞 03-5475-8500　🕐 10:00~21:30
@ www.atre.co.jp/ebisu

新锐时装品牌推荐

DOUBLE STANDARD CLOTHING

　　一目了然的陈列方式与精致的时尚精品，将最新潮的造型完整呈现，迎合追求高品位潮流人士的喜好。如同高级沙龙般的室内设计，一应俱全的原创商品与各国品牌，包括舒适的休闲服饰、连身套装、各式配件等，都具有巨大吸引力。

✉ atre 5F　📞 03-5475-8348
@ www.doublestandard.jp

Special

别具特色的欧风设施

惠比寿Garden Place
（ガーデンプレイス）

1994年10月8日诞生于札幌啤酒惠比寿工厂旧址的都市型多元商场，让惠比寿一带从此成为购物胜地。内部设有啤酒纪念馆、摄影美术馆与电影院等文化设施，与三越百货、GLASS SQUARE等购物中心以及高39层的Garden Place Tower、Westin Tokyo、世界知名主厨Joel Robuchon的法国餐厅等连成一片。尤其是位于Garden Place Tower38~39F的景观餐厅"TOP OF YEBISU"，可一边用餐一边欣赏夜景，还设有迷你瞭望台。

➥ 从JR惠比寿站东口沿Sky Walk步行约5分钟
📞 03-5423-7111　@ www.gardenplace.co.jp

❶ ARMANI JEANS

展售欧风丹宁潮流AMANI最新商品的大型商场，有皮带、鞋子、包包等时尚单品。

🛍 GLASS SQUARE 1F
🕐 11:00~20:00　📞 03-5475-1751

❷ ittala

芬兰居家用品专卖品牌，展现高级精致的北欧生活品位。以华丽色调的餐具与精美厨具为主力商品。

🛍 GLASS SQUARE B1
🕐 11:00~20:00　📞 03-6408-0701

❸ BCBG MAXAZRIA

主导欧洲与纽约上流时尚的高级品牌。在以白色为基调设计的店面中，从做工精致的礼服到各式休闲服饰与配件应有尽有。

🛍 GLASS SQUARE B1
🕐 11:00~20:00　📞 03-5475-8180

❹ Wine Market PARTY

收藏了来自法国、意大利等世界各国1000多种红酒，更

兼备了日本当地知名品牌，以礼品包装与帕玛森干酪分切服务而闻名。其中长野与山梨等日本当地人气红酒为推荐商品。

🛍 Promenade B1
🕐 11:00~21:00　📞 03-5424-2580

❺ La Vinee

可与专业品酒师洽询商议的红酒专卖店，让红酒入门者也能轻松选购。各式法国勃第艮省的名门红酒是店内招牌商品。

🛍 Promenade B1
🕐 11:00~19:00　📞 03-5424-2581

来看免费电影吧！

每年7~8月周末，Garden Place的中央广场会用300寸大屏幕播放免费电影，周五至周日于18：45开始播映，从短篇电影到热门影片都有，因而广受附近居民与情侣们的喜爱。

年轻化三越百货的象征

惠比寿三越

专为女性设计的高级百货，B1~2F是服饰、家饰用品与生活杂货，B2的食品馆有众多日本新奇美食。

📩 惠比寿Garden Place内　🕐 11:00~17:30
📞 03-5423-1111　@ www.mitsukoshi.co.jp

❶ COTON DOUX

以法式休闲风格为主力。

📩 B1

❷ Reflect

适合OL的时尚高级品牌。

📩 1F

❸ HOLLYWOODGOLF

新潮高尔夫球用品店。

📩 1F

❹ OJICO

以创新的图样与设计闻名的T恤专卖店。　📩 B1

❺ MAX&Co

意大利人气女性服饰店。

📩 1F

❻ Papas

以优良质量与舒适设计取胜的男装店。　📩 B1

❼ XGIRL STAGES

销售许多母子及可爱情侣装的商店。

📩 B1

红茶迷的最爱

Lawleys Tea

展现英式饮茶品位的专业红茶店。由一流品茶师tea taster专为日本口味严选的红茶商品，以各个季节与各种用途详细分类，同时有各式茶包、真空茶叶与饼干可供选购。此外，还有令人享受微妙花香的下午茶时间的Britishi Rose JULIA、优雅的WINDSOR，以及MANOR餐具用品。焦糖红茶100克840日元、大吉岭特选红茶100克1260日元。

📩 从JR惠比寿站东口往明治通方向步行约2分钟
✉ 东京都涩谷区广尾1-15-16
🕐 11:00~19:00（周日与国定假日休息）
📞 03-3443-4154　@ www.t-plan.co.jp

代官山 Castle Street

　　Castle Street（キャッスルストリート）是由代官山站往涩谷方向，沿着东急东横线的路线形成的商街，林立着许多杂货与古着商店。

人气古着店
VOICE

　　每月一到两次从美国直接进口的潮流古着店，明亮的摆设令人无法相信这是古着店。也有儿童专用服饰。

- 从代官山站中央口步行约2分钟
- 东京都涩谷区代官山町14-9
- 11:00~19:00 　03-3477-0139
- @ www.voice-stores.jp

极具手感的精品小店
Johnny Jump Up

　　以独特手作配饰与各国进口生活用品为主，囊括靴子、凉鞋、帽子以及男性配件等充满个性的设计小物。

- 从代官山站中央口步行约2分钟
- 东京都涩谷区代官山町18-3
- 12:00~20:00 　03-5458-1302
- @ www.johnnyjumpup.net

引领原宿、下北泽街头时尚

CULTURE MEDIUM代官山

平价时尚品牌UP START，以10~30岁女性为主，大多商品售价只要2000~3000日元。

- 📧 从代官山站中央口步行约1分钟
- 🗾 东京都涩谷区代官山町19-10 加藤ビル1F
- 🕐 11:00~20:00
- 📞 03-3476-7141

新潮的街头风格男装店

HARE代官山店

摩登新潮的男性休闲品牌。展售PopEye时尚必备的丹宁、衬衫、运动鞋。此外，夹克等都会风格商品也很受欢迎。

- 📧 从代官山站步行约1分钟
- 🗾 东京都涩谷区代官山町13-6
- 🕐 12:00~20:00
- 📞 03-5728-6203
- @ www.hare.jp

八幡通

连接代官山与涩谷，长约600米的主要商街八幡通（八幡通り）上，有知名的代官山Address与La Fuente，还有杂货小店以及充满悠闲气息的咖啡厅。

 ★ Special

代官山指标性购物中心

代官山Address

改建于同润会大楼（同润会アパート），写下历史新篇章的代官山アドレス，内有住宅、40多家商店、公园与广场，属于超大型的多元建筑。其中聚集女性服饰的复合式购物商场17 dixsept，以及拥有个性路面店的Address Promenade是最受欢迎的血拼之地。

📧 从代官山站北口步行约1分钟，位于八幡通要道上
✉ 东京都涩谷区代官山町17-6
📞 03-3461-5586 @ www.17dixsept.jp

❶ three dots代官山

好莱坞影星绝对信赖的精品店，以简单、舒适为基本概念的高级材质服饰为主力商品。店面以最新商品、族群与主题分类摆放。上衣约5000日元起。

📧 代官山Address 17 dixsept 2F
🕐 11:00~20:00（全年无休）
📞 03-5428-3792
@ www.threedots.jp

❸ VIVIENNE TAM

中国香港设计师谭燕玉（Vivienne Tam）的品牌商店。典雅的色调与充满东方元素的设计，在纽约吹起一股新风潮。虽然价格不菲，但日本限定商品也相当具有保值效果。

📧 代官山Address 17 dixsept 2F
🕐 11:00~20:00
📞 03-5459-4504
@ www.sanei.net

❹ Pal'las Palace

利用日本传统染色与刺绣法制作休闲服饰以及生活用品，以自然为主题的印刷图与手工绘制的花纹用品都是人气礼品。

📧 代官山Address Promenade 102号
🕐 11:00~20:00
📞 03-3462-0470
@ www.palmus.co.jp

❷ LUPICIA Bon Marche

茶类专卖店LUPICIA唯一的畅货中心，囊括400多种茶，柜台处备有试喝包。

📧 代官山Address 17 dixsept 1F
🕐 10:00~20:00
📞 03-6415-6138
@ www.lupicia.com/bonmarche/

意大利都灵高级食材专卖超市

EATALY

创立于慢食运动发源地都灵（Torino）的食材综合超市EATALY，在代官山LOVERIA开设了世界第一间分店，店名是以"Eat"与"Italy"两个单词相结合，将创始店的外观与装潢原汁原味地搬到了日本东京，内部也设有咖啡厅以及实力派主厨餐厅。在此可以品尝到高级奶酪、红酒、意大利面等正宗意式美食，而这家超市也是各家媒体争相采访的名所。

📍 从代官山站步行约2分钟
✉️ 东京都涩谷区代官山町20-23 LOVERIA 1F
🕐 10:00~21:30　📞 03-5784-2736　@ www.eataly.co.jp

女性的潮流胜地

La Fuente
（ラ・フェンテ代官山）

虽然规模稍比代官山Address小，但也是广受年轻族群喜爱的潮流空间。内部设有舒适又时尚的日常休闲服饰品牌、婴幼童用品专柜及高级美发院与美甲沙龙等。

📍 从代官山站北口步行约3分钟
📞 03-3462-8401
@ www.lafuente.co.jp

❶ Oilily

Oilily代官山是日本第一间旗舰店。因缤纷色调的服饰设计而广受好评。

📍 1F　@ oilily.jp

❷ sunaokuwahara

设计师桑原直的原创设计概念店。

📍 1F
@ www.sunaokuwahara.com

❸ Fujibo Apparel Shop

简单自然的贴身衣物专卖店。

📍 2F　@ store.fujibo-ap.jp

❹ DAD-WAY

集结Sassy、Naby等世界知名幼儿品牌。

📍 2F
@ www.dadway.com

❺ Kaloo／Nathalie Vleeschouwer

从怀孕到生产一路陪伴妈妈的贴心法国品牌。

📍 2F
@ www.kaloo.co.jp

有机保养精品&美颜果汁

Cosme Kitchen

提供约1500种天然有机保养与彩妆品的专卖店。顾客能在专业彩妆师的建议下选购适合自己肤质的商品，店内还提供用水果与蔬菜调制的果汁，让肌肤保养更上一层楼。推荐品牌为PIERRE COULEUR、美甲品牌tout、RICO.COCOON等。此外，无机盐彩妆品牌MIMC的防晒粉底SPF 50的保湿力很好哦！

🚃 与代官山站相通
✉️ 东京都涩谷区代官山町19-4代官山駅ビル 1 F
🕐 11:00~20:00
📞 03-5428-2733
@ cosmekitchen.jp

北欧代表性居家杂货品牌

Cath Kidston

以花朵与水滴印花为代表图腾的英伦设计品牌Cath Kidston，为北欧代表性居家品牌人气精品店UNITED ARROWS日本一号店。两层楼的店面内充满了温暖又有品位的商品，可爱花样化妆包约3000日元，高雅的长靴最具人气。

🚃 从代官山站正面出口步行约5分钟
✉️ 东京都涩谷区猿乐町26-9代官山ホシノビル 1~2F
🕐 12:00~20:00（周末为11:00始）
📞 03-5784-1352
@ www.cathkidston.jp

拥有20年傲人历史的手帕专卖店

Kamawanu（かまわぬ）

保留江户时代图样的传统风格，约有250种充满季节感的商品。其中，印有Kamawanu文样的江户风产品（约840日元）很适合装饰或送礼。

🚃 从代官山站北口步行约3分钟，位于代官山Address对面
✉️ 东京都涩谷区猿乐町23-1
🕐 11:00~19:00
📞 03-3780-0182
@ www.kamawanu.co.jp

日本第一家 "7 Jeans" 旗舰店

7 For All Mankind

别名 "7 Jeans" 的LA潮流牛仔服饰品牌7 For All Mankind的日本第一家旗舰店开业于2009年3月12日。创立于洛杉矶，以高级材质与精致设计赢得好莱坞影星的支持。将一、二楼分为女士与绅士馆，除了基本的丹宁服饰外，还有包包、鞋子等配件。

🚩 从代官山站北口步行约3分钟
✉ 东京都涩谷区猿乐町24-4
🕐 11:00~20:00　📞 03-5458-4711
@ www.7forallmankind.com

展现可爱少女风格的服饰店

LOVE GIRLS MARKET

波西米亚风格的服饰商店，不仅建筑外观很吸引人，店内装潢也很华丽。

🚩 从代官山站北口步行约3分钟
✉ 东京都涩谷区代官山町20-23 ラ·プラース·ドゥ代官山 2 F
🕐 11:00~20:00　📞 03-5459-0150
@ www.lovegirlsmarket.jp

阿迪达斯迷的最爱商店

Styles DAIKANYAMA

以销售adidas originals商品为主，稀少的进口与绝版商品最具人气，当然也会引进最新潮的限定商品。运动帽约2700日元。

🚩 从代官山站北口步行约3分钟
✉ 东京都涩谷区猿乐町11-8 メゾン代官山1F
🕐 11:00~20:00
📞 03-6415-7722
@ www.styles-ad.jp

代官山当地彩妆品牌
MAMEW（マミュ）代官山店

　　2007年以高雅沙龙店诞生的彩妆品牌，独特的睫毛膏商品稳居人气品牌地位。长效马毛刷睫毛膏——纤长型BK约4200日元，由日本设计师水野学操刀的外围小物也很受欢迎。

🔀 从代官山站往八幡通方向步行约2分钟
✉ 东京都涩谷区猿乐町11-10
🕐 11:00~20:00（全年无休）
📞 03-5918-6950
@ www.mamew.jp

315日元可爱少女平价杂货
CouCou（クウクウ）

　　粉红色与白色装饰的商店可爱又醒目，是在高贵奢华的代官山地区异军突起的315日元平价商店，从代官山站步行约1分钟的距离，店内布满女生最爱的干燥花、化妆小物、沐浴用品、首饰以及充满设计感的生活杂货，全品项均为315日元。

🔀 从代官山站步行约1分钟
✉ 东京都涩谷区代官山町20-5 JPR代官山1F
🕐 11:00~20:00
📞 03-3780-4503
@ www.coucou.co.jp

西式大型杂货铺
D-FORME

　　占地约168平方米的美国进口杂货铺，包括海外设计商品、实用杂货、创意商品、自行车以及运动商品等，属于品项相当多元的杂货专卖店。另有创意设计儿童用品、玩具、家饰家具与宠物用品等，其中携带型键盘与在厕所玩的推杆游戏则是最有话题的商品。

🔀 从代官山站步行约3分钟
✉ 东京都涩谷区猿乐町28-10 モードコスモスビル2F
🕐 11:00~20:00（全年无休）
📞 03-3461-2552
@ www.d-forme.com

驹泽通

　　连接JR惠比寿站与代官山站，共有6条小岔路的坡道驹泽通（驹泽通り）上，有许多知名拉面店及杂货、家饰用品店，坐落于巷弄内的咖啡厅与艺廊也很典雅。

色彩缤纷的休闲杂货小店

OUTLET

　　囊括进口杂货、家具、玩具与生活用品等约3万件商品的大规模连锁店。各式创意商品与厨房用具的价格很是亲民，不仅广受艺人明星喜爱，也经常被媒体报道。

　从JR惠比寿站西口步行约5分钟，位于代官山派出所前
　东京都涩谷区惠比寿西1-34-17 ザ・ハウスビル1F
　11:00～20:30（全年无休）
　03-5489-5404　@ www.outlet-j.com

欧风乡村家具与生活杂货专卖店

Campagne

　　主要展售原创厨具、卫浴、亚麻织品等呈现温暖氛围的乡村风居家用品。此外，设有法式家庭料理与西点餐厅，经常刊登在自然风家饰杂志上。

　从JR惠比寿站西口步行约5分钟
　东京都涩谷区惠比寿南3-2-6
　11:00～20:00
　03-5720-3510
　www.campagne.info

散发温暖气息的手作杂货店
Curly Collection

　　以进口欧美幼儿用品起家的历史老店，不盲目追求流行而是专挑适合自家风格的产品，印有小熊、小鹿斑比、猫咪等图样的手作徽章、纽扣、蝴蝶结等都是推荐商品。徽章约400日元。

📧 从JR惠比寿站西口步行约8分钟，位于驹泽通交叉路左边
🗺 东京都涩谷区惠比寿西 1-34-15 ヒルズ代官山102
🕐 11:00~19:00（全年无休）
📞 03-3770-7661

日本传统服饰店
Okra（オクラ）

　　店面外观令人联想到老旧仓库，即使经过也很容易忽略，其实这是销售日本传统服饰的商店。在暖帘（のれん，写上店名挂在商店门口的布条）、下驮（即木屐）与浴衣等传统物品上加入现代化设计，就会变身成新潮又漂亮的特别商品。

📧 从JR惠比寿站北口步行约3分钟
🗺 东京都涩谷区猿乐町20-11
🕐 11:30~20:30
📞 03-3461-8511
@ www.hrm.co.jp

客人络绎不绝的人气杂货铺
Zapady-doo代官山

　　充满独特又可爱的进口厨具、居家服、文具、沙发与灯饰等家庭用品，营造出悠闲轻松的生活氛围。

📧 从JR惠比寿站西口往驹泽通方向步行约4分钟
🗺 东京都涩谷区惠比寿西1-33-15 E.N.代官山1F
🕐 11:00~20:00（全年无休）
📞 03-5458-4050
@ www.zapady.com

旧山手通

　　旧山手通是从代官山的住商复合大厦Hillside Terrace延伸到西乡山公园的热闹商街。这里有许多高级精品店、童装店与欧风咖啡厅，适合来一场悠闲的购物之旅。

高级奢华品牌综合体
Via Bus Stop

　　除了独家销售英国知名设计师ALEXANDER McQUEEN的商品外，也集合了TOCCA、BERARD等50多个高级品牌。从休闲服饰到浪漫的礼服，多样化的服装与配件商品一应俱全。

🚃 从代官山站正面出口往旧山手通方向步行约4分钟　🏠 东京都涩谷区猿乐町28-14
🕙 11:00~20:00　📞 03-5459-1567　@ www.viabusstop.com

人气古着商品店
DEPT EAST

　　拥有庞大商品数量的二手古着店，各式衣类与新锐设计师的原创商品是店里的抢手货，更成为个性派明星艺人的最爱。

🚃 从代官山站正面出口步行约3分钟，位于旧山手通交叉路上　🏠 东京都涩谷区猿乐町30-3 代官山ツインビルA栋　🕙 11:00~20:00　📞 03-3464-6141　@ www.dept.jp

世界各国休闲风格集大成
代官山空クウ

　　KU U.S.A旗舰店。店面装潢是LA近郊别墅风格，出售来自美国、意大利、印度、尼泊尔等国的特色休闲服饰，巧妙融合东西洋潮流品位，让顾客自由搭配出属于自己的风格。B1与1F分别为男装与女装部，也设有方便欣赏店内空间设计的咖啡雅座。T恤约3000日元。

🚃 从代官山站正面出口往旧山手通方向步行约4分钟　🏠 东京都涩谷区猿乐町27-4 代官山ビル B1~1F　🕙 11:30~20:30　📞 03-5457-2207　@ www.ku-usa.com

奢华风小镇的龙头

HILLSIDE TERRACE

日本知名建筑师桢文彦设计的住商复合大厦，完美融合了住宅区、商业区与办公区，呈现专属于代官山的时尚风格。白色外墙与几何学构造，在旧山手通的两端与中间设立了A到G栋总共六个区块，其中只有C栋以中央庭院为中心聚集了几间商场，其他则是独立性的建筑，很难令人联想到一般购物中心的复杂结构。商场内除了购物商区外，还设有画廊、美术店、咖啡厅与餐厅等高水平设施。

📍 从代官山站步行约5分钟
✉ 东京都涩谷区猿乐町29-18
📞 03-5489-3705
@ www.hillsideterrace.com

❶ Petit-Bateau

轻便休闲风格的法国品牌，可与小孩一起穿亲子装。

📍 B栋 1F
🕐 11:00~20:00
📞 03-5784-3570
@ www.petit-bateau.co.jp

❷ Christmas Company

创立于1985年，是日本唯一的圣诞用品专卖店，销售与圣诞节相关的外围商品，让人随时享受圣诞佳节的气氛。

📍 C栋 1F
🕐 11:00~19:00
📞 03-3770-1224
@ www.christmas-company.com

❸ SUN'S COURT

让身心获得舒缓的草本与香氛杂货铺，可来此体验各式草本生活情趣。

📍 C栋 1F
🕐 11:00~19:30
📞 03-5458-5950
@ www.sbfoods.co.jp/sunsc

❹ CHERRY TERRACE

引进瑞士Bamix便利调理机以及法国不锈钢锅具的居家用品店。

📍 D栋 1F
🕐 11:00~19:00（周一休息）
📞 03-3770-8728
@ www.cherryterrace.co.jp

❺ GUMPS

1861年创立于旧金山的高级礼品店。

📍 G栋 1F
🕐 11:00~19:30
📞 03-3462-1250
@ www.gumps.co.jp

ODAIBA

台场

东京最热门的观光胜地——台场。江户末期，德川幕府为了防御江户湾（现东京湾）而设立炮台，之后随着经济增长与临海副都心的发展，逐渐变成今日的商业大城。一栋栋色彩缤纷的建筑里尽是大型购物中心与美食店，让你一整天都逛不完。此外，还有东京最大规模的温泉主题公园"大江户温泉物语"，以及能感受东京夜色魅力的景观餐厅与咖啡厅。日本富士电视台知名连续剧"踊る大搜查线"与卡通"神奇宝贝"均以台场为创作背景，也使其更加声名大噪。

台场

　　在Venus Fort、AQUA CITY & Mediage与DECKS Tokyo Beach等购物名胜，可一览东京最新的流行趋势。当然也有适合全家同游的儿童与宠物主题商店，还可在美丽的海滨购物中心享受悠闲时光。这里还提供外国观光客免税与翻译服务。

★三大购物中心大比拼！

　　台场是购物与美食的天堂，聚集着形形色色商品的三大购物中心有不同的主题与顾客群，不管是与家人、情人或朋友同游都能满载而归！

❶ 情侣的购物天地AQUA CITY & Mediage（P.228）
❷ 适合血拼的欧风室内购物中心 Venus Fort（P.235）
❸ 全家人一起GO！DECKS Tokyo Beach（P.231）

★东京都内第一间OUTLET中心
Venus OUTLET

2009年12月11日，东京23区首创的畅货中心在Venus Fort 3F开业了，共有49个品牌进驻，正规商品与折扣商品并存的创新经营模式成功引起各界注目，知名的国际品牌与日本品牌一年365天都有折扣。

★超强购物重地！城市码头La La Port
アーバンドック ららぽーと豊洲

2006年10月在丰州隆重登场的大型综合商场LaLaPort，聚集了190多家店铺，专为年轻夫妇所设计的各项设施，方便带着小孩同乐。

> 搭乘百合海鸥号来到占地广阔的台场，光是从台场车站逛到Palette Town与Venus Fort，就大约需要半天的时间，建议事先安排好旅行路线。

01 国际名牌与全家人的休闲服饰都在Venus Fort！

欧风装潢的室内购物中心Venus Fort，除了Burberry Blue Label、EZ by Zegna、ICB、MAX & Co、Pinky & Dianne、Ralph Lauren等年轻族群最爱的品牌外，还在1F设有儿童专柜Dear Kids Park，可在入口处的龙猫巴士拍照留念。3F的OUTLET畅货中心强烈推荐给精打细算的血拼族。

02 运动休闲&生活杂货都在DECKS Tokyo Beach！

临近台场海滨公园的DECKS Tokyo Beach，包括Sea Side Mall、Island Mall及东京JOYPOLIS三大购物中心，聚集了150多家商店。Sea Side Mall 4F的"台场一丁目商店街"，以及Island Mall 6~7F的"台场小香港"吸引不少观光客。

Venus Fort

Decks Tokyo Beach

Mediage

03 人气100%的宠物天堂

　　除了大型购物商城，也有许多宠物用品专卖店。位于DECKS Sea Side Mall 1F的猫咪主题乐园Cat's LiviN，以及Venus Fort Family 1F的Pet City最具代表性，也是日本境内规模最大的宠物店。不但有丰富的商品，还提供租借宠物的服务，在Decks Sea Side Mall 1F的Puppy the World可以租借小狗一起散步（1小时2500日元）。

Venus Fort - PET PARADISE

Venus Fort Family

台场街访

OSACA DOORU 造型师

嘉爱品牌
NUMBER（N）INE、BEAMS、JOURNAL STANDARD、B'2nd

台场必败点
Venus Fort OUTLET MALL

今日穿搭
为会议搭配的黑色系服饰

HAYASHI MAKIKO 打工族

嘉爱品牌
Edition、n° 44、UNSQUEAKY、ALEXANDER WANG

台场必败点
Decks Tokyo Beach Island Mall、Venus Fort

今日穿搭
摆脱沉重的冬季服装，特别选搭亮眼的红蓝格纹短裤

SHIORI 大学生

嘉爱品牌
OIOI、H&M、GAP、EGOIST、COMME CA、WEGO

台场必败点
Venus Fort 1F、3F OUTLET

今日穿搭
古着凤耳环与小碎花包包

HIMIKO
连接赤坂与台场的水上巴士

百合海鸥号 台场的主要交通工具　富士电视 经常举办各种活动的文化空间　台场海滨公园 东京最大绿洲

🧳 旅行秘诀

　　若要前往富士电视台、台场海滨公园、AQUA CITY、Decks Tokyo Beach等景点，请在"台场站"下车；若要前往Venus Fort尽情购物或在Palette Town眺望摩天轮可搭到"青海站"；24小时的温泉主题公园"大江户温泉物语"请至"テレコムセンター（Telecom Center）"下车；终点站"丰州"往北口出口方向则是大型综合商场La La Port。

★Tip 免费巴士
东京ベイシャトル
虽然可以步行抵达台场各景点，但也可以考虑搭乘免费接驳公交车。
营运时间：1:00～20:00
发车间隔：15～20分钟
网址：http://www.hinomaru.co.jp/
行经路线：青海临时驻车场（船の科学馆）→日本科学未来馆→フジテレビ湾岸スタジオ（富士电视台摄影棚，不开放参观）→Pallet Town（Venus Fort）→东京テレポートセンター（Tokyo Teleport Center）→ホテル日航东京（日航东京酒店）→アクアシティお台场（AQUA CITY）→フジテレビ（富士电视台）→ホテルグランパシフィック LE DAIBA（台场美丽殿饭店）

百合海鸥号30分钟370日元　　百合海鸥号7分钟240日元　　　　　　　　　　步行1分钟

百合海鸥号新桥站　　丰州站城市码头La La Port　　国际展示场正门站　　　　　　　　百合海鸥号2分钟180日元　　　旅行2分钟

IDC大家家具　　青海站

Decks Tokyo Beach

户外休闲与生活杂货应有尽有

彩虹桥
浪漫的东京夜景

Venus Fort　台场最大的购物商城

🎏 前往方式

　　百合海鸥号（ゆりかもめ）是前往台场最方便的交通工具，也可以搭乘临海线（りんかい线）或水上巴士。建议在"台场"或"台场海滨公园"下车，临近有许多好玩的景点，再步行到Pallet Town与Venus Fort。若要在台场玩一整天，可考虑购买一日券。

百合海鸥号
- 路线："新桥" → "丰州"
- 站点：台场海滨公园、青海

临海线
- 路线："大崎" → "新木场"
- 站点：东京テレポートセンター

水上巴士
- 路线："浅草" → "日之出栈桥"
- 站点：台场海滨公园

移动路径
- JR新桥站→百合海鸥号（13分钟，310日元）→台场海滨公园
- 大阪站→临海线（11分钟，320日元）→东京テレポートセンター
- 浅草隅田川码头→水上巴士Himiko（50分钟，1520日元）→台场海滨公园

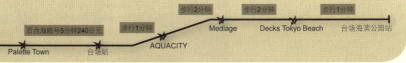

步行2分钟　　步行2分钟　　步行1分钟

百合海鸥号5分钟240日元　　步行1分钟　　Mediage　　Decks Tokyo Beach　　台场海滨公园站

Palette Town　　台场站　　AQUACITY

台场站

　　台场站知名的景点包括：开放参观录像现场以及销售卡通人物外围商品的富士电视台（フジテレビ），本社大楼是由著名建筑师丹下健三所设计，成为东京著名的地标之一；与海滨公园相邻的AQUA CITY内有80多家商店与多元的异国美食餐厅；还有东京最大的电影院Mediage、SONY科学馆（Sony Explora Science），以及拥有各式主题商街的Decks Tokyo Beach等复合式购物中心。每到夏天，前来玩风帆、冲浪、打沙滩排球、享受日光浴的人络绎不绝，海滨公园全年开放的步道也很适合与宠物悠闲地漫步，而能欣赏到东京夜景与彩虹桥美景的瞭望台更是首屈一指的浪漫约会地点。

娱乐与购物商城

 ★ Special

AQUA CITY ODAIBA & Mediage
（アクアシティお台場 & メディアージュ）

　　AQUA CITY购物中心于2004年4月开业，在拥有占地5000平方米的美食餐厅与长达300米的步道上，能一边购物、一边欣赏东京湾的美景。楼上还有实现七大祈愿的AQUA CITY ODAIBA神社，与拥有13厅的超大型电影院Mediage直通。外国旅客消费满1万日元即可免税，还有许多出示护照即可享受的优惠，可至官方网站查询。

- ✉ 搭乘百合海鸥号至台场步行约1分钟
- 🏠 东京都港区台场 1-7-1
- 🕐 商店11:00~21:00 / 餐厅11:00~23:00
（美食广场到21:00为止）
- 📞 03-3599-4700
- @ www.aquacity.jp

AQUA CITY | BEST SHOP

AQUA CITY主要购物区位于3~4F，包括COACH、Lacoste、GAP、MONO COMME CA、OIOI畅货中心等商店。

❶ MUSEUM & MUSEUM

拥有Captain Santa、Royal Boat House Club等耳熟能详的设计师Joymark旗舰店。宛如美国街景般的店面使用真的古董来装饰，网罗Captain Santa Candy、Captain's Room、Surfinn Tokyo等全系列品牌。

🏠 3F
@ http://www.joymark-design.co.jp

❷ DOG DEPT

以狗狗为主题的商店，有各种服饰、配件与生活用品，可以带着爱犬一起来购物哦！

🏠 4F @ www.dogdept.com

❸ Toys "Я" Us

全球连锁店最多的美国玩具专卖店"玩具反斗城"，游戏机、玩具、自行车、文具等超过18000种的玩具深深掳获了小朋友们的心，还有销售孕妇商品及婴儿用品的Baby "Я" Us。

🏠 1F @ www2.toysrus.co.jp

❹ DAISO

百元商店大创（DAISO），凡厨具、文具、化妆品等多元商品都卖100日元，中国也有多家分店。

🏠 1F

❺ Disney Store

玩偶、文具、玩具、杂货等2000多种迪士尼商品通通有！还能买到东京迪士尼乐园的预售票。

🏠 3F
@ www.disneystore.co.jp

❻ G-SHOCK STORE

G-SHOCK/Baby-G品牌商店，共有250多种的款式。

🏠 3F
@ g-shock.jp/shop

Mediage BEST SHOP

与AQUA CITY 3F、4F相连的Mediage，是SONY经营的复合式娱乐购物中心，拥有13家电影院，是东京最大的影城。位于5F的Sony Explora Science，可体验SONY最新科技，成人门票500日元，儿童300日元。

- 搭乘百合海鸥号至台场站步行约2分钟
- 东京都港区台场 1-7-1
- 11:00~23:00（全年无休）
- 03-5531-7800
- www.aquacity.jp

❶ PLAZA

Good News, New Goods！每天为生活增添快乐的空间提案，从世界各国严选的食品、美妆、文具、家居杂货等多元商品，无论男女都能在此愉快地购物。

- AQUA CITY 3F
- www.plazastyle.com

❷ Museum Shop HANASHIBE

采用京都伏见（ふしみ）清澈的水源与稻米所酿造的清酒，兼售京都制饼干、腌菜、和风杂货等产品，纯谷酒300毫升约893日元。

- Mediage 3F

❸ THE KISS COUPLE'S

情侣对戒、项链等银饰专卖店，千种以上的款式迎合顾客的独特需求。

- AQUA CITY 3F
- www.thekiss.co.jp

Special 东京最豪华娱乐购物商城

Decks Tokyo Beach

1996年开业的Decks Tokyo Beach，楼高7层，有150多家店，濒临海滨公园且外观就像游轮，可眺望东京湾的美景。适合全家同游的游乐场Joypolis、仿照中国香港城市风情的"台场小香港"、重现昭和时代氛围的复古商街"台场一丁目商店街"都是热门景点。

- 🚃 搭乘百合海鸥号台场海滨公园站步行约2分钟
- ✉ 东京都港区台场1-6-1
- 🕐 11:00~23:00（每家店铺时间不一，不定期休息）
- 📞 03-5500-5050
- @ www.odaiba-decks.com

❶ Cat's Livin Onyanba（ねこたま キャッツリビン おニャンば）

猫迷必去的人气猫咪主题餐厅，店内有20~30只猫，除了能和猫咪共度下午茶时光外，也能找到可爱的猫咪配件与玩具。双人套票1500日元，成人800日元，学生600日元。

- 🚃 Sea Side Mall 1F
- 🕐 11:00~20:00（最后入场时间19:30）

❷ BILLABONG STORE

知名冲浪品牌Billabong，展售来自美国、澳大利亚与欧洲国家的具有运动时尚与度假风情的商品。

- 🚃 Sea Side Mall 3F

❸ Franc franc

精致华丽的生活设计用品连锁店，是东京年轻人最喜爱的商店之一。

- 🚃 Sea Side Mall 3F

❹ KTMお台场

奥地利重机制造商KTM专卖店。

✉ Sea Side Mall 1F
@ www.ktm-japan.co.jp

❺ DAINESE SHOP ODAIBA

外销达60%以上的意大利品牌DAINESE，专为世界级顶尖摩托车赛事与极限运动提供顶级的安全防护设备与服务，以极高性能备受肯定的DUCATI等OEM贴牌产品，深受重机爱好者的好评。

✉ Sea Side Mall 1F
@ proshop-odaiba.com/top

❻ Outdoor Resort Circus
（アウトドア・リゾートサーカス）
Davos 台场店

占地约528平方米的大规模户外生活用品店，拥有40余年历史的Davos品牌集大成，包括Northface、Helly Hansen、Columbia、Canterbury、Mamont、Henry Lloyd等品牌商品。

✉ Sea Side Mall 3F
@ www.davos.co.jp

台场一丁目商店街

重现昭和时代（1926~1989年）街景的台场一丁目商店街，非常适合全家大小一同前来品尝具有怀旧风味的烧烤点心、游览日本新干线模型与东京铁塔画作。这里有游戏机台、鬼屋、杂货店、怀旧点心铺等40家以上的商店，而且不定时举办皮影戏等传统表演活动。回家时，别忘了购买纪念品哦！

🔲 Sea Side Mall 4F

❶ ハイカラ横丁

销售怀旧零食的驮果子屋、怀旧味冰淇淋、古玩等充满童趣的商店。商品售价只要10日元左右，可以毫无负担地品尝。

🕐 11:00~21:00
📞 03-3599-1688
@ www.yim.co.jp/shop/3f011.html

❷ U.F.O Crane Game Corner（クレーンゲームコーナー）

以神秘的U.F.O为主题的夹娃娃机台，重新唤回赤子之心。游戏奖品不管是怀旧商品或高级3C产品都让人跃跃欲试！

🕐 11:00~21:00
📞 03-3599-1835

❸ 时代屋

于2006年2月开业，以日本历史为主题设计的传统杂货展售店，经常登上电视、报纸与杂志等媒体。将历史课本转化成日常杂货与DVD，让人更容易了解与亲近历史，尤其是日本武士与忍者系列的商品最受观光客喜爱。

🕐 11:00~21:00
📞 03-3599-6680

❹ GARAGE DAIBA

日本玩具收藏家北原照久的玩具博物馆之一。以汽车修理厂为主题，除了迷你模型车，也有女生喜欢的娃娃与贴纸。

🕐 11:00~21:00
📞 03-3599-3327
@ www.toysclub.co.jp

台场小香港

　　充满东方风情的特色商店街。中华料理店、港式餐厅以及路边摊等特色商店，缤纷的招牌让人仿佛来到了中国香港。

📍 Island Mall 6~7F

风水改运中心

　　全日本最大的风水命理专门店，提供逾2800种商品，包括60公斤的巨型水晶球、玉手镯、天珠等改运商品。偶尔举办30分钟免费命理咨询与能量石咨询等特别讲座。

📍 Island Mall 6F
🕐 11:00~22:00　📞 03-3599-6868

Tip

台场也有自由女神像？

　　1876年法国政府为了庆祝美国建国100周年而赠送了纽约自由女神像。日本将1998年4月29日至1999年5月9日这段时间定为法国年，当时从塞纳河天鹅岛出借原本45米高的自由女神等比例缩为11米的台场自由女神，但在归还法国后，自由女神的超高人气丝毫未减。于是在2000年12月申请了一座复制品。AQUA CITY是能一览自由女神像与彩虹桥的人气夜景地点，日剧也经常在此取景。

Palette Town

搭乘百合海鸥号来到"青海站"，这里有台场著名的摩天轮地标、复合式游乐园Palette Town（パレットタウン）、Venus Fort维纳斯购物中心、TOYOTA汽车主题展示馆Mega Web。

 ★Special

欧式浪漫气息的购物商城

Venus Fort

仿佛中世纪欧洲街道的人气购物中心Venus Fort，自1998年开业以来，已成功经过数次改头换面的大工程。进驻国际名品与日本当地品牌，卖场以女装、儿童、宠物、居家等主题分类。3F的Venus OUTLET是东京第一家畅货中心，更是省钱的好去处！

3F▶Venus OUTLET　日本品牌与国际品牌兼具的畅货中心

2F▶Venus GRAND　流行新品、热门美妆、首饰配件的潮流商场

1F▶Venus FAMILY　儿童、宠物与运动休闲，适合全家大小

✉ 与百合海鸥号青海站相通
🏠 东京都江东区青海1パレットタウン内
🕐 11:00~22:00（餐厅到23:00）
📞 03-3599-0700
@ www.venusfort.co.jp

Tip

梦の大桥

横跨有明运河总长360米的"梦之大桥"，左右连接Palette Town与Wanza Ariake。仅限步行与自行车使用，每当夜晚就会点燃美丽的灯光，相当浪漫。

1F Venus FAMILY Best Shop！

❶ PET CITY

　　东京规模最大的宠物用品店，欢迎带着宠物一起来选购!

@ www.petcity.co.jp

❷ 龙猫共和国 & NHK专卖店

（どんぐり共和国&NHKキャラクター ショップ）

　　专门销售吉卜力工作室与宫崎骏电影周边商品。

❸ Organic Cotton Yuga

　　销售以天然草本与水果染色的童装、生活用品。除了自家品牌，也有美国、欧洲、新西兰进口商品，多元化的选择深受妈妈们的喜爱。

❹ 波达NAMITATSU

　　印有日本传统图样的休闲设计服饰，充满设计师的独特创新理念。

@ www.namitatsu.net

2F Venus GRAND Best Shop！

❺ BURBERRY BLUE LABEL

　　让女人散发青春活力的日本专属Burberry蓝标，包款与配件最热门。

❻ Barbie STORE

　　甜美风格的女性服饰，店内摆放了和真人一样高的芭比哦!

@ www.barbiestore.jp

❼ SOU・SOU

　　由京都崛起的设计杂货铺。以强调日本传统美为主题的服饰与杂货为主力商品。其中又以前卫风设计师所推出的鲜艳袜子与居家服最受欢迎。

@ www.sousou.co.jp

3F Venus OUTLET Best Shop!

❽ George's FACTORY OUTLET

知名家饰店George的畅货中心，设计精美且色彩丰富的厨具与各式布帘最受欢迎。

❾ BRANDS OFF

首度进驻畅货中心的LALTRA MODA，也引进Max Mara集团的BLUE、PENNY BLACK等人气品牌。

❿ DURAS

强调自然素材与精致做工的女装品牌。

@ www.duras.jp

国际展示场&丰州站

　　"台场站"聚集了许多购物中心，其中，与"国际展示场站"连接的IDC大冢家具，以及与"丰州站"相通的La La Port都很值得推荐。

日本最大的家具展售中心
IDC大冢家具

　　占地是东京巨蛋的两倍大，超过46000种家具与家饰用品的IDC大冢家具总店。除了自有品牌L/S Comfort外，也有从世界各国进口的家具、窗帘、灯饰、地毯等各式居家用品，不仅价格是全国最低，入口柜台处还有专家提供咨询服务。

🚇 从百合海鸥号国际展示场正门站北口步行约2分钟
✉ 东京都江东区有明3-1　🕐 10:30~19:00（全年无休）
📞 03-5530-5555　@ www.idc-otsuka.co.jp

复合式大型购物中心
アーバンドックららぽーと豊州

　　三井不动产集团旗下的La La Port诞生于2006年10月，是利用过去造船工厂改建而成的，拥有能将台场与彩虹桥的极致美景尽收眼底的绝佳地理位置。内部设有190间店铺，是适合全家人的度假型购物商场。千万别错过让小朋友体验各行各业的主题公园Kidzania（キッザニア），以及豪华的丰州United Cinema。

🚇 与东京地铁有乐町线的百合海鸥号丰州站2、7号出口相通
✉ 东京都江东区丰州2-4-9　📞 03-6910-1234
@ www.lalaport.jp

KICHIJOJI

吉祥寺

吉祥寺与下北泽、自由之丘并列为"东京人最想居住的区域"排行榜冠军！吉祥寺车站附近有东急、PARCO、OIOI、Yodobashi Camera等购物商城，有许多Jazz Café、艺廊、个性小店可逛。因许多知名的漫画家居住于此，而成为名闻遐迩的次文化发源地。经常登上电影与戏剧的井之头恩赐公园是赏樱花与枫叶的好地方，这里还有能亲身体验动画大师宫崎骏的三鹰之森吉卜力美术馆。

吉祥寺

　　有价格实在的个性小店、典雅的咖啡厅以及可爱风格的杂货铺，更有充满艺术气息的美丽街景。

★吉祥寺人气商街大比拼

　　从吉祥寺车站往南北侧延伸的购物商圈，拥有多条别具特色的人气商街。北口通往吉祥寺商店街，聚集着大型潮流商场、药妆店与杂货小铺；公园口（南口）则通往能悠闲散步的井之头恩赐公园。

❶ 吉祥寺怀旧老街ハモニカ横丁（P.253）
❷ 高级住宅与时尚潮店共存的昭和通り & 大正通り & 中道通り
❸ 人潮络绎的天顶商店街Sun Roadサンロード商店街（P.250）
❹ 与井之头公园相连接的七井连通り（P.254）

★ 日新月异的人气生活用品店

　　充满独特魅力的杂货小铺都聚集在吉祥寺一带，精选来自世界各国的杂货小物，新锐艺术家的手作创意商品也备受青睐。

❶ 独特手作制品的生活艺廊BRUAN ブルーアン
❷ 广受吉祥寺居民喜爱的日常用品店Carnival カーニバル
❸ 创立50年以上的日本最大手工艺专卖店 Yuzawaya ユザワヤ（P.254）
❹ 自然风家具&家饰用品店MOMO natural （P.251）
❺ 自然风杂货105日元均一价NATURAL KITCHEN（P.252）
❻ 精致大人风设计小店Free Design（P.251）
❼ 卡通动漫&玩具天堂petit ぷっち（P.250）

> 吉祥寺的购物商街以PARCO、OIOI、东急、atre吉祥寺（前称LonLon）等大型商场为起点，呈放射状延伸。除了专门迎合邻近住宅区居民的生活用品商店街外，还有年轻情侣最爱的古着小店与杂货铺，是东京相当知名的商店街。

01 吉祥寺人气商店街的特色！

吉祥寺有多条独具特色的商店街，其中昭和通、大正通、七井桥通有年轻人爱逛的古着店、生活杂货店与咖啡厅；Sun Road商店街可在药妆店捡便宜；而口琴横丁则充满了复古风潮流店，以及隐藏于巷弄的餐厅与居酒屋。

02 药妆店强力特卖活动！

吉祥寺的三大药妆店松本清、Sun Drug、三千里药品几乎每时每刻都在进行激烈的价格大战。药妆店大多位于北区的Sun Road商店街，绝对要货比三家后再购买。眼药水、贴布与彩妆都是观光客的最爱。

03 美食爱好者的天堂！

吉祥寺长久以来都是以平价的生活用品与料理食材闻名。当地居民日常采买的Rogers（ロヂァース）超市、车站内的atre（アトレ），还有东急百货后方的鲜鱼蔬果店，都能找到新鲜又实惠的料理食材。此外，激安超市SHOP 99与各式生活杂货铺也很受欢迎。

东急百货

OIOI
Sun Road商店街

吉祥寺站北区

松本清

大鹏市場
☎20-2345

中道通

吉祥寺街访

SACADA YUMI 学生

喜爱品牌
FLORENT、
SHIPS、green label
relaxing、nano
universe

吉祥寺必败点
PARCO、OIOI、
众多生活杂货用品店

今日穿搭
黑色长版衫搭配豹纹内
搭衣

SHINJI HUKUDA
设计师

喜爱品牌
EDWIN、IL
BISONTE、
EPROZE、
HYBAA、TOPSHOP

吉祥寺必败点
OIOI、无印良品、
RAGTAG
KICHIJOJI

今日穿搭
全身是黑色基调，
Live's烟管裤搭配踝靴

TSUCHIYA LINA 学生

喜爱品牌
JEANASiS、Lowlys
Farm、H&M、
ZARA、Né-
net、alcali

吉祥寺必败点
古着店、
OIOI、
LOFT、Sun
Road商店街

今日穿搭
波西米亚风长裙搭
配嬉皮风凉鞋

百货公司&
大型购物中心

❶ PARCO

PARCO百货位于吉祥寺站，杂货迷一定要去7F的ZAKKA STREET逛逛！

📧 由吉祥寺站北口往平和通方向步行约2分钟

@ www.parco-kichijoji.com

❷ OIOI

OIOI丸井百货吉祥寺店，推荐B1的无印良品与SHOP 99元商店。

📧 由吉祥寺站公园口（南口）往井之头通方向步行约2分钟

@ www.OIOI.co.jp/stores/guide/store160.html

❸ 东急百货店

适合全家同游的百货公司。

📧 由吉祥寺站北口往吉祥寺通方向步行约4分钟

@ www.tokyu-dept.co.jp/kichijoji

❹ atre（アトレ）

进驻JR吉祥寺站的复合式购物中心。

📧 与吉祥寺站北口相通

@ www.atre.co.jp

❺ LABI吉祥寺パソコン館

于2008年4月开业的LABI山田电机3C量贩店，以超低优惠价闻名。

📧 由吉祥寺站北口往Sun Road商店街方向步行约1分钟

@ www.yamadalabi.com/kichijoji

❻ Yodobashi Camera（ヨドバシカメラ）

在日本境内拥有多家分店的超大型综合家电量贩店。

📧 由吉祥寺站北口步行约2分钟

@ www.yodobashi.com

二手古着店

❶ 原宿CHICAGO吉祥寺店

人气二手商店CHICAGO吉祥寺分店，备有1万多种商品。

由吉祥寺站北口往东急百货后方步行约5分钟

@ www.chicago.co.jp

❷ ONIGUNSO（オニグンソー）

在吉祥寺广为人知的二手商品店，专营欧美进口的二手服饰与生活杂货。

由吉祥寺站北口往Yodobashi Camera后方巷弄步行约5分钟

@ www.onigunso.jp

❸ Julio

从美国进口的服饰、鞋款与帽子等古着均一价700日元。

由吉祥寺站北口往中道通方向步行约3分钟

@ www.tippirag.com

❹ HANJIRO

华丽的水晶吊灯搭配白色基调的装潢，是吉祥寺知名的古着商店。

由吉祥寺站北口往昭和通方向步行约5分钟

@ www.hanjiro.co.jp

❺ RAGTAG 吉祥寺店

展售COMME des GARCONS、Number Nine、Hysteric Glamour等人气品牌的二手商品。

由吉祥寺站公园口（南口）往七井桥通方向步行约3分钟，位于OIOI对面

@ sell.ragtag.jp/pc

家饰&杂货

❶ LOFT

大型生活用品与杂货连锁专卖店。

📨 由吉祥寺站北口往吉祥寺通方向步行约5分钟

@ www.loft.co.jp

❷ L.B.C

LBC(Life Basic Communication)的店名意味着与生活对话，秉持自然风的居家杂货铺，无论厨房用具、园艺植栽或生活家饰，这里通通有！

📨 由吉祥寺站北口往昭和通方向步行约5分钟

❸ Anime × anime

以与动漫相关的DVD和模型公仔为主。

📨 由吉祥寺站北口往Sun Road商店街方向步行约4分钟

@ animeanime.jp

❹ CAVE

有很多青蛙造型的杂货小店。

📨 由吉祥寺站北口往中道通方向步行约4分钟

@ www.cave-frog.com

❺ KEYUCA（ケユカ）

以Simple & Natural为品牌精神的KEYUCA，除了餐具、生活杂货，还有许多舒适的布制品与家饰用品。

📨 由吉祥寺站北口往吉祥寺通方向步行约7分钟

@ www.keyuca.com/shop

药妆店

❶ Sun Drug
（サンドラッグ）

日本综合药妆店，不定时有40%特价活动。

✉ 由吉祥寺站北口往Sun Road商店街方向步行约1分钟
@ www.sundrug.co.jp

❷ 三千里药品

1962年在涩谷创立的药妆店，吉祥寺店是最便宜的分店。

✉ 吉祥寺站北口彩券行对面
@ www.3000ri.co.jp

❸ 松本清

知名连锁药妆店，光在吉祥寺站北口就有3间分店。

✉ 由吉祥寺站北口往Sun Road商店街方向步行约1分钟
@ www.matsukiyo.co.jp

Yuzawaya 日本超大型手工艺&DIY天堂

OIOI
OIOI吉祥寺分为本馆与无印良品别馆

七井桥商店街
充满独特品位的潮流&杂货铺

诞生于1917年，是日本最古老的公园

吉祥寺通
横越吉祥寺南北双向的主要购物商街

🧳 旅行秘诀

　　吉祥寺站公园口（南口）一带有OIOI丸井百货及井之头恩赐公园，散发着悠闲舒适的气息；而北口则有东急百货、PARCO等购物中心，Sun Road商店街、药妆店、服饰、杂货与美食店都聚集于此。建议早点起床，先参观三鹰之森吉卜力美术馆与井之头公园，下午再展开购物之旅。

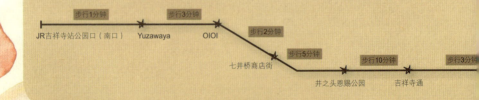

步行1分钟　　　　步行3分钟

JR吉祥寺站公园口（南口）　Yuzawaya　　OIOI

步行2分钟

七井桥商店街

步行5分钟

步行10分钟　　　　步行3分钟

井之头恩赐公园　　吉祥寺通

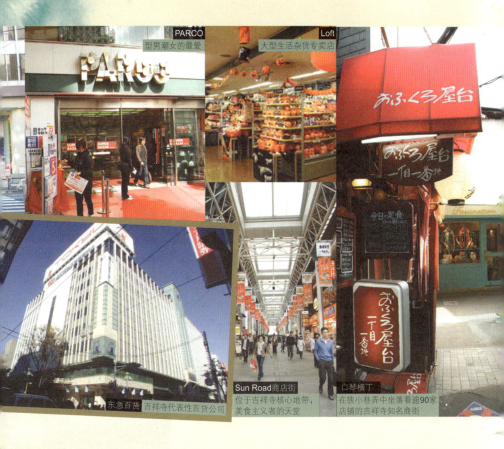

PARCO
型男潮女的最爱

Loft
大型生活杂货专卖店

东急百货
吉祥寺代表性百货公司

Sun Road商店街
位于吉祥寺核心地带，美食主义者的天堂

口琴横丁
在狭小巷弄中坐落着逾90家店铺的吉祥寺知名商街

🔹 前往方式

  若要前往三鹰之森吉卜力美术馆，可从新宿站搭乘"JR中央线"至"三鹰站"，或是在涩谷站搭乘"京王井之头线"至"吉祥寺"。

JR吉祥寺站
• 中央线、总武线

私营铁路吉祥寺站
• 京王井之头线

移动路径
• 新宿站 → JR中央线快速（15分钟，210日元）→ 吉祥寺站
• 东京站 → JR中央线快速（30分钟，380日元）→ 吉祥寺站
• 涩谷站 → JR中央线（15分钟，210日元）→ 吉祥寺站
• 小田急新宿站 → 京王井之头线急行（16分钟，190日元）→ 吉祥寺站

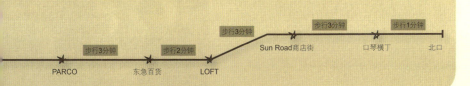

| 步行3分钟 | 步行2分钟 | 步行3分钟 | 步行3分钟 | 步行1分钟 |

PARCO   东急百货   LOFT   Sun Road商店街   口琴横丁   北口

北口

　　吉祥寺的主要商圈都在北口一带，连接车站北口和五日市街道的是Sun Road商店街，不仅是药妆店折扣激战专区，入口左方的ダイヤ街チェリーナード商店街有一家松阪牛专门店サトウ（SATOU），排队购买炸牛肉饼的人潮从未间断，是来到吉祥寺必买的特色美食！ハーモニカ横丁是条狭小的老街，有许多特别的杂货店与居酒屋！此外，每到周末或晚餐时段，在巴士总站前广场会有街头艺人表演。

远近驰名的炸牛肉饼
SATOU（松阪牛專門店サトウ）

　　拥有36年历史的松阪牛专门店サトウ，1F专卖松阪牛肉与炸物，2F则是餐厅，有牛排、铁板烧、定食等。最受欢迎的是现炸的松阪牛肉丸，1个160日元，5个600日元，一定要排队才买得到！这是日本电视杂志争相报道的人气美食店家。

📧 吉祥寺站北口往Sun Road商店街步行3分钟
🏠 东京都武藏野市吉祥寺本町1-1-8　🕐 9:00~20:00

令人惊奇的卡通人物杂货&玩具天堂
Petit（ぷっち）

　　小小的店面里挤满了玩具与卡通商品，日本与欧美的动漫商品都能在这里找到，大朋友、小朋友都带着童心快乐地寻宝呢！

📧 由吉祥寺站北口往中道通方向步行约5分钟
🏠 东京都武藏野市吉祥寺本町2-17-2
🕐 11:30~21:00（全年无休）
📞 0422-21-1425
@ www.hometown.ne.jp/j-shop/petit/

大人风杂货

Free Design

　　自2006年10月开业以来，虽然价格有点贵，但独特的设计单品仍屡获大众喜爱。囊括美国、德国、意大利、芬兰等地进口精致杂货，像是柳宗理的餐具、北欧的碗盘、德国精工文具等，都经常出现在杂志上。

📧 由吉祥寺站北口往中道通方向步行约6分钟
📍 东京都武藏野市吉祥寺本町2-18-2 2F
🕐 11:00~20:00
📞 0422-21-2070
@ freedesign.jp

独特手感制品

BRUAN（ブルーアン）

　　销售生活瓷器、文具、钟表等独特手感制品。艺术家铃木丰推出的简朴系列茶组，以及木制的汤匙、筷子组是最受欢迎的伴手礼。

📧 由吉祥寺站北口往中道通方向步行约4分钟
📍 东京都武藏野市吉祥寺本町2-34-12
🕐 12:30~18:00（每周三休息）
📞 0422-20-9548

自然风家具&家饰

MOMO natural

　　自然舒适的乡村风家具与居家生活小物应有尽有，原创餐垫与布帘等织品是店内的人气NO.1！用实惠的价格就能购得精致的杂货，真是太划算了！

📧 由吉祥寺站北口往中道通方向步行约4分钟
📍 东京都武藏野市吉祥寺本町2-1-7 DM BLDG2F
🕐 11:00~20:00
📞 0422-21-1515
@ www.momo-natural.co.jp

把优雅的法国品位穿上身！

Petit-Bateau

　　1893年成立的法国童装品牌，坚持使用有机棉、麻、羊毛制成舒适又高级的欧式休闲服饰，年龄层不设限，一家大小都能满足。虽然也在百货公司设柜，但规模绝对无法与表参道、代官山以及吉祥寺的旗舰店相比。

✉ 由吉祥寺站北口往东急百货方向步行约5分钟
🏠 东京都武藏野市吉祥寺本町2-10-7 K-2107 BLDG 1F
🕐 11:00～19:00（不定休）
📞 0422-28-7140
@ www.petit-bateau.co.jp

物超所值的自然风杂货铺

NATURAL KITCHEN

　　以自然质朴风格的生活杂货为主，占地约66平方米的店面中有超过千种品项，厨房小物、收纳用具、家饰以及手作品的材料等通通都有。全品项105日元，每个月都会推出20多种新商品，其中40%是自家开发的原创商品。

✉ 由吉祥寺站北口往中道通方向步行约3分钟
🏠 东京都武藏野市吉祥寺本町2-1-5 啓ビル1F
🕐 11:00～20:00（全年无休）
📞 0422-23-3103
@ www.natural-kitchen.jp

★ Special

ハモニカ横丁

位于巷弄中的ハモニカ横丁（口琴横丁），曾经是吉祥寺的黑市老街，这里保留了最原始的历史痕迹，无论是进口杂货店、鱼店、舶来品商店，还是咖啡厅与居酒屋，仿佛都像活的历史课本一样。因90多家店铺排列的模样被作家龟井胜一郎称为口琴，才因此有了这个名号。

❶ 老街中的意式餐厅

Harmonica Kitchen（ハモニカキッチン）

隐匿在巷弄中的Harmonica Kitchen & Bar，特色在于一店两铺。新鲜主菜、白饭与汤的1000日元商业午餐，以及主厨创意料理也广受好评。很多上班族会在中午买一个便当到附近公园享用，到了晚上，这里却会摇身变为热力四射的酒吧。

- 从吉祥寺北口，转左沿平和通道直行至不二家，再右转步行约3分钟
- 东京都武藏野市吉祥寺本町1-1-2
- 11:30~16:00（全年无休）
- 0422-20-5950

❷ 串烧&居酒屋

YAKIDORI TECCHAN（ヤキトリ てっちゃん）

上班族与老先生最爱的串烧与居酒屋，串烧约105日元起，酒类约315日元起，低廉的价格果然是王道！每个人只要花费1000日元，是聚餐闲聊的好去处。在下北泽也有分店。

- 东京都武藏野市吉祥寺本町1-1-2
- 17:00~23:00 ☎ 0422-20-6811
- @ www.yakitori-tecchan.com

❸ Q弹意大利面

Spakichi（スパ吉）

以制作生面条起家的意大利面餐厅，即使是平日中午也依旧大排长龙。从店面中散发出热腾腾的面香，令人食指大动！无敌美味的酱汁与亲切服务是魅力来源。每日限定30份的半熟玉子套餐售价950日元，香辣蒜椒意大利面也极具人气。

- 东京都武藏野市吉祥寺本町1-1-3
- 11:00~23:00（每周二休息）
- 0422-22-2227

❹ 知名拉面专卖店

面屋武藏虎洞

2005年2月，新宿人气拉面店"面屋武藏"五号店于口琴横丁隆重开业。丰富的海鲜配料以及恰到好处的辛香料调味，再加上弹牙的面条，完全保留了专属于面屋武藏的正宗风味。在原本以豚骨拉面的清爽口味为主的吉祥寺地区，势必挑战当地人的味蕾喜好。

- 东京都武藏野市吉祥寺本町1-1-7
- 11:30~16:00, 17:00~21:30
- 0422-23-7634

公园口（南口）

　　以七井桥通为中心，从井之头恩赐公园延伸至吉祥寺中心地带的购物商圈。除了OIOI丸井百货，还有各式生活用品店、杂货小店、饰品店等，以及充满浪漫氛围的咖啡厅。

创立逾50年的日本大型手工艺用品专卖店

Yuzawaya（ユザワヤ）

　　提供大量手工艺与DIY商品的Yuzawaya，整栋8层楼的空间布满针织、裁缝、刺绣、黏土等手工艺材料，从全国各地引进的材料与各式皮件制品，大大满足了手作族的需求。此外，也有小朋友最爱的扭蛋、铁道模型以及均一价的特卖专区。

　　与吉祥寺站公园口（南口）相通
　　东京都武藏野市吉祥寺南町2-1-25
　　10:00~21:00
　　0422-79-4141
　　www.yuzawaya.co.jp

以高水平自傲的重金属风首饰工坊

JAP

　　因制作电影《星球大战》中出现的银戒指而声名大噪的首饰工坊。自1981年创立以来，不仅持续为众多舞台表演与电影制作服饰与饰品，Beams Japan等知名服饰品牌也争相与其合作。商品定价在1万日元左右。

🚃 从吉祥寺站公园口（南口）往七井桥通方向步行约6分钟
✉ 东京都武藏野市吉祥寺南町1-15-5
🕐 11:00~21:00（年末与年初时休息）
📞 0422-43-6853
@ www.jap-inc.com/top.html

可爱小物 & 平价服饰

titicaca（チチカカ）

　　以实惠价格销售独特配件与世界各国进口服饰的人气商店。自创品牌服务与情侣对戒是热门商品。创始店位于涩谷。

🚃 从吉祥寺站公园口（南口）往七井桥通方向步行约4分钟
✉ 东京都武藏野市吉祥寺本町1-1-4
🕐 12:00~21:00（全年无休）
📞 0422-21-1435
@ www.titicaca.jp

正统东洋风杂货铺

karako

　　在日本境内拥有20多家分店的杂货专卖店，跳脱欧美系进口杂货，首次尝试日式传统风格，成功打入市场。除了传统和风杂货，也有来自中国和东南亚等国的东洋风商品。餐具、家具与布织品类最受欢迎。

🚃 从吉祥寺站公园口（南口）往七井桥通方向步行约5分钟
✉ 东京都武藏野市吉祥寺南町1-8-4
🕐 11:00~20:00
📞 0422-40-1655
@ www.karako.jp

休闲运动鞋天堂

Sneaker Shop Skit

　　在OIOI旁边的建筑3F的运动鞋专卖店中，摆满了各种鞋款，包括Nike AIR YEEZY顶级系列以及Adidas日本限定商品，新款与热门二手鞋都值得推荐。

- 从吉祥寺站公园口（南口）步行3分钟，位于OIOI旁
- 东京都武藏野市吉祥寺南町1-8-11弥生ビル3F
- 11:00~21:00
- 0422-47-6671
- @ www.k-skit.com

吉祥寺的象征、历史悠久的烧烤居酒屋

伊势屋公园店（いせや公园店）

　　历史悠久的传统古早味伊势屋，无论何时都是门庭若市。吃点烧烤、小酌一杯的轻松气氛，让居民忍不住前来寻找传说中的美味，感受专属于吉祥寺的怀旧风情。由于位于井之头恩赐公园通的总铺旧址已改建，再也看不到历史的痕迹，也因此更彰显伊势屋公园店的珍贵。各种串烧约80日元。

- 从吉祥寺站公园口（南口）往七井桥通方向步行约6分钟
- 东京都武藏野市吉祥寺南町1-15-8
- 12:00~22:00
- 0422-43-2806
- @ www.iseya-kichijoji.jp

创立于1986年的原创手作包包专卖店

Guu-Watanabe bag（グーワタナベバッグ）

　　将日制手工牛皮包与自行车一同展示，挂在自行车上的随身包、相机套、宠物包，甚至是乐器套等皮制品，都拥有精美的设计与光泽，价格也很实惠，吸引不少固定消费者。

- 从吉祥寺站公园口（南口）往井之头通方向步行约12分钟
- 东京都武藏野市吉祥寺南町3-33-1 アドバンス芦澤1F
- 11:00~19:00（每周四休息）
- 0422-40-9044
- @ www.guu-watanabe.com

SHIMOKITAZAWA
下北泽

如果厌倦了新宿、涩谷的拥挤，不如改去下北泽吧！充满自由风情的街道上，密集地分布着许多形形色色的古着店、杂货小店与可爱的咖啡厅。虽然没有繁华的大型购物商场，但充满品位的潮流小店与平价餐馆，都是年轻族群最爱的地方，著名的小剧场、艺廊、Live House更增添了艺术气息。

下北泽

　　小小的巷弄中满是令人惊喜的小店，不仅店面外观可爱，连价格都很亲切。兼具创意与设计感的杂货小店，还有能以低预算购入全身行头的二手服饰商店，里头的宝物多到让人不由得身陷其中。

★人气古着连锁店HANJIRO

　　HANJIRO是广受东京年轻人喜爱的古着商店，有着款式丰富的服饰与配件，长版上衣690日元、T恤只要100日元，真的非常便宜！

★ 明星艺人最爱的古着店

下北泽不仅聚集了许多梦想成为艺人或舞台剧演员的年轻人，也常有明星或造型师前来采购平价又新潮的流行单品。

❶ 滨崎步造型师最爱的古着店 HAIGHT & ASHBURY（P.265）
❷ 个性派型男最爱的BIG TIME（P.265）
❸ 充满独特个性商品的DEPT（P.266）
❹ 别有洞天的寻宝仓库东洋百货店（P.265）

★ 人气杂货铺激战

商业与住宅融合的下北泽，可爱的家饰杂货小店点缀在其中。独特的手创商品传递着温暖的味道，就让这些杂货小物彻底疗愈你疲惫的身心吧！

❶ 日本最KUSO的书店Village Vanguard（P.268）
❷ 俄罗斯娃娃zakka手作JAM COVER（P.270）
❸ 鲜明抢眼或惬意休闲的家具应有尽有BRAND NEW ROCKET（P.270）
❹ 欧洲大人部屋的Regalo（P.264）
❺ 女生最爱的小物杂货天堂T-FOUR（P.264）
❻ 怀旧玩具店甘辛人生剧场怀かし屋（P.266）

01 超低价的药妆店天堂

为了迎合特地来此购物的年轻人与邻近居民，下北泽的药妆店时时刻刻都有折扣。像是化妆品与入浴剂都比东京还便宜哦！

02 在人气古着店寻宝

聚集了HANJIRO、WEGO、DEPT、Julio等人气古着店的下北泽，可以说是古着爱好者的天堂。在这里不仅能购足全身行头，价格也很实惠，兼具二手与原创的多样化商品种类也是高人气的关键之一。

03 令人着迷的慢步调

比起大型购物商场林立的涩谷、原宿地区，纯朴的下北泽可以让人悠闲惬意地漫步。在物美价廉的餐厅品尝美食、在杂货小铺挖宝，或是坐在咖啡厅里悠闲地欣赏下北泽街头的时尚男女，都能让这趟旅程充满乐趣。

> 安排下北泽购物之行，必须先做好腿力训练，这里没有大型购物中心，无法满足一次血拼的需求。但是穿梭于巷弄中，数不清的咖啡厅、逛不腻的杂货与古着店，反而更能感受到别具一格的氛围。

下北泽站北口商店街

茶泽通

下北泽站南口商店街

下北泽街访

MIKU 学生

最爱品牌
CECIL McBEE、
ANAP、古着店

下北泽必败点
HANJIRO
Outlet、natuRAL
vintage、车站北
口一带的小店

今日穿搭
在古着店买的长项链
搭配黑白色系的上衣
与及膝袜

TOSIMI 学生

喜爱品牌
Forever 21、
WEGO、
DEPT、OIOI

下北泽必败点
东洋百货店、
Village
Vanguard、
T-FOUR

今日穿搭
活力粉色格纹衬衫
搭配百褶迷你裙

GATO SEICHI 学生

喜爱品牌
Trampoin、DO
LUKE、What's
up、KESHIKE、
VIVIENNE
WESTWOOD

下北泽必败点
隐身在各处的古
着最赞了

今日穿搭
垮裤与美式风的针
织古着

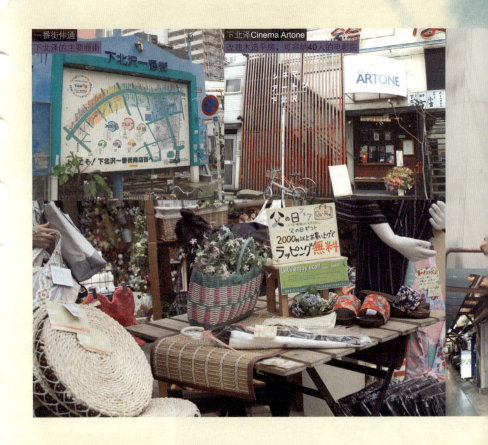

一番街仲通
下北泽的主要商街

下北泽Cinema Artone
改建木造平房，可容纳40人的电影院

🧳 旅行秘诀

　　下北泽车站分为南、北两个出口，北口主要是住宅区，有许多个性小店与咖啡厅；南口则有餐厅与居酒屋。商圈占地很小，2~3小时即可逛完，但是如果想要仔细感受下北泽的怀旧风情，则可能要花上一整天的时间。大部分商店的营业时间为11:00之后，每周三休息。

步行3分钟	步行3分钟	步行2分钟	步行1分钟	步行1分钟
小田急线北口	一番街本通	东洋百货店	一番街仲通	一番街荣通

Chapeau !

Un tout petit peu.

Ne me cherche pas, hein !

un chouia

Vas-y !

镰仓通 聚集许多潮店与餐厅

Suzunari横丁
居酒屋最多的热闹商街

东洋百货店
象征下北泽怀旧风的购物商场

SHELTER 拥有超高人气的居家用品店

🐾 前往方式

前往离东京市区有点远的下北泽，必须搭乘从新宿或涩谷出发的小田急急行列车，或是从涩谷搭乘京王井之头线。虽然车站是由小田急电车与地铁井之头线共同构成的，但南口和北口均为小田急线的出口，地铁井之头线则与西边出口相接。

私营地铁下北泽站
• 小田急电铁小田原线
• 京王电铁井之头线

移动路径
• 小田急新宿站 → 小田急小田原线急行（8分钟，150日元）→ 下北泽站
• 京王涩谷站 → 京王井之头线急行（3分钟，120日元）→ 下北泽站

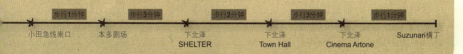

步行1分钟　　步行3分钟　　步行2分钟　　步行3分钟　　步行1分钟

小田急线南口　　本多剧场　　下北泽　　下北泽　　下北泽　　Suzunari横丁
　　　　　　　　　　　　　SHELTER　　Town Hall　　Cinema Artone

下北泽 北口

北口是下北泽的核心商圈，街道上林立着个性小店，很多女性杂货铺也都在这里。自由的气氛成为时髦的年轻人喜爱群聚的所在，更是电视与杂志经常采访的地方。

五颜六色的小物专卖店

T-FOUR

这是一家女生会非常喜欢逛的生活杂货店，五彩缤纷的餐具、包包、厨房与浴室用品，数不尽的可爱小物，印有动物图样的提袋与雨伞，既便宜又好用。

- 从下北泽站北口步行约1分钟
- 东京都世田谷区北泽2-30-14 ビルトレンディ1F
- 11:00~21:00（全年无休）
- 03-3460-3647

欧洲的大人风部屋

Regalo

风格朴实的大人风家饰店，以冷色调的装潢为主的广受邻近贵妇们喜爱的人气店家。欧洲进口的沙发、收纳柜、餐具、文具，甚至园艺用品等，质量上乘，但价格高得令人望而却步。

- 从下北泽站北口步行约3分钟
- 东京都世田谷区北泽2-35-2
- 11:00~20:00
- 03-5478-1484

创意集市的重镇

东洋百货店

　　下北泽颇具象征性的地标"东洋百货店"是由车库改建而成的卖场，集合了22家充满怀旧风情和东京次文化的小店。朋克摇滚、萝莉风、缤纷彩色系、民族风、森林系、多层次混搭的衣服这里最多，还有夏威夷风格的饰品、美甲店与日本传统和果子与杂货小铺，每一家店都具有强烈的特色。

📍 从下北泽站北口步行约3分钟，位于大丸Peacock对面
✉ 东京都世田谷区北泽2-25-8
🕐 12:00~21:00（全年无休）
📞 03-3468-7000
@ www.k-toyo.jp

滨崎步知名造型师的最爱

HAIGHT & ASHBURY

　　复古风大行其道时，古着绝对是人气首选！店外巨大的红色高跟鞋装饰让人印象深刻，店长亲自走遍欧美各地，引进品位十足的单品，尤其是20世纪80年代流行的古着商品，单色调、蕾丝、法式复古、维多利亚与波西米亚风等，让你能够搭配出一身独一无二的行头。1950年的手工皮件、高跟鞋也很值得收藏。此外，知名艺人上户彩与滨崎步的造型师也是这里的主顾。

📍 从下北泽站北口步行约5分钟
✉ 东京都世田谷区北泽2-37-2 パラッツィーナビル2F
🕐 12:00~20:00（全年无休）
📞 03-5453-4690
@ haightandashbury.blogspot.com

个性派型男的最爱

BIG TIME

　　以男性服饰居多的人气古着店，帅气T恤、丹宁服、军装大衣、皮靴、皮带、帽子与眼镜等种类繁多的商品，质量与价格也都令人满足。当然也销售女性商品，店员的穿搭也经常登上杂志哦！

📍 从下北泽站北口步行约3分钟
✉ 东京都世田谷区北泽2-26-15
🕐 12:00~21:30
📞 03-3468-8999
@ www.bigtime-jp.com

当地设计师品牌

Co-ordinate Shop · Lisa
（コーディネートショップ リサ）

天然纤维上衣、高质感罩衫、高级又有型的外套、触感极佳的针织衫、优雅风格的裙子等100%原创商品，不过设计师的概念制品在销售时会限定数量。

📍 从下北泽站北口步行约4分钟
✉️ 东京都世田谷区北泽2-31-9　🕐 10:00~19:00
📞 03-3460-4945　@ www.lisa1969.co.jp

怀旧玩具店

甘辛人生剧场怀かし屋

1978年在下北泽创立的复古柑仔店，店内有很多在1900~1970年红极一时的玩具，复制过往回忆。有个曾经叫价到15万日元的玩具，就是以合金制作的无敌铁金刚模型。

📍 从下北泽站北口步行约2分钟
✉️ 东京都世田谷区北泽2-31-14 SKビル2F
🕐 12:00~19:30（全年无休）　📞 03-3485-1294

明信片专卖店

BCL PICTORIAL NETWORK

采集杉崎惠美（杉崎めぐみ）、岩上彩子等日本艺术家的作品，以及名画、剧照制作成的明信片，款式多达3000种以上，一张约150日元起售。

📍 从下北泽站北口步行约5分钟，位于横滨银行交叉路左边大路旁
✉️ 东京都世田谷区北泽2-28-1　🕐 11:00~20:00（全年无休）
📞 03-3468-2320　@ www17.ocn.ne.jp/~bcl

古着店龙头

DEPT

日杂刊载涩谷、代官山等古着爱好者最爱逛的人气服饰店，独特且多样化的产品走向，新颖且变化多端的产品陈设，设有设计师原创商品、银饰配件、鞋包、二手服饰与进口商品等区。

📍 从下北泽站北口步行约5分钟，位于横滨银行交叉路左边Phoenicia大楼B1
✉️ 东京都世田谷区北泽2-29-2 地下1F
🕐 11:00~20:00　📞 03-5453-8227　@ www.dept.jp

零负担的大众古着店
WEGO

　　总店位于原宿、全国约有50间分店的人气古着店WEGO，主要销售欧美休闲古着商品。T恤与丹宁是最热门的人气商品。

📩 从下北泽站北口步行约4分钟
✉️ 东京都世田谷区北泽2-29-3 オークプラザ1F
🕐 11:00~21:00（全年无休）
📞 03-5790-5525
@ www.wego.jp

均一价700日元的二手服饰店
Julio

　　2009年2月开业的古着店Julio，主要从美国进口服饰、鞋子与帽子等商品。在占地约165平方米的宽敞店面中，夹克、T恤、裤子等服饰配件均一价700日元。

📩 从下北泽站北口步行约3分钟
✉️ 东京都世田谷区北泽2 - 30 - 13 ファインコート2F
🕐 12:00~21:00
📞 03-3481-9930
@ www.tippirag.com/shopsyo_julio_shimo

仿旧家具专卖店
KURUSU International

　　专卖从意大利、印度尼西亚、印度等国以及非洲进口的家具与家饰，陈列着许多设计独特与高质感素材的家具，入夜之后还会打光，更能营造出居家氛围。原木矮柜约80000日元、桌子50000日元起。

📩 从下北泽站北口步行约4分钟，位于横滨银行交叉路左边大路上第一个巷子右方
✉️ 东京都世田谷区北泽2-29-16
🕐 11:00~20:00（全年无休）
📞 03-3466-8055

下北泽 南口

南口周边有象征下北泽剧场文化发源地的本多剧场，以及Cinema Artone、Live House等表演场，居酒屋与潮流小店都是东京年轻人最爱的地方。

便宜古着来这里买就对了！
HANJIRO SHIMOKITAZAWA

热门古着商店HANJIRO下北泽店，在2009年5月22日开业期间以105~987日元的惊人价格销售各类服饰、小物与配件，两层楼的宽广店面逛起来相当舒适，请尽情地挖宝吧！

🚇 从下北泽站南口步行约3分钟
✉ 东京都世田谷区北泽2-4-3 モシアビル2～3F
🕐 11:00~21:00　📞 03-5486-7440　@ www.hanjiro.co.jp

日本最有创意的书店
Village Vanguard

创立于1986年，用创意颠覆既有书店印象的复合式经营模式，打着"玩乐"的概念让书店更好逛！店内有各种书籍、漫画、唱片、海报、贺卡、生活杂货、饼干点心等形形色色的商品，KUSO又有趣的标语，深受日本年轻人的喜爱。店内有些凌乱，不时还挂上告示牌提醒大家"这里是书店！"，目前已发展成连锁书店。

🚇 从下北泽站南口步行约2分钟　✉ 东京都世田谷区北泽2-10-15
🕐 10:00~24:00（全年无休）　📞 03-5790-2323　@ www.village-v.co.jp

下北泽最大的鞋子专卖店

step in step 下北泽本店

关东最大的运动鞋类专卖店step in step下北泽总店，分店遍布全日本，价格比竞争对手ABC Mart还低。相同的商品，在这里卖得比其他分店更便宜，不定时的打折特价更是吸引人。

✉ 与下北泽站南口相接　✉ 东京都世田谷区北泽2-2-6
🕐 11:00~20:00　📞 03-3410-9292
@ www.step-japan.jp

魔女推荐的帽款专卖店

GROWN UP TABATHA

招牌上有醒目的奇特人物头像与魔女图样，聚集了原创帽子品牌，包括Little TABATHA、地球栽培等设计感十足的帽款、运动帽、针织帽约2000日元，也有来自世界各地的杂货，比如包包、凉鞋、手表与派对面具等人气商品。

✉ 从下北泽站南口步行约3分钟
✉ 东京都世田谷区北泽2-13-13　🕐 11:00~20:00
📞 03-5430-1247　@ www.tom-s.co.jp

里原宿女孩流行服饰

natuRAL vintage

严选自然素材与俏皮复古的品牌形象，让女性每天都能穿出属于自己的风格，逐渐成为里原宿最流行的女性服饰品牌。每年元旦都会推出限量福袋，T恤约3000日元起。

✉ 从下北泽站南口步行约2分钟
✉ 东京都世田谷区北泽2-19-13 丸石ビル1F
🕐 11:00~20:00　📞 03-5787-4101
@ www.artvillage.co.jp

超可爱俄罗斯娃娃Zakka

JAM COVER

自1995年创立以来，持续以手作设计师商品累积名气的杂货商店。展售230多名艺术家的作品，筹备展览活动募集更多优秀的作品。门口木制手绘招牌很可爱，自家最引以为傲的便是缤纷多彩的俄罗斯娃娃商品，沿着Suzunari横丁的上坡路前进就能找到了！

📧 从下北泽站南口往茶泽通左边Mitsubishi UFJ方向步行约8分钟
✉️ 东京都世田谷区北泽1-40-15 北泽ゴルフマンション1F 🕐 12:00~19:00
📞 03-5453-7661 @ www.jamcover.com

抢眼家具在这里！

BRAND NEW ROCKET

以20世纪50~70年代越南制造的二手家具为主，1F是原创家具区、2F是复古二手家具区，包括桌椅、沙发、照明灯饰等商品，很符合单身族群需求。这里不仅曾入选"Tokyo Interior Shop"杂志特选十大家饰店，也是电视媒体经常报道的名店。

📧 从下北泽站南口往茶泽通方向步行约5分钟
✉️ 东京都世田谷区代泽2-29-9
🕐 13:00~20:00
📞 03-5481-6143
@ www.brand-new-rocket.com

充斥各式创意商品的杂货商店

Honey Comb Labo

手作商品与各种创意小物都能在这里找到，店内还曾举办地下乐团与歌手的小型演唱会。

📧 从下北泽站南口沿着麦当劳旁小路步行约6分钟，位于ampm便利店右边巷子内
✉️ 东京都世田谷区代泽5-35-8
🕐 13:00~20:00（全年无休）
📞 03-5433-2487

JIYUGAOKA
自由之丘

浪漫小镇"自由之丘"稳坐东京人最想居区域排行榜冠军，理由是"喜欢它精致典雅的气息"。它是位于目黑区的高级住宅区，其中坐落着许多温馨可爱的杂货小店、生活家饰、女性服饰与童装，以及人气满载的甜品店。优美街道上穿插的Life Shop & Café增添些许惬意感，穿着优雅的女子牵着自己的爱犬，漫步在葱郁的绿道与缤纷的花朵间，就是最能代表自由之丘的一幅风景画。

自由之丘

精致优雅的时尚核心地区，有别于涩谷与新宿的流行趋势，除了能够满足血拼族的潮流梦，还随处散发着有品位的生活态度，让人可以从容自在地享受散步的美好。

★ 精品商场 Luz自由が丘

于2009年7月17日开业的精品商场，聚集了许多高级香氛用品、家饰厨具与餐厅，喜爱精致购物路线的人千万别错过！

★ 必逛！杂货小店集散地Trainchi

沿着自由之丘车站走去，铁道旁的小型商场Trainchi（トレインチ），有餐厅、咖啡厅、服饰、杂货小店等13家商店。

★让人心甘情愿打开钱包的流行精品

坐落于上流住宅区，精美的装潢吸引众人目光的流行精品店，不盲目跟随流行，以非凡的品位取胜，令所有时尚人士心甘情愿地让自己的荷包失血。

❶ 日杂知名模特儿与明星主妇雅姬创立的HAGO WaR（P.282）

❷ 东京型男最爱的设计服饰品牌B'2nd（P.288）

❸ 美式成衣服饰Talbots（P.283）

❹ Max Mara的畅货中心Diffusione Tessile（P.288）

"

在幽静的住宅区里散落着各种特色小店，随意逛逛就能享受愉悦的购物之旅。除了被喻为小威尼斯的LA VITA、杂货小店集散地Trainchi等购物景点，还有GAP、无印良品、J-PERIOD等品牌商店。

"

01 自由之丘潮流集散地MELSA

从自由之丘站南口出来，就能看到矗立在绿荫大道上的MELSA part 1、part 2。进驻25家店铺，从美容、服饰到餐厅，都很适合自由之丘风格的年轻女性顾客层，包括UNIQLO、NOLLEYS、earth music & ecology等服饰品牌，以及山野乐器、BOOK 1st书店。

02 完全攻陷杂货迷的ZAKKA TOWN

自由之丘不仅有ACTUS、IDEE SHOP、J-PERIOD、私の部屋、CIBONE、Afternoon Tea LIVING与无印良品等知名居家用品&生活杂货专卖店，也有许多典雅的杂货用品店。带着寻宝的心情仔细逛逛，也许能发现隐藏的珍宝哦！

03 一定要来品尝闻名世界的甜点！

自由之丘最大的魅力，就是外形可爱又美味的顶级甜点了！每一家甜点咖啡厅的糕点师傅都相当知名，这些手制的美丽甜点，让人极度向往在这里度过悠闲的下午茶时光。

MELSA 2

MELSA 1

Afternoon Tea LIVING

Sweets Forest

绿道（Green Street）

自由之丘街访

SAITO DOMOMI 插画家

喜爱品牌
IENA、
TOMORROWLAND、
YOSHIDA、Spick and
Spa、MARIMEKKO、
Mina

自由之丘必败点
Trainchi、创意
设计商店、Luz
内的
MARIMEKKO

今日穿搭
自然风棉制连
身裙搭配手作织布包

MATSUDA MIKU 营业
助理

喜爱品牌
CROON A SONG、TOP
SHOP、YLANG
YLANG、DOUBLE
STANDARD
CLOTHING

自由之丘必败点
Luz、洋兰通的各
式潮流商品与居
家用品店

今日穿搭
牛仔短裤搭配长靴，腿
型会变修长哦

OSAMU 公司经营者

善爱品牌
SHIPS、BEAMS、
ESTNATION

自由之丘必败点
B'2nd、无印良品、Green
Street

今日穿搭
BEAMS连帽外套搭休闲
服饰

家饰用品店&杂货铺

❶ IDEE SHOP Jiyugaoka

日本极具代表性的全方位居家用品店。

📧 从自由之丘站正面口往Gerbera通方向步行约3分钟
@ www.idee.co.jp

❷ CIBONE JIYUGAOKA with TMS

展售知名设计师作品的综合家饰店。

📧 从自由之丘站正面口往Gerbera通方向步行约5分钟
@ cibone.com

❸ ACTUS KIDS

高级居家品牌Actus的儿童馆。

📧 从自由之丘站正面口步行约3分钟，位于Trainchi后方
@ www.actus-interior.com

❹ 私の部屋

温馨十足的生活用品专卖店。

📧 从自由之丘站正面口往Sunset Alley方向步行约4分钟
@ www.watashinoheya.co.jp

❺ Laura Ashley

正统英格兰风时尚家饰店，在中国有代理商。

📧 从自由之丘站正面口往女神通上的服务中心方向步行约3分钟
@ www.laura-ashley.co.jp

❻ J-PERIOD

充满江户风情的生活用品店，器皿设计得饶有趣味。

📧 从自由之丘站南口步行约2分钟
@ www.j-period.com

❼ MOMO natural

自然乡村风家具店。

📧 从自由之丘站正面口往非洲菊通方向步行约5分钟
@ www.momo-natural.co.jp

❽ Timeless Comfort

广受知名作家与艺人喜爱的生活用品店。

📧 从自由之丘站正面口步行约3分钟，位于服务中心对面
@ www.timelesscomfort.com

❾ PYLONES by petitcoquin

法国人气杂货品牌日本创始店。

📧 从自由之丘站南口沿铁路边步行约2分钟，位于Trainchi 1F
@ www.petitcoquin-online.net

❿ HOTCH POTCH

拥有千余种商品的杂货天堂。

📧 从自由之丘站正面口步行约5分钟
@ www.rakuten.ne.jp/gold/hotch-potch

人气甜点&咖啡店

❶ Sweets Forest

　　东京最大的甜点主题餐厅。

🚃 从自由之丘站南口往绿道方向步行约5分钟

@ sweets-forest.com

❷ Momi & Toy

　　梦幻的可丽饼车。

🚃 从自由之丘站南口步行约2分钟，位于MELSA 2前

@ www.momiandtoy.com

❸ MONT-BLANC

　　日本最早诞生的蒙布朗甜点店，悠久历史的甜蜜滋味永留存。

🚃 从自由之丘站正面口往女神通方向步行约2分钟

@ www.mont-blanc.jp

❹ Mont St. Clair & ロール屋

　　天才制果师辻口博启的甜点店。

🚃 从自由之丘站正面口往非洲菊通方向步行约10分钟

@ www.ms-clair.co.jp

❺ 古桑庵

　　具有日本传统美的咖啡厅。

🚃 从自由之丘站正面口往洋兰通方向步行约7分钟

@ kosoan.co.jp

Tip

Thanks Nature Bus

在园艺店**Thanks Nature**前，提供循环在自由之丘站与购物区的免费巴士，从**12:00**开始，每**30**分钟一班，路线与时刻表可向自由之丘服务中心索取。

自由之丘服务中心

🚃 从自由之丘站正面口往非洲菊通方向步行约2分钟
📮 东京都目黑区自由が丘1-29-16
🕐 10:30~18:30
📞 03-5731-7274
@ www.jiyugaoka.or.jp

自由之丘正面口
自由之丘商圈起始处

非洲菊通
聚集了各式居家用品店与流行商店的主要街道

LA VITA
被喻为小威尼斯的欧风购物中心

💼 旅行秘诀

闲适愉快的散步时光就是自由之丘旅行的写照，建议避开周三前往，因为这一天大部分的店家都休息。自由之丘以车站为中心，周边的街道上有超多商店，2~3小时能逛完。从正面口出发，这一带主要是住宅区、精品小店与甜点店，你可以自由自在地逛街、品尝世界级的甜点或在露天咖啡座悠闲地发呆，这些都是不错的计划。南口则有**MELSA**、**Trainchi**、**Sweets Forest**等购物商场，呈现不同的时尚面貌。

| 自由之丘正面口 | 步行1分钟 → | 非洲菊通 | 步行7分钟 → | LA VITA | 步行1分钟 → | 熊野神社 | 步行1分钟 → | 洋兰通 |

女神通
从自由之丘百货店延伸出来的传统商店街

洋兰（cattleya）通
知名杂货铺与人气甜点店林立的主要商街

绿道（Green Street）
聚集了许多大众化品牌商店的美丽大道

熊野神社
主要奉祀日本神话中的伊邪那美神的古老神社

前往方式

　　从涩谷站搭乘私营电车前往自由之丘，请搭东急东横线，乘车时间约10分钟。除了一般区间电车，特急与急行列车也都会停靠自由之丘站。

私营铁道自由之丘站
· 东急东横线、东急大井町线

移动路径
· 涩谷站 → 东急东横线特急（7分钟，150日元）→ 自由之丘站
· 东京站 → JR京滨东北线 → 大井町站 → 东急大井町线（31分钟，310日元）→ 自由之丘站

3分钟	步行1分钟	步行5分钟	步行8分钟	步行3分钟
女神通	Sweets Forest	绿道	Trainchi	自由之丘南口

自由之丘站 正面口

　　走出车站即可看到一个小圆环广场，正对面有一尊自由之丘女神あをそら，非洲菊通、洋兰通、铃悬通（すずかけ通り）等主要商街以放射状向外延伸，是一片密集的杂货街。从自由之丘百货店旁起始的女神通与Hillside通上也有很多特色小店。

精致购物商场

Luz自由が丘

　　2009年7月开业的精品商场，8层楼高的商场只有20多家店家，包括精品厨具店Cuisine Habits、有机香皂专卖店Sabon、芬兰织品marimekko，以及服饰、美甲、美容与Afternoon Tea等多家餐厅。流行店家大多位于1F~2F。

- 从自由之丘站正面口往洋兰通方向步行约3分钟
- 东京都目黑区自由が丘2-9-6
- 11:00~20:00　📞 03-3282-3704
- @ www.luz-jiyugaoka.com

Tip

自由之丘百货店（自由が丘デパート）

　　创立于1953年，开创自由之丘购物商城历史的商业中心。设有生活杂货、金属、服饰、书店与餐厅等百余间商家，外观带有西洋风格，但内部的商店街却保留传统和风的装潢。

- 自由之丘站正面口右方
- 东京都目黑区自由が丘1-28-8
- 10:00~20:00（每周三休息）
- 03-3717-3131
- @ homepage1.nifty.com/jiyugaokadepart

❶ Liesse

让所有女性为之着迷的巴黎时尚精品商店，重现梦想中的奥黛莉·赫本风格，虽然价格不菲，但可以尝试这种优雅的法式气息。

📩 Luz 1F
@ www.melrose.co.jp/liesse/

❷ SABON

广受名人青睐的以色列香氛保养品牌，以身体清洁保养为主，销售由约500种死海盐制成的手工皂、磨砂去角质产品与乳液等，添加天然的香氛精油，让味道更迷人。

📩 Luz 1F
@ www.sabon.co.jp

❸ Afternoon Tea LIVING

以舒适生活为诉求的杂货&茶品店Afternoon Tea LIVING自由之丘2号店，专售品牌原创商品。

📩 Luz 2F @ www.afternoon-tea.net

❹ marimekko

创立于1951年，芬兰首屈一指的纤品布料设计品牌。服饰、家饰品、布料织品与包包等商品，均以亮眼色彩与时尚的设计风格赢得各地人士的喜爱。

📩 Luz 2F @ www.marimekko.jp

被喻为小意大利威尼斯的浪漫购物中心

LA VITA（ラ·ヴィータ）

仿造欧洲建筑中的石桥、流水、开放式的阳台，美丽浪漫，让人仿佛置身于威尼斯。它不仅是电视戏剧经常取景的地方，也是观光必来拍照的景点之一。内部设有瓷器大仓陶园、护肤指压SOS、宠物用品犬の生活等商店。

📧 从自由之丘站正面口往洋兰通方向步行约7分钟
✉ 东京都目黑区自由が丘2-8-3
🕐 11:00~20:00（不定期休息）
📞 03-3723-1881

日本主妇最憧憬的明星主妇生活

HAG O WaR

日本生活品位杂志"LEE"专属模特儿雅姬（Masaki）所创立的杂货小店"ハグ·オー·ワー"。1F是以棉麻布料所制作的自然风服饰，2F则是毛巾与厨房用品，展现温暖又自然的生活格调，以求顾客能持续地使用这些富有手感的制品，店内商品大多仅以简单的花朵图样点缀。

📧 从自由之丘站正面口往非洲菊通方向步行约4分钟
✉ 东京都目黑区自由が丘2-14-19
🕐 11:00~19:00（每周三休息）
📞 03-5729-7045
@ www.hugowar.com

优雅女性的最爱

DEAR

老板亲自远赴意大利挑选高级纯棉制作的高质感休闲服饰单品，包括Jil Sander、Lipo、D&G、Laccordo等品牌，在自由之丘共有3间分店，此外，LA VITA 2F是一间相当漂亮的咖啡厅Bar di Vino。

📧 从自由之丘站正面口往洋兰通方向步行约3分钟
✉ 东京都目黑区自由が丘2-9-10
🕐 11:00~19:30
📞 03-5701-8338
@ www.dear-corp.com

引领美国成衣市场的大咖品牌

Talbots

　　1990年以女士经典服饰、鞋子、配件风靡全美的Talbots在日本的第一家分店。充满古典气息的店面里，展售高级休闲服饰、礼服、大衣以及配件首饰，款式与尺寸也很齐全。

📍 从自由之丘站正面口步行约3分钟，位于洋兰通Laura Ashley后方
✉ 东京都目黑区自由が丘1-26-18チェスナットヒルズ1F
🕐 11:00~20:00（全年无休）
📞 03-3725-7600
@ www.talbots.co.jp

日本代表性全方位居家用品店

IDEE SHOP Jiyugaoka

　　于2008年3月在自由之丘开业的IDEE SHOP旗舰店，拥有达4层玻璃帷幕的超大规模，销售IDEE SHOP原创家具，以及从世界各国精选的杂货、布织品、儿童用品、文具、书籍等商品，内部特设咖啡厅与洋果子店。

📍 从自由之丘站正面口往非洲菊通方向步行约3分钟
✉ 东京都目黑区自由が丘2-16-29
🕐 11:00~20:00
📞 03-5701-7555
@ www.idee.co.jp/shop/jiyugaoka

展现舒适生活空间的人气杂货铺

私の部屋 自由が丘店

　　自1972年开业以来，就以高品位餐具、食器、文具以及家饰品赢得各界的喜爱。轻松自在的室内装潢与现代化的日本餐具与厨房用品，都是吸引人的最大原因。

📍 从自由之丘站正面口往Sunset Alley方向步行约4分钟
✉ 东京都目黑区自由が丘2-9-4
🕐 11:00~19:30
📞 03-3724-8021
@ www.watashinoheya.co.jp

高级全方位居家品牌ACTUS的儿童馆
ACTUS KIDS

居家用品名家ACTUS推出的儿童品牌，服饰、寝具、书桌等儿童专用商品一应俱全。印有可爱动物图样以及实用性十足的原创商品，展现出ACTUS的顶级品位。每到周末即开放2F的儿童绘画室与图书馆，也是招揽亲子顾客的利器。

✈ 从自由之丘站正面口步行约3分钟，位于Trainchi后方
✉ 东京都世田谷区奥泽5-28-1フィーノ自由が丘ビル1、2F
🕐 11:00~12:00（全年无休）
📞 03-5483-3456
@ www.actuskids.com

正统英格兰风格的时尚家饰店
Laura Ashley Home

英国品牌Laura Ashley的居家用品专卖店，承袭英国总店的装潢风格，印有优雅的花朵图样、设计沉稳大方的精选家具与各式餐具都很受欢迎。

✈ 从自由之丘站正面口往女神通上的服务中心方向步行约3分钟
✉ 东京都目黑区自由が丘1-26-18
🕐 11:00~20:00
📞 03-3724-0051
@ www.laura-ashley.co.jp

婴幼儿用品名家
familiar

1950年由4位女性创建的familiar，强调质量与质料，生产销售各式婴幼儿服饰和相关用品。除了原创服饰，还有史努比玩偶、各类进口婴儿用品、婴儿食品以及婴幼儿家具等丰富的商品。自由之丘2号店尺寸为50~90的婴幼儿商品齐全，而正面口1号店则有较多尺寸为80~140的商品。

✈ 从自由之丘站正面口往非洲菊通方向步行约3分钟
✉ 东京都目黑区自由が丘1-7-15
🕐 11:00~19:00（每月第二个周一休息）
📞 03-3717-6667
@ www.familiar.co.jp

简单朴实的自然风家具

MOMO natural 自由が丘店

　　用木头、陶土、五金等天然素材制成的乡村风家具与生活用品，随性地将小物挂在刷白的墙壁上、餐桌摆放着手作餐垫、玄关与楼梯间以原木层板摆设植栽、用天然棉麻素材制成的织品等，无论是从陈设还是细节方面，都能感受到店长的巧思。

📧 从自由之丘站正面口往非洲菊通方向步行约5分钟
✉️ 东京都目黑区自由が丘2-17-1 1F
🕐 11:00~20:00　📞 03-3725-5120
@ www.momo-natural.co.jp

充满温度的手作家具店

UNIQ区

　　自1999年开业以来，以自然又高级的原木制品闻名。使用日本生产的素材、保留原味的设计感与功能性。由于是工厂直营，因此开放订制服务，质量有保证，价格也相当便宜。

📧 从自由之丘站正面口往枫树街（Maple Street）方向步行约3分钟
✉️ 东京都目黑区自由が丘3-7-5
🕐 10:30~19:30（全年无休）
📞 03-3723-6111

严选国内百大制造商的千余种杂货天堂

HOTCH POTCH

　　经常被各界媒体报道的人气杂货铺，专售来自世界各国的杂货小物。家饰、文具以及3C事务用品都很受欢迎。

📧 从自由之丘站正面口步行约5分钟
✉️ 东京都目黑区自由ヶ丘1-26-20
🕐 11:00~20:00
📞 03-3717-6911
@ www.rakuten.ne.jp/gold/hotch-potch

澳大利亚天然香氛品牌

JURLIQUE

　　这间典雅的欧式建筑就是国际闻名的澳大利亚品牌JURLIQUE自由之丘分店。旗下所有肌肤保养商品均采用澳大利亚南部的农家所生产的花卉与草本素材，制成天然植物修护功效的有机制品，还有遵循欧洲传统疗法的Aesthe Salon。

🚉 从自由之丘站正面口往洋兰通方向步行约4分钟
🏠 东京都目黑区自由が丘2-8-5　🕐 12:00~20:00
📞 03-3718-8006　@ www.jurlique-japan.com

正统巴黎风格杂货用品店

Quatre Saisons Tokyo（キャトル·セゾン·トキオ）

　　1968年创立于巴黎，专营陶瓷餐具与生活杂货的知名商店，店内陈设简约大方，采用法国高级杨柳制造的提篮、充满异国风情的马克杯，以及欧制餐具均是主力商品。

🚉 从自由之丘站正面口往Sunset Alley方向步行约4分钟
🏠 东京都目黑区自由が丘2-9-3　🕐 11:00~19:30
📞 03-3725-8590　@ www.quatresaisons.co.jp

Quatre Saisons Tokyo

创立于1976年的音乐盒老店

DOREMI（ドレミ）

　　从日本Sankyo的高音质产品到瑞士REUGE制品，在占地40平方米的店面中展售了千余种八音盒、珠宝盒、相框、壁挂、娃娃、钥匙圈，以及吉卜力工作室与迪士尼人物周围商品。手动音乐盒630日元起。

🚉 从自由之丘站正面口往非洲菊通方向步行约2分钟
🏠 东京都目黑区自由が丘2-11-20 大木ビル2F
🕐 12:00~19:00（每周三，每月第一、三个周二休息）
📞 03-3724-9320　@ home.d00.itscom.net/doremi-j

古色古香的传统和风茶坊

古桑庵

位于幽静的住宅区内，其中设有莲花池，充满了日本传统风貌。原是玩偶达人渡边芙久子私宅的茶坊古桑庵，在别院的艺廊中也能欣赏到她的作品。人气商品有传统甜品馅蜜（あんみつ）与抹茶组（800日元）等。

📧 从自由之丘站正面口往洋兰通方向步行约7分钟
📮 东京都目黑区自由が丘1-24-23　🕐 11:00~18:30（每周三休息）
📞 03-3718-4203　@ kosoan.co.jp/

天才制果师的法式甜点专卖店

Mont St. Clair（モンサンクレール）

由曾在美食竞赛中获奖无数、拥有傲人经历的天才制果师辻口博启开设的法式甜点专卖店。因为广受明星喜爱且经常登上媒体而声名大噪。店内共有180多种甜点，受季节限制的法国手工饼干约100日元起、草莓慕斯蛋糕约500日元。

📧 从自由之丘站正面口往非洲菊通方向步行约10分钟
📮 东京都目黑区自由が丘2－22－4、
🕐 11:00~19:00（每周三、每月第三个周二休息）
📞 03-3718-5200　@ www.ms-clair.co.jp

令人满足的瑞士卷专卖店

自由が丘ロール屋

由日本甜点师傅辻口博启所开设的自由が丘ロール屋，是一家专卖瑞士卷的蛋糕店，选用新鲜鸡蛋与当季水果等食材来制作，滋味简单却又令人回味。目前只提供外带服务。

📧 从自由之丘站正面口往自由通方向步行约8分钟
📮 东京都目黑区自由ヶ丘1-23-2
🕐 11:00~19:00（每周三、每月第三个周二休息）
📞 03-3725-3055
@ www.jiyugaoka-rollya.jp

蒙布朗绝佳的层次口感

MONT-BLANC

1933年开业的MONT-BLANC是日本蒙布朗甜点的创始者，也是自由之丘历史悠久的制果名店。提供蒙布朗、马卡龙、手工饼干以及当季蛋糕。蒙布朗约440日元。

📧 从自由之丘站正面口往女神通方向步行约2分钟
📮 东京都目黑区自由が丘1－29－3
🕐 10:00~20:00（每周二休息）
📞 03-3723-1181　@ www.mont-blanc.jp

自由之丘站 南口

　　自由之丘南口前是一条充满绿意的欧风商店街，潮流商场MELSA以及GAP、无印良品、J-PERIOD、franc franc、Afternoon Tea LIVING等品牌商店都集中在Green Street（九品佛川绿道），构成了一条充满绿荫的休憩与购物大道。

意大利服饰品牌

Diffusione Tessile

　　意大利服饰品牌Max Mara集团的折扣精品店，连Sport Max等旗下系列品牌商品也一应俱全。大衣7~6折、套装5折等，超优惠的价格吸引了不少邻近地区的女士。

✉ 从自由之丘站南口往绿道方向步行约2分钟
🏠 东京都世田谷区奥泽5-27-17プロヴェール自由が丘
🕐 11:30~20:00（每月第2个周三休息）
📞 03-5731-8651　@ www.diffusionetessile.co.jp

东京型男服饰在这里

B'2nd

　　日本知名服饰品牌B'2nd引领了东京型男潮流，原创品牌与各国进口商品广受20~60岁各年龄层男士的喜爱，高质感的休闲服饰颇受舞台剧演员及演艺名人青睐。衬衫约10000日元。

✉ 从自由之丘站南口步行约3分钟，位于MELSA旁边
🏠 东京都目黑区自由が丘1-8-3
🕐 11:30~20:30　📞 03-3358-3978
@ www.b-2nd.com

 Special

自由之丘潮流核心

MELSA

1983年目设立在美丽的绿荫大道Green Street的MELSA百货，全区分为PART I与PART II两馆，有各式商店，包括书店、美容&Spa、餐厅等共25家店铺。年末也会推出打折活动哦！

📧 从自由之丘站南口步行约1分钟

📮 东京都目黑区自由が丘1-8-21　🕚 11:00~20:00

📞 03-3724-6611　@ www.melsa.co.jp/jiyuoka.html

❶ UNIQLO

日本国民品牌UNIQLO女装专门店。　📍 PART I 2F

❷ earth music & ecology

自然系美少女宫崎葵代言的人气女装品牌。

📍 PART II 1F　@ www.earth1999.jp

❸ NOLLEY'S

专为摩登都会女性设计的人气品牌，以高质感素材与细腻的做工而闻名。　📍 PART II 1F　@ www.nolleys.co.jp

❹ maggymaggy

让轻熟女也能俏皮可爱的优雅风服饰。

📍 PART II 1F　@ www.ginzamaggy.com

❺ 山野乐器

销售J-Pop、K-Pop、爵士、古典等各类型CD、DVD，同时也卖各式乐器。

📍 PART II B1　@ www.yamano-music.co.jp

❻ BOOK 1ST

占地约330平方米，从最新书籍到生活工具书应有尽有的大规模书店。

📍 PART I B1　@ www.book1St.net

承袭日本传统美学的生活用品店

J-PERIOD

　　融合日本古典美与现代艺术设计的和风商品，不受时代潮流左右的日本精神，正是J-PERIOD品牌的最大特色。外观与功能兼具的餐具、食器、筷子等生活用品，让现代人能拥有崭新舒适的生活模式。宽广的店面以木制品装饰，呈现出自然风貌，入口摆设的长椅也充满日本风情。

📷 从自由之丘站南口步行约2分钟
✉ 东京都世田谷区奥泽5-26-4
🕐 11:00~20:00（不定期休息）　📞 03-5731-6421
@ www.j-period.com

北欧风格的杂货宝库

EINSHOP

　　"即使一百年后也不褪色"，店内备有由质感独特的布料制成的杂货小物，比如以花卉图样闻名的Cath Kidston。以销售马克杯与户外野餐用品为主，还有欧洲进口的木制玩偶、玩具、浪漫的造型蜡烛，以及各类精致生活用品。特别是儿童用品，成为最受欢迎的送礼首选！

📷 从自由之丘站南口步行约3分钟
✉ 东京都目黑区自由丘2-14-15
🕐 11:00~19:30
📞 03-5731-8946
@ www.einshop.jp

梦幻的可丽饼车

Momi&Toy's
（とろけるクレープ）

　　创立仅两年就突破全日本销售纪录的行动式可丽饼专卖店。入口即化的口感、香柔绵密的鸡蛋香、搭配核桃与水果等配料，26种口味都值得一试。受季节限定的口味与火腿奶酪口味最具人气，每份约250日元起。

📷 从自由之丘站南口步行约2分钟，位于MELSA PART II旁
✉ 东京都目黑区自由が丘1-8-19 メルサ自由が丘パート2
🕐 10:30~20:00
📞 070-5043-0730
@ www.momiandtoy.com

多元购物商场

Trainchi（トレインチ）

在2006年10月开业的Trainchi，是位于铁道旁边的小型商场，共有两层楼，进驻了13家流行小店，包括：食品杂货DeLi、欧美杂货Pylones、手作商品店Arrivee et Depart以及Karel Capek山田诗子红茶店等知名店铺。

🚉 从自由之丘站南口沿铁道边步行约2分钟　📍 东京都目黑区自由之丘2-13-1
🕐 10:00~20:00　📞 03-3477-0109　@ trainchi.jp

❶ PYLONES by petitcoquin

法国人气杂货品牌首次进军日本的直营店。五彩缤纷的巴黎风杂货、充满童趣感的厨房小物，为生活带来无限的乐趣。

✉ Trainchi 1F
@ www.petitcoquin.net

❷ Natural Kitchen

打造自然的家居风格，满足顾客对园艺、居家、卫浴、厨房等全方位需求的生活用品专卖店。

✉ Trainchi 2F
@ www.natural-kitchen.jp

❸ d-couture

以典雅的设计闻名的高级首饰专卖店。在仿造法国女性公寓形象打造的店面中，展售各式品位绝佳的流行配件与家饰品。

✉ Trainchi 1F
@ www.d-couture.jp

❹ Karel Capek

极力推荐！日本知名绘本作家山田诗子开设的红茶专卖店。香气四溢的茶叶商品、食器、绘本、甜点、礼盒等精致商品，让你一次购足！店内可爱又富有童趣的摆设让人印象深刻。

✉ Trainchi 2F
@ www.karelcapek.co.jp

❺ Atelier niki tiki（アトリエ ニキティキ）

不只小朋友喜欢，大人也乐在其中！主要销售从德国、瑞士等欧洲国家进口的木制玩具与工艺品。

✉ Trainchi 2F
@ www.nikitiki.co.jp

东京首创的甜品主题园区

自由が丘スイーツフォレスト

Sweets Forest自2003年11月开业以来，深受甜点爱好者的喜爱，更是东京第一家以甜点为主题的美食餐厅。店面总共3层，在宛如童话故事场景般的店内，能一次品尝到无数在各种美食竞赛中获奖的极品甜点，以及欧洲甜点名店制果师傅的得意之作。入口处有每位主厨的介绍，还销售一些非常可爱的纪念品。

- 从自由之丘站南口往绿道方向步行约5分钟
- 东京都目黑区绿が丘2-25-7
- 10:00~20:00（全年无休）
- 03-5731-6600
- 免费入场
- www.sweets-forest.com

❶ Le Souffle

开业于1985年，是作品曾被誉为"神的舒芙蕾"的制果师永井春男在广尾町开设的日本唯一一家舒芙蕾专卖店。覆盆子舒芙蕾约1050日元。

✉ Sweets Forest 2F

❷ HONG KONG SWEETS 果香

大量使用当季水果的港式甜品&饮品专卖店。将地道港式风味融入日本口味，是风貌崭新的亚洲系甜品。其中以鲜艳欲滴的樱桃、当季鲜果搭配糖浆，完美的绝佳滋味"九龙"为店内招牌，约380日元。

✉ Sweets Forest 2F

❸ Merci Crepe

由1970年于法国名店累积了相当经验，回国时将正统法式风味一一传回日本的甜点界先驱"Malmaison"大山荣藏师傅开设的可丽饼专卖店。其中以用法国盐与比利时焦糖制成的可丽饼皮，加上丰富多样的水果与配料的Fruits rouges为店内人气商品，约880日元。

✉ Sweets Forest 2F

❹ Koyuki-ANN

2007年在镰仓地区开设一号店的日本第一家客制甜点专卖店，由女性制果师傅堀内宏美创立。除了能享有专属甜品，以莓果奶油、芒果、梨子、奇异果作为配料，散发酸甜滋味与新鲜香气的新式水果冻campagne也是相当受欢迎的招牌商品，约580日元。

❺ cuoca shop

展售2000余种烘焙材料与工具的大型卖场。除了可以让顾客亲自试用大师级人物所使用的工具，店内还特设了日本首创的巧克力储藏窖，同时销售知名制果师傅爱用的cacao等原料。此外，示范厨房中每周还会举办制果烹饪教室。 ✉ 1F

❻ PLATINO自由が丘テラス

精巧的休闲意式露天咖啡餐厅PLATINO，以零负担的价格提供正统风味料理与各类甜品。曾在意大利名家累积实力的师傅田势克也亲手制作的900日元主厨午餐，是最受欢迎的招牌商品。 ✉ 3F

UENO
上野

上野恩赐公园是日本第一座国家公园，公园内设有博物馆、美术馆与动物园，是东京居民生活休闲的最佳去处。林立着许多从江户时代留传至今的传统店铺的广小路，以及盘踞在JR上野站到御徒町站之间的阿美横町，都是观光客最爱的著名景点。每年的4月1日~15日举办樱花祭活动，这时上野公园总会挤满了人。邻近的东京国家博物馆、国家科学博物馆、国家西洋美术馆以及东京都美术馆也都适合全家同游。

上野

以大众商圈闻名，超划算的血拼地点。上野车站附近有OIOI丸井与松坂屋（Matsuzakaya）百货、玩具专卖店山城（Yamashiroya）与多庆屋等，千万不能错过的就是阿美横町（アメ横），这里的药妆店、美食、平价服饰、运动用品都比原宿或涩谷的便宜许多，很适合精打细算的血拼族。

01 让上野站变得很好逛的atreアトレ

2002年12月，与上野车站相连的atre（アトレ）开业了，以"Fusion Square"概念引进适合20~40岁女性的流行服饰、杂货小物、美食餐厅与咖啡厅等共50余家店铺，包括Hard Rock cafe、Peach John、LAZY SUSAN、Afternoon Tea LIVING等知名品牌，满足所有消费者的需求。

02 以超低价取胜的运动品牌宝库

除了便宜的药妆店，上野另一个购物重点就是运动用品与球鞋！ABC-MART本店更以超低折扣销售Nike、Adidas、Asics等知名运动品牌的服饰与球鞋，在此还能找到日本限定款，是爱好运动者绝对不容错过的必败点！

❶ 球鞋天堂ABC-MART 本店
❷ 拥有40多年历史的休闲鞋店 mita sneakers SWITCH STANCE
❸ 备齐足球、棒球等专业运动用品的特价商店 SPORTS ZYUEN
❹ 破盘价运动服饰专卖店London Sport（ロンドンスポーツ）

上野atre

Ameya横町市场

03 超划算！东京最便宜的药妆店

销售药品、彩妆与食品等生活必需品的日本药妆店Drug Store，即使是同一种商品，每个地区的售价也不一样，但日本境内最便宜的药妆店一定在上野。阿美横町一带聚集了OS Drug、KoKuMin Drug（コクミンドラッグ）、松本清（マツモトキヨシ）等药妆店，消费者购买前最好先货比三家，这样才不会吃亏。御徒町站北侧附近有很多美妆店，有点像中国的地下商街，以5~8折的优惠价销售资生堂、香奈儿、SK-Ⅱ等知名品牌化妆品与香水等，不过可能无法期待亲切热情的服务哦。

04 东京人与观光客都爱挖宝的特惠卖场

位于御徒町站附近的综合特卖商场多庆屋，其人气秘诀就是"便宜"！举凡3C、家居、食品、化妆品、生活杂货等商品，一应俱全。零食、泡面、啤酒等食品类，以及牙刷、牙膏、洗发精、染发剂等生活用品，甚至比阿美横町还便宜。

❶ 自1950年创立以来就持续受到好评的多庆屋自牌咖啡500ml / 810日元。
❷ 资生堂美容饮ザ·コラーゲン50ml×10瓶 / 约2000日元。
❸ KYOCERA陶瓷料理刀14cm / 约3280日元。
❹ Joseph Joseph彩绘砧板1580日元。

松本清
多庆屋

国立西洋美术馆
日本极具代表性的美术展场

不忍池（しのばずのいけ）
占地110万平方米的荷花池，是上野公园著名的地标

上野公园 东京最大的公园

旅行秘诀

从JR上野站公园口可前往上野公园与atre购物中心，广小路口（4~6号出口）则是OIOI丸井百货与阿美横町，仲御徒町站3号出口是多庆屋上野御徒町站，2号出口是松坂屋，距离车站并不远，也可以先到上野公园，再步行至其他景点。别有风情的上野地区，亲切平实的价格是最无可抵抗的魅力。

移动路径

- 东京站 → JR山手线（7分钟，150日元）→ 上野站
- 新宿站 → JR山手线（25分钟，190日元）→ 上野站
- 六本木站 → 东京地铁日比谷线（26分钟，190日元）→ 上野站
- 成田国际机场 → 京成本线（75分钟，1000日元）→ 上野站
- 成田国际机场 → SKY Liner（60分钟，1920日元）→ 上野站

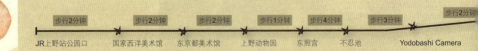

JR上野站公园口	国家西洋美术馆	东京都美术馆	上野动物园	东照宫	不忍池	Yodobashi Camera
步行2分钟	步行2分钟	步行2分钟	步行1分钟	步行4分钟	步行3分钟	步行2分钟

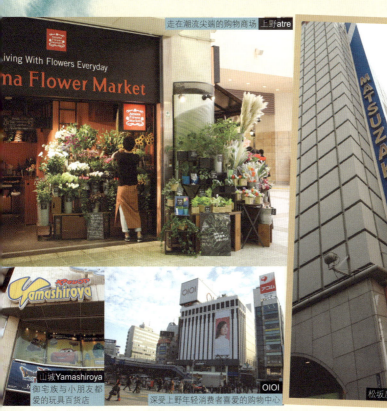

走在潮流尖端的购物商场 上野atre

山城Yamashiroya
御宅族与小朋友都
爱的玩具百货店

OIOI
深受上野年轻消费者喜爱的购物中心

松坂屋 上野女性的最爱

🔷 前往方式

　　从东京市区前往上野最便利的方式是在JR上野站或JR御徒町站下车。若搭乘地铁银座线，可方便前往银座或浅草地区；从成田机场搭乘京成电车最划算，SKY Liner则最快，但费用较高。

JR上野站
· 山手线、京滨东北线、常盘线、宇都宫线

地铁上野站
· 银座线、日比谷线

JR御徒町站
· 山手线、京滨东北线

私营电车京成上野站
· 京成本线

| 步行1分钟 | 步行1分钟 | 步行2分钟 | 步行5分钟 | 步行5分钟 | 步行1分钟 |

上野atre　　山城玩具　　0101　　阿美横町　　松坂屋　　多庆屋　　JR御徒町站

上野站

　　以JR上野站为中心，车站连接着atre购物中心，往公园口出站后周边是OIOI丸井百货、山城玩具以及上野公园。

★ Special

上野车站的新主角

atre アトレ上野

　　与日本东北地区的JR上野站连接，让原本人烟稀少的上野摇身一变成为全新的潮流购物商圈。以JR上野站中央检票口为分界点，分为Retro馆（レトロ馆）与七番街，聚集了女性服饰、咖啡厅与人气餐厅。

📧 与JR上野站中央口相接
🏠 东京都台东区上野7-1-1　　🕐 10:00~21:00
📞 03-5826-5811　　@ www.atre.co.jp

❶ NATURAL BEAUTY BASIC

崇尚自然而实用的女装品牌，为27~33岁女性量身打造的高质感服饰，流行又不失优雅。

✉ 七番街1F
@ www.naturalbeautybasic.com

❷ FREE'S SHOP

以欧美风格为主的女性服饰品牌FREE'S SHOP，近年来跃升为日本女孩必逛的指标店家之一！甜美个性的单品是成功要诀，也是人气明星土屋安娜的私着。

✉ 七番街1F
@ www.frees-shop.com

❸ BISES OPAQUE

年轻潮流人士喜爱的知名品牌OPAQUE，展售国内高级品牌的最新潮流商品。

✉ 七番街1F
@ www.world.co.jp/bisesopaque

❹ PEACH JOHN

从网购通路蹿红的连锁少女内衣专卖店，以青春洋溢与大方性感为主要诉求。

✉ 七番街1F
@ www.peachjohn.co.jp

❺ united arrows green label relaxing

日本品牌United Arrows的副牌，Relax Style生活时尚单品，兼顾环保概念与质感。

✉ 七番街1F
@ www.green-label-relaxing.jp

❻ Hard Rock CAFE

全球超过百间连锁店的知名主题餐厅，地道的美式料理与LOGO潮T都很受欢迎。

✉ レトロ馆1F
@ www.hardrockjapan.com

❼ KALDI COFFEE FARM

采用原装进口的咖啡豆，以独创的烘焙法制成。也有其他食材、香料与红酒等相关产品。

✉ レトロ馆B1
@ www.kaldi.co.jp

大型玩具百货店
山城（ヤマシロヤ）

上野车站中央口对面的山城（Yamashiroya）玩具，从B1~6F尽是最新、最流行的玩具，不管是派对用品、游戏软件、卡通人物相关商品、儿童玩具、进口杂货、各种公仔还是组合模型，你想得到的应有尽有。

🚃 位于JR上野站中央口对面
📍 东京都台东区上野6-14-6
🕐 10:00~21:30（全年无休）
📞 03-3831-2320
@ www.e-yamashiroya.com

重机迷的寻宝天地
Bike Street（バイク街）

从上野站中央口沿着通往入谷方向的昭和通前进，会看见一家重机商品专卖店Bike Street。这里有国内外新型重机、二手重机，也有安全帽、靴子、防摔裤等产品，满足重机爱好者的需求。

🚃 从JR上野站入谷口步行约2分钟

上野最值得一逛的景点
阿美横町（アメヤ横町）

与JR上野站御徒町站相通的阿美横町，除了是东京民众平常采买生鲜食品的传统市场，还聚集了500多家销售平价服饰、药妆、鞋子、饰品配件等物品的商店，便宜的价格吸引了大量观光客前来采买零食与药妆。每当年末，市场内就会挤满前来办年货的人们，因而成为过年期间电视节目报道的对象。现在少了许多销售生鲜海产的店家，增加了许多运动用品店与药妆店。

🚃 从JR上野站中央口步行约2分钟；从御徒町站北口则步行约1分钟
🕐 10:00~20:00（各店铺不一）
📞 03-3832-5053
@ www.ameyoko.net

• 阿美横町老街完整介绍请见P.322

御徒町一带

从上野车站穿过阿美横町市场之后，就能来到JR御商店徒町站一带。这里聚集了各种美食餐厅、居酒屋与潮流商店，其中最具代表性的商店包括多庆屋、松坂屋以及珠宝城（P.354）。

单日突破3万人次的百货量贩店

多慶屋

全年均以超低价销售家电、居家用品、食品、酒类、化妆品、杂货的大型综合特卖商场，成立于1947年，是日本第一家折扣商店，因为东西实在太便宜了，不仅在上野商圈有着举足轻重的地位，也是观光客必去的观光景点。全区分为本馆AB栋、家具馆、杂货馆、女人馆、商品仓储区、专属停车场等馆。部分家电比秋叶原卖得还便宜，有些零食也比阿美横町便宜。消费只收日币现金，可退税。

📧 从御徒町站北口步行约2分钟；从JR上野站中央口则需步行约7分钟
🏠 东京都台东区台东4-33-2　🕐 10:00~20:00（每月第3个周三休息）
📞 03-3835-7777　@ www.takeya.co.jp

家庭式百货公司

吉池

创立拥有90年悠久历史的吉池百货，B1~8F分别销售蔬果生鲜食品、服饰、生活杂货等，并设有餐厅，适合全家大小一起来逛。2F设有展售逾25000种日本酒与红酒的酒类专区，4F则是主妇最爱的百元商店。

📧 与御徒町站北口相接　🏠 东京都台东区上野3-27-12　🕐 10:00~20:00
📞 03-3837-0141　@ www.yoshiike-group.co.jp

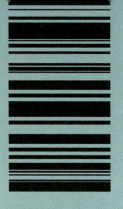

Part 3
THEME SHOPPING IN TOKYO
主题购物在东京

Theme Street

日本最古老的商店街

浅草仲见世通り

饭田桥神乐坂

日暮里谷中银座

活力四射的传统集市

浅草合羽桥道具街

上野阿美横

筑地市场

巢鸭地藏通

动漫迷的天堂

秋叶原电气街

池袋乙女ロード

中野百老汇（中野ブロードウェイ）

名牌大街

丸の内仲通り

专业珠宝商城

御徒町ジュエリータウン

乐器、书籍、运动用品天堂

神田＆御茶之水

日本最古老的商店街 —— 1
浅草仲见世通り

完整保留日本历史的浅草传统老街——仲见世通り[1]，是通往浅草寺的商店街。起始处是声名远播的"雷门（かみなりもん）"，充满江户风情的热闹商街上有许多传统老店，包括人形烧、仙贝、煎饼、日本工艺品、纪念品、玩具等80多家商店。可以随着拉着人力车的年轻小伙子洪亮有力的嗓音来一场老街巡礼，在繁华的老街中一览浅草的风貌。每年5月的第三个周末会举办"三社祭"[2]，以及1月1日的"初诣"[3]新年参拜，都是值得推荐的旅游时间点。

1. 仲见世，是指寺院或神社内的商店，而通往寺院或神社的道路称为"参道"，设立在道路两旁的多家商店，被称为"仲见世通り"。日本各地有不同的"仲见世通り"，浅草仲见世通り是日本最古老的商店街，也是最具东京下町风情的观光胜地。

2. 三社祭：日本三大祭典之一，宛如嘉年华的游行祭典活动，10:00开始，详情请参考http：//www.sanja.jp/

3. 日本新年习俗，规定人们必须到神社参拜，而1月5日是"成人の日"，在寺庙、神社里都能看到穿着美丽和服的20岁女子。

🚩 前往方式

- 东京地铁银座线浅草站1号出口，步行约1分钟
- 由私营电车东武伊势崎线浅草站6号出口，步行约1分钟
- 由新都市铁道筑波快线（つくばエクスプレス）浅草站A1出口，步行约5分钟
- 由水上巴士浅草码头（从台场或日の出栈桥码头出发）步行约3分钟

🧳 旅行秘诀

　　浅草地区的核心商街就是从雷门一路延伸到浅草寺的仲见世通り，短短300米长的街道上有好吃的日式传统甜点店、和风纪念品店、玩具店、百元商店以及药妆店等商店，总是挤满了观光客。此外，浅草车站附近的购物景点包括松屋百货及ROX；邻近浅草西侧的合羽桥道具街是著名的烹饪用品商店街，食材、烘焙工具、包装小物、食品模型等料理用品，都能在这里找到。从浅草步行约20分钟即可到达，或搭乘地铁至田原町站，可以纳入旅游行程。

➕ TIP

1. 仲见世通り：浅草寺雷门附近有穿着传统服饰的人力车，可绕行浅草寺周围观光，10分钟收费约3000日元起（两人）。　@ www.asakusa-nakamise.jp

2. 水上巴士Himiko：以日本动画"宇宙战舰大和号"、"银河铁道999"松本零士作品的造型为灵感，设计出流线造型的未来型水上巴士Himiko。一进船内就能看到"银河铁道999"中的铁郎、梅德尔以及列车长等卡通人物广告牌，令人备感亲切。票价比一般水上巴士贵300日元，是浅草往返台场最佳的交通工具。

➡ 由地铁银座线浅草站5号出口步行约1分钟，即可抵达浅草码头
🕐 9:00~17:00（路线与时刻请上官网查询）
💴 浅草→台场1520日元/台场→日の出栈桥760日元/日の出栈桥→浅草1060日元　@ www.suijobus.co.jp

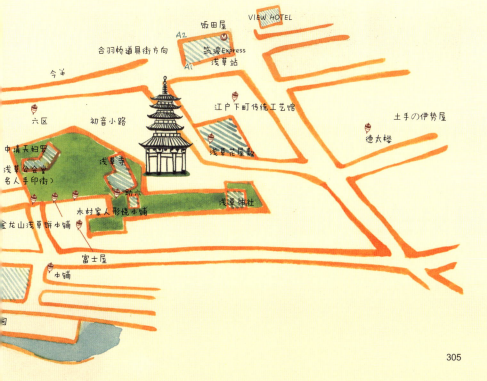

仲见世通り

　　日本知名的传统老街，充满日本江户时代的风貌。

隅田川

　　贯穿东京市区，长23.5公里的一级河川，节庆时经常在开满樱花的堤防燃放烟火。

浅草寺

　　东京最古老的神社，是市民们的信仰中心。

@ www.senso-ji.jp

雷门

　　悬挂在浅草寺入口的大红灯笼，是浅草的象征物。

六区

　　表演相声与传统戏曲的艺文大道。

江戸下町传统工艺馆

　　拥有逾370种品项的传统工艺博物馆。

浅草公会堂

　　浅草公会堂外的石阶上有导演北野武及多位知名演员的手印。

@ www.taitocity.net/taito/koukaidou

**花屋敷
（花やしき）**

　　1853年开业的传统主题园区，具有复古气息的游乐园。

@ www.hanayashiki.net

演艺Hall

　　从大正时代就存在的落语（单人演出的日本传统喜剧）以及漫才（单口相声）公演场，是浅草地区极具代表性的娱乐殿堂。

初音小路

　　巷弄中聚集了许多淳朴的居酒屋与路边小贩，以浅草为背景的电影或戏剧一定会来此拍摄。

浅草ROX

　　集合了流行服饰、书店、餐厅、游戏区以及健康设施的复合式购物中心。百元商店内的儿童玩具最具人气。

@ www.rox.co.jp

浅草松屋

　　拥有140年悠久历史的松屋百货浅草店。

木村家人形烧本铺

　　松软绵密的蛋糕里放入100%的北海道红豆馅，制成雷门灯笼、雷神像及五重塔等造型的人形烧专卖店。现场手工烘烤，享受温暖的甜蜜滋味。

🕐 9:30~18:00

常盘堂雷お古し本铺

　　拥有250年历史的知名老店，销售人形烧、米果、生果子等多种古早味零食，恒久不变的美味让顾客络绎不绝。

🕐 9:00~21:00
@ www.tokiwado.com

金龙山浅草饼本铺

　　创立于1675年，是浅草地区历史最悠久的饼铺。包满红豆馅的炸馒头（揚げまんじゅう）与红豆糯米糕最具人气。

🕐 9:00~17:30

富士屋（ふじ屋）

　　位于仲见世通旁的Metro通（メトロ通り）上的手帕专卖店，小小的店里充满了具有怀旧风情的日式手帕，包括传统浮世绘、樱花等多种款式，很适合作为赠礼。

🕐 10:00~19:00

徳太楼

创立于1903年的和果子专卖店，其中以薄薄的面皮包裹满满的红豆泥的金锷烧（きんつば）最具代表性。店家采用北海道十胜地区生产的红豆，将食材以巧妙的比例融合，制成多种手作甜品。

🕐 10:00~18:00（每周一休息）

やま吉

位于雷门通上的日本传统陶瓷专卖店。除了有田烧、清水烧等知名陶器外，也有江户式玻璃工艺品。以平价的生活陶器与日本茶器组最受欢迎。

🕐 10:00~21:00

江户趣味小玩具助六

展售动物玩偶、江户时代人物公仔等各式传统摆饰品的老店，人气商品是犬张子（犬はりこ）。

🕐 10:00~18:00

龟十

创立于大正时代的果子店，店内的招牌商品是现做的铜锣烧，虽然外观不起眼，但恰到好处的甜度与绵密的红豆馅非常好吃。

🕐 10:00~20:30

浅草提灯最中（浅草ちょうちんもなか）

"最中"是日本特有的和果子，饼皮采用100%的日产糯米烘烤而成，内馅可夹入红豆泥或是冰淇淋。

🕐 10:00~18:00
@ www.cyouchin-monaka.com

新仲见世CAROL

经常登上电视报道的超低价鞋子专卖店，从少女流行鞋款、男士皮鞋到适合银发族的舒适平底鞋等，应有尽有。

🕐 10:00~19:00

日本最古老的商店街 —— 2

饭田桥神乐坂

4. 料亭是指高级的日本料理餐厅，早期可欣赏到传统艺伎表演，不过需要透过熟客引荐才能得以一窥堂奥。在此可接触到料理、食器、工艺品、音乐等各种精致的日本传统文化。

神乐坂保存了江户时代的历史风情，幽静的老街、民房与寺院、充满怀旧风情的石板路，让人仿佛置身于小京都之中。在神乐坂车站前的神乐坂通（神乐坂通り）有餐厅、茶坊、古货店等各式店铺，无论是散发着高级感的料亭⁴文化的艺者新道，还是隐藏于巷弄中的法式、意式餐厅，都因为特殊的风貌与异国风情而经常登上杂志与媒体报道。在赤城神社祭与每年7月底举办的神乐坂祭期间，以及每年春天外堀通上的樱花纷飞漫舞时，整个社区都会涌入大批的观光客。

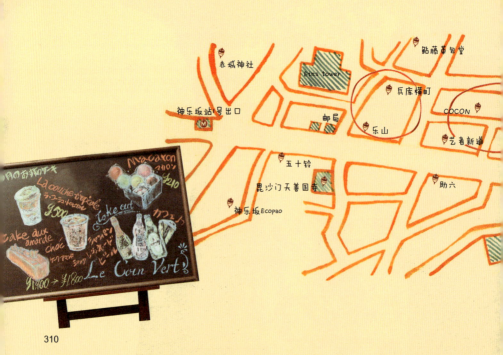

🚆 前往方式

- 东京地铁东西线神乐坂站1号出口前
- 由JR中央、总武线饭田桥站西口步行约3分钟
- 东京地铁东西线、有乐町线、南北线、都营地铁大江户线饭田桥站B3出口前

🚩 旅行秘诀

　　神乐坂一带是古典型的小社区，从JR饭田桥站沿着主要干道神乐坂通商街，参观坐落于四周的艺者新道、毘沙门天善国寺等象征性名胜，只需1~2小时。虽然没有潮流商店，但是可以在充满特色的咖啡厅与餐厅中度过悠闲的度假时光。

➕ TIP

　　神乐坂通是一条单行道，会依据时段调整通行方向。上午开放由神乐坂车站去往饭田桥车站方向的下坡路段，下午则开放反方向的上坡道。虽然行人可能没什么感觉，但这是东京市内独一无二的交通系统。此外，部分路段在星期日会禁止车辆通行，成为步行者的天堂。

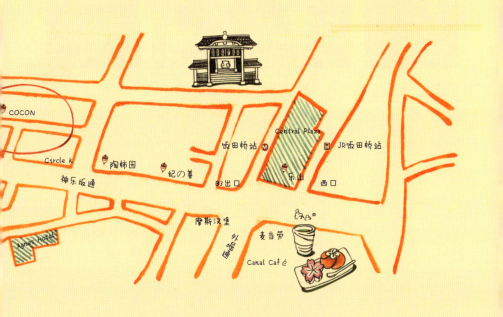

1

毗沙门天善国寺

善国寺创立于1595年，是神乐坂地区的名胜古迹。

2

兵库横町

保留神乐坂悠久历史的老街，于1997年获选"新宿最美的观光景点"，更是电影与日剧取景的热门景点。

3

艺者新道

日本名流界的名所，高级料亭师傅们曾在此交流的古老小巷。

4

赤城神社

拥有450余年历史的神社，是神乐坂地区隐藏版的休憩场所。内部设有咖啡厅、幼儿园与艺廊等。

5

神乐坂Ecopao（神楽坂エコパオ）

由古老民宅改建的足汤与经脉推拿（一次300日元）专门馆。

@ www.ecopao.com

6

乐山

拥有40年以上历史的日本传统茶坊，专卖来自静冈茶坊主人亲自严选的上好茶品。从普通的新茶、煎茶到高级绿茶等，都是每日亲送，充满独特的香气与滋味。新茶约500日元。

🕐 9:00~20:00（全年无休）
@ www.rakuzan.co.jp

7

紀の善

完整地保留了食材的风味，长久以来拥有众多支持者的传统甜品店。商业午餐约900日元，每到午餐时间更是一位难求。抹茶Bavarois约787日元。

🕐 11:00~21:00（周日到18:00）
@ www.kinozen.co.jp

8

五十铃

日本传统果子专卖店五十铃，也是神乐坂代表名店之一。最受欢迎的是包着满满的红豆泥、葡萄干、核桃等馅的和果子馒头（まんじゅう），很适合与日本茶一同享用。此外，轮胎造型的三色糕"华车"也是招牌商品。

🕐 9:00~20:00（周一休息）

助六

创立于1910年，以悠久的历史守护着神乐坂，广受喜爱传统和服的女性欢迎。销售木屐、手帕、雨伞、提包、彩妆品等高级和风杂货。

🕐 10:00~20:00（每月第1、3个周一休息）

ここん COCON

位于神乐坂艺者新道上的传统杂货铺，专卖独特的和风杂货饰品，也有散发隐约香味的传统商品、小提包、围巾与首饰配件等兼具传统与现代特惠的商品。

🕐 12:00~19:00
@ www.coconchi.com

陶柿园

展售日本知名陶器清水烧、有田烧，以及各式西式碗盘的餐具专卖店。无论是简单的日常餐具还是陶艺品，均可以平实的价格购入。

🕐 10:30~20:00（周一休息）

鲇藤革包堂

举凡牛皮、水牛皮、羊皮与鳄鱼皮等各种材质，都能保有最原始的魅力，每件商品都是店家诚心诚意亲自手作而成的。皮夹约1万日元起，提包则卖10万日元左右。

🕐 14:00~19:00
@ www.ayufujikakuhoudo.com

BEST PLACE

神乐坂名胜 | Canal Café（カナル カフェ）

让人在东京市区还能享有度假风情的水上意大利餐厅Canal Café，是东京首屈一指的约会景点。在天气晴朗的周末总是大排长龙，每到樱花盛开的四月、圣诞节与新年假期，许多家庭与情侣都会来这里欣赏美丽的景色，因此往往一位难求。午餐1600日元起，晚餐3800日元起，平日餐点都享有优惠折扣，绿咖喱套餐1200日元、意大利面套餐1300日元、比萨套餐1900日元。

🚃 由JR饭田桥站西口沿外堀通往新宿方向步行约2分钟
✉ 东京都新宿区神乐坂1-9
🕐 11:30~23:00（周日到21:30）
📞 03-3260-8068
@ www.canalcafe.jp

日本最古老的商店街 —— 3
日暮里谷中银座

有着一排排木造屋顶的东京边境日暮里，是最能反映出东京庶民生活的地方。由于在第二次世界大战中幸免于难，它至今仍然完整地保存了古老的风貌。不过，日暮里东边原本是纤维工业盘商与传统驮果子盘商的聚集地，却因时代的变迁与重新开发而丧失了原本的样貌。这里的超低价服饰店成了杂志经常刊载的对象。西边地区保留了传统老街"谷中银座"，以及古迹级的寺庙神社，成为外国观光客最喜爱的景点之一。

🚢 前往方式

- 从JR山手线、京滨东北线、常盘线的日暮里站西口，步行约5分钟
- 从京成电铁日暮里站西口，步行约5分钟
- 从东京地铁千代田线千驮木站，步行约3分钟

👜 旅行秘诀

　　沿着JR日暮里站一带随意漫步，感受日本的庶民风情。古老的寺庙与神社、名称特殊的山坡路或是热闹的商店街，在这一带都能轻易找到，只需2小时左右即可逛完。此外，车站东口周边的折扣服饰店、药妆店以及生活用品店等都很值得去挖宝。

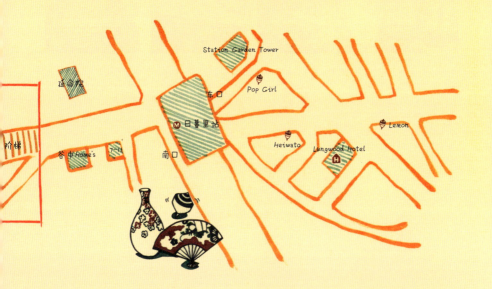

後藤の饴

以柚子、柑橘、木瓜等天然食材手工制成的糖果，至今已传承至第三代的经典老店。简单的造型搭配天然纯粹的甜蜜滋味，让人回味无穷。

🕐 10:30~20:00（周三休息）

铃木肉店（肉のすずき）

目前由第三代传人接手的肉食品店，超高级的猪排是当地知名小吃，也经常登上电视媒体报道。1个约200日元。

🕐 10:00~17:00

多满留

销售谷中七福神造型的各式提灯，以及充满江户气息的生活杂货。

🕐 11:00~20:30（周一休息）

Kobayashi（コバヤシ）

位于谷中银座入口附近的知名串烧专卖店。新鲜肉串1份90日元的超优惠价格，以及60年来从未改变的和风酱汁，是其经久不衰的秘诀。

🕐 10:00~17:00

雨彦

展售江户时代传统工艺品以及极具艺术性的生活杂货店，其中以经典款的和纸工艺品和印有各式图样的扇子最受欢迎。

🕐 10:30~19:30（全年无休）

POP GIRL

适合年轻族群的流行服饰店，大量引进涩谷109最新流行的商品。服饰、鞋子与首饰配件都有50%~90%的折扣，精打细算的血拼族绝对不能错过。

🕐 10:30~20:00（全年无休）

Heiwato（ヘイワ堂）

以99日元、89日元等破盘低价销售男女服饰、寝具与杂货。电视媒体也经常在经济不景气时报道本店的精算秘诀，目前共拥有4家分店。

🕐 10:00~20:00（全年无休）

LEMON

Heiwato的系列分店，专卖儿童服饰与生活用品。囊括可爱人物T恤、内衣、包包等商品，最大的吸引力就是100日元的超低价格。

🕐 10:00~20:00（全年无休）

谷中银座

谷中银座是一条充满下町风情的商店街，聚集着书店、面包店、蔬果店、花店及鱼店等商店，巷弄里尽是浓浓的人情味与淳朴气息。从日暮里车站前一路延伸至商店街的200米上坡阶梯道，正是拥有绝美景色的夕照阶梯（夕焼けだんだん），只要在日落之际来到这条阶梯道，就能欣赏到令人感动的夕阳美景。此外，这里还聚集了很多猫咪，商店里销售着许多猫商品，是猫迷必来的景点！

活力四射的传统集市

浅草合羽桥道具街

沿着浅草通往上野田原町站方向步行约20分钟，即可到达拥有百年历史的合羽桥道具街，这里聚集了许多销售各式欧风高级餐具、日式食器、厨房设备、制果用品、刀具、陶漆器、食材原料、包装用品、食物模型等多达170家以上的专卖店，是料理爱好者的天堂。日本餐厅中以假乱真的餐点模型都源自于此，也因此吸引了许多特地前来探访的观光客。每年10月9日是"道具の日"节庆，此外，因许多商家都是周日休息，故建议将行程安排在平日或周六。

前往方式

- 从东京地铁银座线田原町站3号出口，步行约5分钟
- 从东京地铁日比谷线入谷站1号出口，步行约6分钟
- 从都营地铁浅草线浅草站1号出口，步行约15分钟
- 从新都市铁道筑波Express浅草站A2出口，步行约5分钟

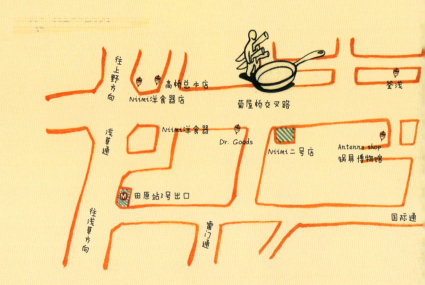

🧳 旅行秘诀

从仲见世通步行约10分钟即可抵达合羽桥，建议将行程排在一起，路途之间坐落着许多古色古香的老店，可以边散步边欣赏这一带的怀日风貌。

@ www.kappabashi.or.jp

➕ TIP　为什么叫"合羽"呢？

合羽是由葡萄牙语（capa）演变而来的，原意是中世纪欧洲僧侣的法衣或外套（表示层层包覆在货物或身体上的纸或布），日语翻译成"合羽"。但有些人认为"capa"与日文"河童（かっぱ）"有关，关于地名的由来有两种说法。第一种说法是古代有许多身材矮小或层次较低的武士，他们以制造雨衣为副业，经常在天气晴朗时将雨衣披挂在桥边晒干，因此得名。另一个传说则认为在180年前，因为此地排水设施不足，每当下雨人们就饱受水患之苦，后来有一个叫合羽川太郎的人散尽家财进行疏洪工程，却迟迟不见起色。此时，居住在隅田川的河童们因为他的善举而深受感动，每天晚上都偷偷地帮他推进工程的进度。也因此，原本是传说中以捕杀河中动物为生的可怕怪物河童，在这个地区却变成了能够帮助人门生意兴隆的吉祥物。

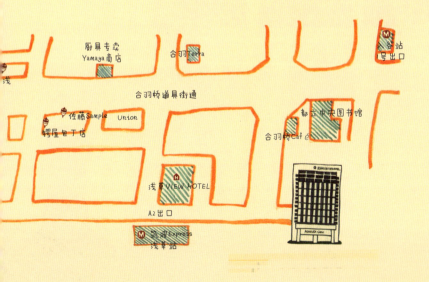

319

1

釜浅

创立于1908年的锅具专卖店，店内展示了可一次制作1千人份味噌汤的超大锅子。除了当地生产的锅具，还有业务用厨房工具、餐具以及制采用品等各类商品。钛合金超轻量料理工具最受欢迎！

🕐 9:30~17:30（全年无休）
@ www.kama-asa.co.jp

2

ニイミ洋食器店

ニイミ（Niimi）是位于菊屋桥交叉路口的综合批发商店，至今已拥有百余年历史，顶楼的大型厨师雕像更是合羽桥道具街的象征性地标。除了餐具商品，还设有装饰、道具专卖馆以及新馆等三大区卖场。

🕐 10:00~18:00（周一休息）

3

高桥总本店

在合羽桥一带共拥有五家分店的高桥总本店，分别是厨房店、果子道具店、家具店、洋食器店、陶器店。

🕐 9:30~18:00（周日与国定假日休息）
@ www.takaso.jp

4

锷屋庖丁店（つば屋庖丁店）

拥有千余种商品的刀具专卖店，严选店家自制或日本国产商品，广受专业料理师信赖，订单应接不暇，也非常适合推荐给料理刀收藏家。

🕐 9:00~17:00（全年无休）
@ e288.jp

5

Dr.Goods

引进Matfer、AMCO、OXO等世界高级厨房品牌，设计精美兼具实用功能的料理用具与餐具，广受高品位女性的喜爱。

🕐 9:30~18:00（周日休息）
@ www.dr-goods.com/realshop

6

佐藤Sample（佐藤サンプル）

创业至今已有80多年，经常登上各国旅游书的食物模型名店。高超的做工几乎可以乱真。迷你模型的钥匙圈、吊饰与项链等是店内的人气商品。

🕐 9:00~18:00（不定期休息）
@ homepage3.nifty.com/310sample/

7

Antenna shop锅具博物馆（アンテナショップお鍋の博物館）

展售顶级锅具的专卖店，自营工厂以制造生意用锅具以及实用厨房用品为主。

🕐 10:00~19:00（每月第一、三个周四休息）
@ www.nakao-alumi.jp

Antenna shop锅具博物馆

活力四射的传统集市
上野阿美横

阿美横町（アメヤ横丁，俗称阿美横）是从JR上野站沿着铁道一路延伸到御徒町站的传统集市，除了海鲜、肉类、蔬果等日常食品，还有大众化的平价服饰、鞋子、首饰配件等，聚集了500余家商铺，是东京最大的传统集市。每当年末，市场内就会挤满来办年货的人们，成为电视媒体报道的对象。这里的运动鞋店与药妆店也是东京最便宜的哦！

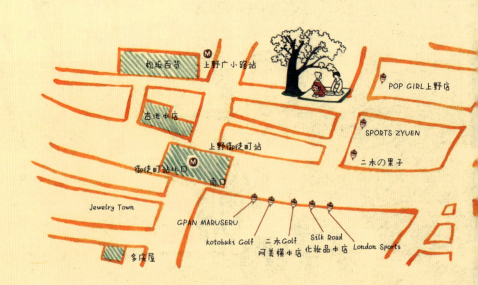

松坂百货　⍝上野广小路站

POP GIRL上野店

吉池本店

SPORTS ZYUEN

上野御徒町站

二木の果子

御徒町站北口　⍝

南口

Jewelry Town

GPAN MARUSERU

kotobuki Golf　二木Golf　Silk Road　London Sports

阿美横本店　化妆品本店

多床屋

前往方式

- 从JR山手线、京滨东北线、高崎线、常盘线的上野站中央口，步行约2分钟
- 从东京地铁银座线、日比谷线的上野站5号出口，步行约2分钟
- 从私营京成电铁京成上野站6号出口，步行约1分钟
- 从JR山手线、京滨东北线的御徒町站北口，步行约1分钟

旅行秘诀

上野是东京市民最爱的平价购物商圈，想买便宜服饰、药妆以及运动鞋的人，请在JR上野站中央口出站即是阿美横。如果想将上野公园、OIOI、Yotobashi Camera等大型购物中心纳入行程，可能需要安排半天以上的时间。

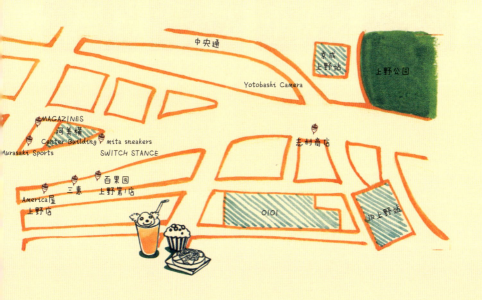

1

百果园 上野第1店

销售每日从产地直接送来的新鲜水果，在阿美横内就有两间分店。观光客可购买一串100日元的水果串来品尝看看哦！

🕐 10:00~19:00（每周三休息）

2

志村商店

阿美横知名的巧克力零食专卖店，老板会热情地吆喝叫卖，每袋只要1000日元！还会依照老板的心情附赠丰盛的礼品哦！

🕐 9:00~19:00（全年无休）

3

二木の果子

1947年创立的和果子老店，提供日本传统甜点、各类食品、进口饼干等商品，以量制价的优惠赢得东京市民的喜爱。本店只收现金。

🕐 10:00~19:00

@ www.nikinokashi.co.jp

4

London Sports 阿美横店（ロンドンスポーツ アメ横店）

Adidas、Descente、Asics、Reebox、Ellesse等知名运动品牌均打6~9折的折扣，甚至还能以100日元左右的超低价买到相关商品。

🕐 10:30~20:00（全年无休）

5

SPORTS ZYUEN

日本规模最大的运动用品畅货中心，销售棒球、足球、游泳等各类运动专业用品。在阿美横馆、BENEX、上野站等设有分店。

🕐 10:00~20:00（全年无休）

@ www.z-b.co.jp

6

二木高尔夫阿美横本店（二木ゴルフ アメ横本店）

全日本拥有60间分店的高尔夫球用品专卖店。商品囊括Bridgestone、HONMA等日本人气品牌，以及来自世界各国的知名高尔夫用品。球队用品、专用服饰以及练习工具等各式品项一应俱全，还可以向专业的服务人员洽询。

🕐 10:30~20:00（全年无休）

@ www.nikigolf.jp

7

Kotobuki Golf 阿美横北口店（コトブキ ゴルフ アメ横北口店）

自1966年开业以来，就以东京最大的高尔夫用具专卖店广为人知。B1~5F的豪华卖场中，展售来自世界各国的专业球具，外国人可享免税。

🕐 10:20~20:00（全年无休）

@ kotobukigolf.co.jp

8

Silk Road 化妆品本店（シルクロード化粧品店 本店）

以2~8折的折扣销售CHANEL、Christina Dior、L'OREAL、资生堂等知名化妆品，虽然没有亲切的服务，不过超低的价格也让人满足。

🕐 10:00~19:00（周一休息）

@ www.e-cosme.biz

三惠 MIYOSHI

销售香水、日制护肤保养品以及各式彩妆的人气美妆店，在阿美横内就有3家分店。平价香水最值得推荐！

🕐 10:30~19:30（全年无休）

mita sneakers SWITCH STANCE

上野地区的休闲鞋专卖店先驱，推出Nike、PUMA、New Balance、Adidas、Lacoste等知名品牌的限定鞋款。

🕐 10:00~20:00（每月第3个周三休息）
@ www.mita-sneakers.co.jp

MAGAZINES

位于上中通り中央的MAGAZINES，是一家以传统日本风装潢设计的男士古着店。2F是进口古着区，除了服饰、墨镜、皮带、鞋子等配件应有尽有，价格很亲切，最适合精打细算的潮流型男。

🕐 12:00~20:15

America屋上野店 （アメリカ屋 上野店）

以美国平行输入的Ralph Lauren商品为主，引进世界知名休闲服饰与牛仔品牌。此外，也提供大尺码服饰以及平价的Fred Perry等人气品牌商品，并设有儿童服饰区。

🕐 10:00~20:00（全年无休）
@ www.americaya.co.jp

GPAN MARUSERU （Gパン マルセル）

以低价销售Levi's、Lee、BIG JOHN、Wrangler等牛仔休闲服饰的人气商家，至今已拥有60余年的历史。

🕐 10:30~20:00（每月第3个周三休息）
@ www.maruseru.com

POP GIRL上野店

专为年轻女性设计的超低价折扣商店，也是知名的Heiwato（ヘイワ堂）系列商店。各类新潮时尚单品均为100日元左右，平日也挤满了人。

🕐 10:30~20:00

Murasaki Sports （ムラサキスポーツ）

1973年创立至今，分店已遍布全日本。运动休闲服、鞋子、滑雪板、滑板、冲浪用品等进口商品应有尽有。

🕐 10:30~20:00（全年无休）
@ www.murasaki.jp

活力四射的传统集市
筑地市场

以日本最大的渔货市场闻名遐迩的筑地，每日涌入的人潮多达5万人次。由于观光客与日俱增，阻碍了渔市的业务，相关单位曾几度宣布禁止入内参观。若想参观鲔鱼竞标等拍卖活动，建议在凌晨4:30之前在"鲜鱼普及中心"排队报名，每日限定140人。如果赶不上参观鱼货批发也别失望，场外的集市才是地道美食聚集的大本营，新鲜鱼货、寿司店、鱼虾干货、蔬果、纪念品、餐具器皿等应有尽有。建议你尝尝地道的海鲜，大排长龙的寿司名店通常都要等1~2小时，有时间限制的旅客也可选择邻近的生鱼片盖饭、关东煮、烧烤、乌龙面店家品尝美食佳肴。每日5:00~11:00为高峰时段，周日及国定假日和部分周三是休息日，可至官网查询。

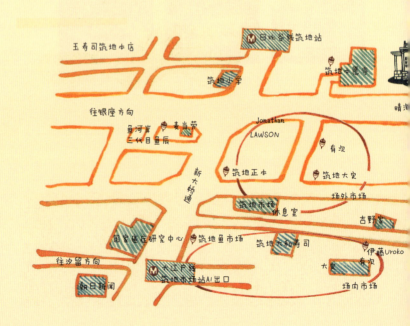

📠 前往方式

- 从都营地铁大江户线筑地市场站A1出口，步行约2分钟
- 从东京地铁日比谷线筑地站1号出口，步行约3分钟

@ www.tsukiji.or.jp

👜 旅行秘诀

　　从银座沿着晴海通往歌舞伎座方向步行约15分钟即可到达筑地四丁目，场内市场为筑地的中央市场，除了新鲜渔货也销售许多其他商品，如刀具、食器、寿司、洋食等，平日营业时间为5:00~15:00，在过年等特殊时期会限制一般观光客的出入，最好事先确认。场外市场是观光客聚集的区域，逛逛商店街及筑地本愿寺需2~3小时。若在凌晨抵达东京，下飞机后就可以直接来筑地享用新鲜的生鱼片早餐。筑地步行至汐留或滨离宫恩赐庭园只需10分钟，离银座也相当近。

晴海通

御鱼普及中心资料馆

波除神社

往浅草方向

隅田川

往御台场方向

筑地本愿寺

净土真宗本愿寺派本愿寺筑地别院。

御鱼普及中心资料馆（おさかな普及センター资料馆）

收集展示各式鱼类信息的普及中心资料馆。

波除神社

为远航渔船祈求平安的神社。

鱼河岸三代目鱼辰（魚河岸三代目うおたつ）

曾登上小学馆漫画的人气商铺。除了专业师傅严选的平价高级鲔鱼以及干货，筑地市场"鱼河岸"内新鲜风味的餐厅"千秋"也值得推荐。

🕐 9:00~18:00（每周日、周一及国定假日休息）

筑地大定

创立80年的玉子烧（たまごやき）专卖店，利用鸡蛋与高汤特制出各种口味的玉子烧，每到假日店前总是大排长龙。来自全日本知名寿司店、高级料理店与百货公司的订单更是应接不暇。

🕐 4:00~14:00（每周日与国定假日休息）
@ www.daisada.jp

筑地正本

广受寿司职人与知名料理店信赖的刀具名店，传承四代的传统工法制品已闻名世界。与一般在百货公司销售的正本牌刀具不同，限定商品只有在筑地店或是官方网站上才能买到。开放大宗采购，厨房用刀1万日元起。

🕐 6:00~15:00（每周日与国定假日休息）
@ www.tukijimasamoto.co.jp

有次

1560年创立于京都，与"正本"并驾齐驱的料理刀具专卖店，销售百余种精巧手制刀具。

🕐 5:30~15:00（每周日与国定假日休息）
@ www.aritsugu.jp

伊藤Uroko（伊藤ウロコ）

目前已由第五代接手的始祖级筑地胶靴专卖店。利用天然橡胶制作的长靴广受水产业者喜爱，近年来因多样化的设计吸引了普通消费者，还以筑地市场为主题推出了设计T恤。

🕐 5:00~14:00（周六营业到17:00，每周日与国定假日休息）

築地外部市場商店街

活力四射的传统集市
巢鸭地藏通

　　巢鸭地藏通商店街号称相貌多元的热闹集市，每年涌入800万人次，平价服饰、零食、药妆店、各类日用品一应俱全，价格都相当便宜。沿着商店街走可到达高岩寺，这里有座闻名全国的"刺拔地藏（とげぬき地藏）"，相传只要用毛巾擦洗观音身体或是舀水洒净，疾病就能痊愈，香火非常鼎盛。街道上时常上演的专为银发族设计的表演节目，以及在充满怀旧风情的路边随意摆放桌椅做生意的鲷鱼烧店、刨冰店等美食，加上不时经过的东京路面电车"都电"，形成了一幅相当具有古韵气息的画面。

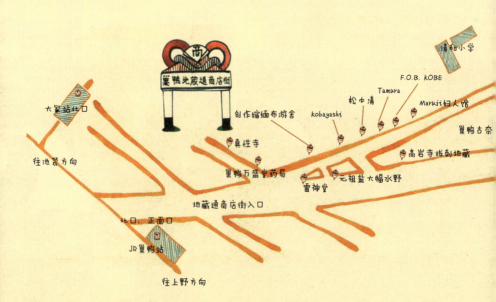

📇 前往方式

- 从JR山手线巢鸭站正面口或北口右方，步行约5分钟
- 从JR山手线、都电大家站北口右方，步行约8分钟
- 从都营地铁三田线巢鸭站A3出口，步行约1分钟
- 从都电荒川线庚申冢站，步行约1分钟

@ www.sugamo.or.jp

🧳 旅行秘诀

　　淳朴又大众化的"欧巴桑胜地"巢鸭地区，适合推荐给打算搭乘都电从早稻田绕行至池袋，或是对江户老街风情有兴趣的人。只要从JR巢鸭站正面口或北口越过白山通，就能看见巢鸭地藏通商店街的入口。如果要去入口左边的真性寺以及位于商店街中央的高岩寺，大约需要花费1小时。

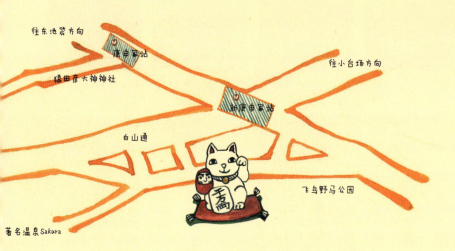

真性寺
　　供奉2.68米高金刚像的真言宗寺庙。

高岩寺刺拔地藏（高岩寺 とげぬき地藏）
　　寺内供奉"洗い观音（水洗观音）"，据说非常灵验，也因电视报道而闻名全国，涌入大批祈求健康与治疗病痛的信徒。

Maruji妇人馆（マルジ婦人館）
　　席卷全日本的红色开运内裤发源地，因为各界媒体报道而更加出名。1952年以女性内衣与袜子专卖店创立，同时提供售价10日元的破盘商品以及高级塑身内衣。3F设有男士用品区。

🕐 10:00~20:15
@ www.sugamo-maruji.jp

雷神堂 巢鸭 本店
　　创立于1947年的仙贝专卖店，店内130种仙贝都是店家亲自烤制的。其中松软的"濡煎饼"一定要趁热吃，直径15厘米的大仙贝（150克约525日元）最受欢迎。

🕐 9:00~18:30（全年无休）

元祖 盐大福みずの（水野）
　　巢鸭代表性伴手礼"盐大福"的创始店。名称有祈福含义，内馅采用北海道生产的高级食材。一个120日元。吃完盐大福再去参拜刺拔地藏是最普遍的行程。

🕐 9:00~18:30

Tamura（タムラ）
　　至今已有75年以上历史的帽子专卖店，销售年轻族群喜爱的运动帽、针织帽，以及熟龄族群喜爱的猎人帽等种类繁多的商品。S~LL尺寸应有尽有，店家还进口了意大利与法国等地的品牌商品。

🕐 9:30~18:30（全年无休）

F.O.B.KOBE
　　全部商品均一价的百元商店，销售杂货、服饰、玩偶、餐具、首饰等各式商品。

🕐 10:00~18:00
@ www.fob-kobe.com

Kobayashi（コバヤシ）
　　创立于1935年的雨伞、帽子专卖店。销售实用型雨伞、抗UV洋伞以及绅士、妇女帽与时尚配件等多样化商品，推荐200日元左右的丝巾。

🕐 9:00~18:00

松本清巢鸭店
（マツモトキヨシ巣鸭店）

知名全国连锁药妆店松本清巢鸭店，是东京区内以低价闻名的人气分店。各类药品与化妆品等每天更替的特价商品最值得推荐。

🕐 9:30~20:00（全年无休）
@ www.matsukiyo.co.jp

巢鸭万盛堂药局

在商店街入口处设有3间店的大型药妆店，以庞大的商品数量取胜。1F是家庭常备药品与最新医药区，2F则是化妆品卖场。

🕐 9:00~19:00
@ www.s-manseido.co.jp

创作缩缅布游舍
（創作ちりめん布遊舍）

利用京都传统织布"缩缅"制作的杂货专卖店，做工精细、设计可爱的生活小物极受女性顾客喜爱。不定时推出受季节限定的图样商品，以及镜子、短夹、手机吊饰等各式各样的生活用品。

🕐 10:30~18:30（全年无休）

动漫迷的天堂
秋叶原电气街

秋叶原（Akiba）原是电子计算机、影音设备以及家电等3C产品的购物名所。进入21世纪后，逐步转变为电玩、动漫与玩具的聚集地。街上常常可以看见打扮成动漫人物的Cosplay角色扮演，也有吸引"御宅族"造访的女仆咖啡厅。借由都市开发，兴建了秋叶原ダイビル（DAI Building）、秋叶原UDX（UDX Building）等商业大楼外，也有不少大型电器量贩店进驻于此。

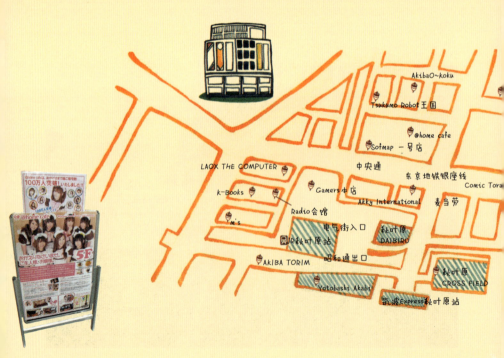

🏯 前往方式

- JR山手线、总武线、京滨东北线的秋叶原站电气街出口前
- 东京地铁日比谷线秋叶原站电气街出口前
- 从东京地铁银座线末广町站1号出口，步行约2分钟

@ www.akiba.or.jp

💼 旅行秘诀

若要观光或购物，请在JR秋叶原站的电气街口出站，中央通短短1公里的街道上就密集了千余间商店，如果你是3C迷或动漫迷，可能逛上一整天也嫌不够。如果你不想穿梭在小电器行与电子计算机商家之间，建议你前往位于中央检票口附近的大型电子量贩店Yotobashi Akiba，B1~9F的超大卖场也能满足你购物的需求。此外，在东京地铁末广町站附近还聚集了许多计算机软件、游戏、动漫和与玩具相关的商店。

💬 TIP 秋叶原的3C产品最便宜吗？

虽然在秋叶原可以买到各式各样的3C产品，不过新宿、涩谷及池袋等商圈的大型量贩店的削价竞争也相当激烈，因此保证最低价的口号已成为过去式了。建议购买前先比较一下LABI、Bic Camera、Yotobashi Camera等量贩店的价格。

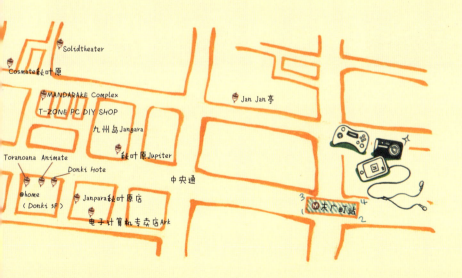

Yotobashi Akiba
（ヨドバシAkiba）

　　Yotobashi Akiba是秋叶原规模最大的家电量贩中心，总共9层楼的超大卖场中销售化妆品、钟表、包包以及生活用品等种类繁多的商品。1F～6F是电子商品，7F则进驻了有邻堂书店、Tower Record，9F特别辟为高尔夫用品区。

🕐 9:30～22:00　@ www.yodobashi-akiba.com

秋叶原CROSS FIELD

　　以世界级IT重镇为目标开发的秋叶原Crossfield,俨然成为秋叶原的地标。包括秋叶原ダイビル（DAI Building）、秋叶原UDX（UDX Building）两栋复合商业大楼,内有东京动画中心、设计博物馆、大型会议厅、新业技术综合研究所等附属设施。其中秋叶原UDX 1F～3F为AKIBA-ICHI（アキバイチ）人气美食街。

🕐 11:00～23:00
@ www.akiba-cross.jp

AKIBA TORIM

　　秋叶原再开发计划的一环，在2008年4月开业的TX秋叶原阪急大楼。与JR秋叶原站连通，B1～6F进驻了UNIQLO、无印良品、KYOSHO AKIHABARA（ラジコンパ）等各式商店。

@ akiba-tolim.com

Donki Hote秋叶原
（ドン・キホーテ 秋葉原）

　　想挑选各种超值纪念品给亲友，这里通通都有，囊括文具、杂货、美妆相关商品等1400多种品项。秋叶原店还设有AKB48剧场与女仆咖啡厅@home cafe。

🕐 10:00～翌日5:00
@ www.donki.com

秋叶原ラジオ
（Radio）会馆

　　巨幅的黄底招牌上写着"世界のラジオ会馆 秋葉原（世界的无线会馆秋叶原）"，是1962年在秋叶原一带兴建的大楼，它见证了秋叶原发展的历史。以前聚集了许多日本具有代表性的计算机展售中心，现今已被家电、动漫游戏及DVD商店等新店家取代。

🕐 10:00～20:00
@ www.radiocenter.jp

m's

　　整栋楼都是成人玩具、角色扮演服饰、情趣用品等商品，B1～6F的卖场都清楚地规划分类，没有一般的情趣用品那般黑暗可疑的气氛，店面宽敞明亮，连女性都能自在地入店参观选购。

🕐 10:00～23:00
@ www.ms-online.co.jp

アニメイトAnimate

　　全日本拥有67间分店的动漫专卖店。7层楼的卖场分别提供动漫相关产品、DVD、CD、人物外围商品等。

🕐 10:00～21:00
@ www.animate.co.jp

Comic Toranoana
（コミック とらのあな）

　　销售少女漫画、玩具模型以及电玩游戏软件，是秋叶原最大的动漫商品店。

🕐 10:00～22:00
@ www.toranoana.co.jp

9

MANDARAKE Complex（まんだらけコンプレックス）

共8层楼，堪称日本最大规模的漫画、模型公仔二手专卖店。

🕐 12:00~20:00
@ www.mandarake.co.jp

10

Gamers本店（ゲーマーズ本店）

提供电玩游戏、相关书籍、CD、DVD、人物公仔等高人气角色外围商品的百货型超大购物商场，广受御宅族们的喜爱。

🕐 11:00~21:00
（1F 9:00~22:00）

11

AkibaO~Koku（あきばお～こく）

秋叶原6家分店中的四号店，虽然规模不大，却因美少女、H漫、手制公仔模型、Cosplay写真集等相关商品而闻名。

🕐 11:00~20:00
（周末与假日10:30~19:30）

12

Tsukumo Robot王国（ツクモ ロボット王国）

日本机器人专卖店的创始者，销售组装简易的机器人模型，同时提供各式专业技术用机器人与LEGO MINDSTORMS机器人。此外，还有Hello Kitty、哆啦A梦等知名卡通人物的造型机器人。

🕐 10:30~20:00（周末与假日为10:30~19:30）

BEST PLACE

秋叶原的Cosplay类型

　　Cosplay（コスプレ）是英文Costume Play的简称，中文译为"角色扮演"。借由服装、配件、动作与模仿等方式来演绎自己喜爱的动漫角色、游戏人物、歌手、电影演员以及历史人物等实际或虚拟的人物。在日本原宿，或是在周末造访水道桥Tokyo Dome City，都能轻易看见Cosplay的爱好者。不过，秋叶原的Cosplay类型大多偏向萝莉塔（Lolita）少女系、女仆风格或是现今流行的女子偶像团体（如AKB48）。

13

秋叶原Jupiter（秋葉原ジュピター）

专售动漫与游戏角色Cosplay服饰用品店，并提供东京名门女子高校制服、空姐制服以及知名百货公司制服等各类角色扮演服装，所有商品均可量身定做。

🕐 11:30~22:00
@ www.jupiter-akiba.jp

14

Cosmate秋叶原（コスメイト秋葉原）

秋叶原Cosplay角色扮演用品最齐全的宝库！女仆装、水手服、热裤、学校泳装、护士装、拉拉队服、假发、猫耳朵及各种角色扮演外围商品一应俱全。店铺位于巷弄中，不太容易发现。

🕐 12:00~21:00
@ www.cosmate.net

15

LAOX THE COMPUTER

仿佛曾有3C产品天堂气息的秋叶原，LAOX THE COMPUTER6层楼的卖场中展售了所有与电子计算机相关的外围商品。分为本馆、电子计算机馆、MAC馆、Hobby馆、电玩馆以及行动通信馆等主题区，属于豪华型的大型量贩店。

🕐 8:00~21:00
@ www.laox.co.jp

16

Sofmap 一号店 Chicago PC Digital 馆

Softbank旗下的Sofmap Windows专卖店。总共6层楼的商场内囊括了电子计算机配件、各式软件以及外围用品。会员卡可依购物金额回馈点数，点数可折抵购物金额。

🕐 11:00~21:00（假日到20:00）
@ www.sofmap.co.jp

秋叶原的名产——黑轮罐（おでん缶）

秋叶原有个很有名的东西叫作おでん缶，就是将便利店看到的黑轮（鱼浆、蒟蒻、鹌鹑蛋、昆布等）作成罐头。除了在店面里可以买到，路边的自动售货机也有卖哦！而黑轮罐风行的原因，是因为许多御宅族喜欢简单食物更胜于到餐厅里用餐。罐头包装也有很萌的，因此成为动漫迷必买的商品。一罐200~300日元。

17

电子计算机专卖店 Ark（ンショップ アーク）

提供White Box PC、Rack Mount Server、Cube PC、Barebone PC等在其他地方较难买到的电子计算机商品，以独特的商品需求满足消费者，在削价竞争的时代脱颖而出。

🕐 11:00~19:00
@ www.ark-pc.jp

18

Jan Jan亭（じゃんじゃん亭）

秋叶原知名的二手电子计算机商场。从布满岁月痕迹的老旧商品到几近新品的二手货，都是附有保证书的优良商品。

🕐 11:00~20:00

19

Janpara秋叶原店（じゃんぱら秋葉原店）

THIRD WAVE（サドウェブ）旗下的二手专卖店Janpara总店，销售各类二手电子计算机配件。在秋叶原内设有5间分店。

🕐 10:30~19:30
@ www.janpara.co.jp

20

Akky International（アッキーインターナショナル）

专售在海外也可使用的电子产品与旅行用品，家电、放映机、笔记本电脑等皆提供免税服务。

🕐 10:00~20:00
@ www.akky-jp.com

21

K-Books

与Mandarake、Animate同享盛名的动漫专卖店，在东京池袋与秋叶原都设有分店。除了漫画，也有动画相关商品。

🕐 11:00~20:00（全年无休）
@ www.k-books.co.jp

22

Solidtheater（ソリッドシアター）

超萌系模型公仔专卖店，最适合来自世界各地的收藏家。店内的展示橱窗中有美少女公仔、机器人、漫画英雄与动画中角色模型等商品，光是进来欣赏也相当有趣。

🕐 11:00~20:00

23

@home cafe

秋叶原最受欢迎的女仆咖啡厅，即使是平日也门庭若市。只要点购点心或饮料，就可以指定你喜爱的女仆服务生与你一起拍照（500日元），或是一起坐着聊天、玩游戏。点心1000日元起，饮料500日元起。

🕐 11:30~22:00
@ www.cafe-athome.com

动漫迷的天堂
池袋乙女ロード

　　介绍完御宅族（おたく）最爱的秋叶原，如果你是"腐女"，那么绝对要去池袋乙女ロード（少女之路）！从池袋Sunshine City（太阳城）60通西侧延伸约200米的街道上，林立着许多动漫专卖店，包括Animate、Mandarake、K-Books等商店。Animate是少女之路的入口，8层楼满是动漫相关产品，举凡漫画、电玩、DVD、CD、海报、人偶等通通都有。Mandarake在中野约有20家分店，但池袋店是专门为女性设计的。K-books位于池袋太阳城王子饭店斜对面，满是女生Cosplay的服装、盒玩、画册、玩偶等。

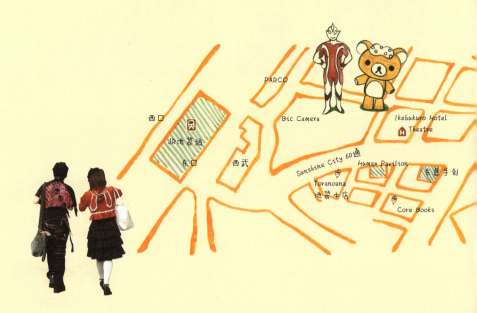

📮 前往方式

- 从JR山手线、湘南新宿Line、埼京线的池袋站东口往Sunshine City 60通方向，步行约8分钟
- 从东京地铁丸之内线、有乐町线、副都心线的池袋站43、35号出口往Sunshine City 60通方向，步行约8分钟
- 从私营电铁东武东上线、西武池袋线的池袋站东口Sunshine City 60通方向，步行约8分钟

🧳 旅行秘诀

位于东京西北部的池袋，在JR池袋站附近就有许多购物商城，包括西口的东武百货、东口的西武百货以及地下购物街Echika。若要逛遍百货公司、生活用品量贩店、3C量贩店，再绕去Amlux Toyota、Sunshine City及乙女ロード，必须安排半天的行程。若想直接前往乙女ロード的动漫特区，可直接从东口出站。

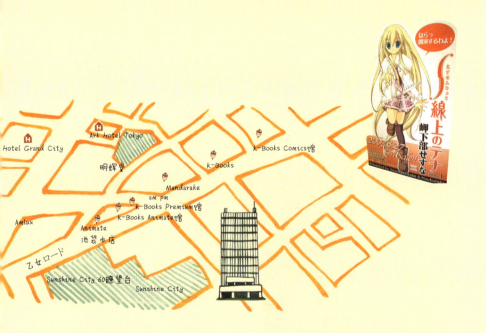

Animate池袋本店（アニメイト池袋本店）

占地8层楼的Animate，在池袋地区以商品数量及种类繁多取胜，一进店内，就会对日本这个动漫王国赞叹不已。1F是杂志及点心食品，2~4F为书籍，5F是动漫人物商品区，6F为人气公仔区，7~8F则是CD、DVD。

🕐 10:00~20:00
@ www.animate.co.jp

Core Books（コアブックス）

在2009年4月重新改装的Core Books，原是まんがの森（漫画之森），以漫画周边商品为主力，如杂志、画册、进口漫画。提供会员卡集点与储值服务，店内还有许多知名漫画家的签名。

🕐 12:00~22:00
@ www.manganomori.net

Mandarake池袋店（まんだらけ池袋店）

1980年在中野区中野百老汇开办了古旧书店Mandarake，1987年已成为资本额达200万日元的股份公司，跃升为国际级大型动漫、模型、公仔专卖店，至今已成为日本最大的二手动漫连锁店。

🕐 11:00~20:00
@ www.mandarake.co.jp

K-Books

K-Books共有4个分馆，池袋コスプレ馆专卖Cosplay服装、假发等角色扮演用品。池袋コミック馆（Comics）有各种杂志、漫画、轻小说。池袋アニメ馆（动漫馆）则有暗黑风格的作品。

🕐 11:00~20:00
@ www.k-books.co.jp

Toranoana池袋本店（とらのあな池袋本店）

销售动漫、小说以及相关商品的动漫专卖店。

🕐 10:00~22:30
@ www.toranoana.co.jp

BEST PLACE

何谓"执事喫茶"？

"主人，你回来了"随着秋叶原兴起的女仆咖啡厅风潮，专为女性顾客设计的"执事喫茶（执事咖啡厅）"也越来越多。位于池袋的Swallowtail执事咖啡厅有着英国贵族式的装潢，不仅能享用到高级精致的茶点，更让女性顾客拥有大小姐般的礼遇。进入店内，年轻帅气的男服务生会亲切地帮大小姐们拿包包、挂外套；点餐之后，还会贴心地帮忙倒茶，优雅的气氛让人舍不得离开！采用网络预约制，必须在15天前上网订位，建议北京时间11:00就要上网等待，否则绝对抢不到！

✉ K-Books同人馆B1
🕐 10:30~21:00（仅开放网络预约制）
@ www.butlers-cafe.jp

动漫迷的天堂
中野百老汇

位于JR新宿下一站的中野，是个单纯幽静的住宅区。既没有观光名胜或大型购物中心的中野之所以如此出名，只因为这里有座"中野百老汇中野ブロードウェイ"，它是1966年建立的商住综合设施，2~4F进驻了漫画、动画、公仔、偶像外围、唱片等专卖店，聚集了许多动漫迷与御宅族。建议在前往吉祥寺的路上，顺道逛逛中野站北口前的商店街Sun Mall以及中野百老汇，近距离感受一下东京的次文化。

▶ 前往方式
- 从JR中央线、总武线的中野站北口，步行约3分钟
- 从东京地铁东西线中野站北口，步行约3分钟

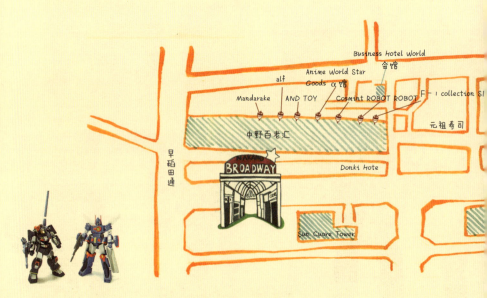

🧳 旅行秘诀

从JR中野站北口越过公车转运站广场，就会看见商店街Sun Mall的入口。沿着布满平价小吃、药妆店以及杂货铺的商店街前进，就会来到中野百老汇。逛完Sun Mall与中野百老汇需要3~4小时。

➕ TIP　中野百老汇

1966年与中野车站北口周边开发计划一同诞生的商住综合设施"中野百老汇"。B3~10F共13层超大规模，地上4层是商业设施，5层以上是住宅。虽然经过岁月的洗礼，看起来相当老旧，但它却是20世纪70年代获得青岛幸男、泽田研二等日本名作家与名人喜爱并入住的高级住宅大楼，近年再因动漫、偶像、玩具等深受御宅族欢迎的商店而广受瞩目。

✉ 东京都中野区5-52-15
@ www.nbw.jp

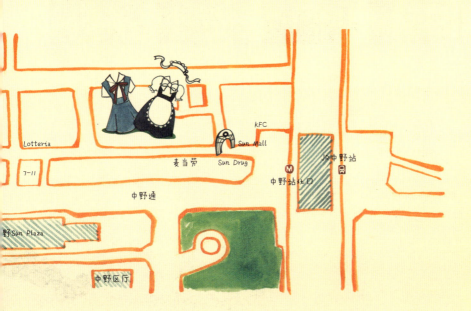

Mandarake（まんだらけ）

　　让中野百老汇变身成御宅族天下的关键——Mandarake中野店，是由漫画家兼收藏家古川益藏于1980年创立的二手漫画专卖店。云集二手漫画、动漫商品、游戏软件、各式玩具与Cosplay服饰等商品。在整个中野百老汇中，开设了包括3F的本店与2~4F的主题专卖店共23间分店，吸引了世界各地的动漫迷们来此寻宝。

alf（アルフ）

　　以销售玩具制造商TAKARA TOMY的"Choro-Q（チョロQ）"系列为主的汽车模型专卖店，展示众多珍贵二手机型以及让玩家神魂颠倒的新商品。

📩 2F
@ alf-ec.com

AND TOY

　　销售各国组合模型并提供代客组装服务的模型专卖店，也提供Bandai公司生产的一般模型公仔。

📩 2F

Anime World Star Goods α馆（アニメワールドスター グッズα館）

　　销售人气动漫原稿、漫画绘图相关工具、人偶玩具等范围广泛的外围商品。在二手交易区也能找到许多独特而又有趣的商品。

📩 3F
@ www.anime-world-star.com

Cosmint

　　销售Cosplay商品，也提供量身定制服务。

📩 3F
@ www.cosmint.co.jp

ROBOT ROBOT

　　销售各式机器模型与玩具的代表性商店，提供日本与世界各国动漫人物商品，以庞大的商品数量取胜。

📩 3F
@ www.robotrobot.com

F-1 collection SIGNASS

　　以Minichamps与F-1车种模型为主的主题玩具店，拥有千余种商品数量，此外也提供竞赛使用的服饰与配件。

📩 4F
@ www.signass.com

NAKANO BROA

中野百老汇

名牌大街
丸の内仲通り

由JR东京站一路延伸至有乐町的丸之内仲通，是坐落在商务中心内的高级名牌街。自1991年实行开发计划之后，这里以三菱银行总社为主，逐渐聚集了许多金融与商业设施，成为繁华的都心地带。在绿树成荫的街道两侧林立了HERMÈS、PRADA等世界知名品牌，以及散落于街道四周的艺术装置，让丸之内仲通有"Street Gallery"的别称。每逢圣诞节与新年期间，六本木Hills的灯光造景更是广受瞩目。

前往方式

- 与JR山手线、中央线、总武线、京叶线的东京站丸之内方向的中央口或南口相接
- 与东京地铁丸之内线东京站丸之内出口相接
- 与东京地铁丸之内线、东西线、千代田线、半藏门线的大手町站C14及B1出口相接
- 与JR山手线、京滨东北线的有乐町站中央西口相接
- 与东京地铁有乐町线有乐町站D1出口相接

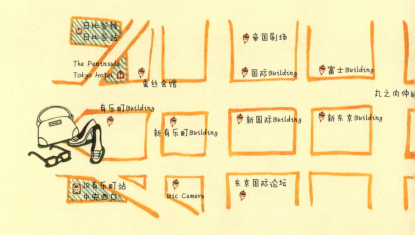

🧳 旅行秘诀

　　附近林立着东京国际论坛大楼、TOKIA、Maru Building等大型商业中心，以及出光美术馆、皇居和日比谷公园等观光景点。只要漫步在丸大楼延伸至有乐町站的林荫大道，就能欣赏到各种高品位的时尚商店。

💬 TIP Sky Bus Tokyo

　　2007年登场的双层观光巴士Sky Bus Tokyo（スカイバス Tokyo），是由东京都观光财团与千代田区携手合作的观光专车，行车路线绕行丸之内、皇居及银座一带，可欣赏四季的不同景色，绕行时间约45分钟。可在东京车站丸之内口的三菱大楼1F购买车票，购票时可向服务人员租借语言导览机（英文、中文、韩文）。双层的Sky Bus，第一层有16个座位，第二层提供52个座位，若遇台风、暴雨、大雪等恶劣天气可能会取消发车。

🕐 发车时间：10:00~18:00（每个整点）
　　基本线：丸之内→皇居→国家近代美术馆→英国大使馆→国家剧院→最高裁判所→国会议事堂→霞关（霞が关）的各政府机关→银座→丸之内（约需45分钟，不可中途下车）
　　购票与搭乘：东京车站丸之内南口三菱大楼1F入口
¥ 成人1200日元，小孩600日元
📞 03-3215-0008
@ www.skybus.jp

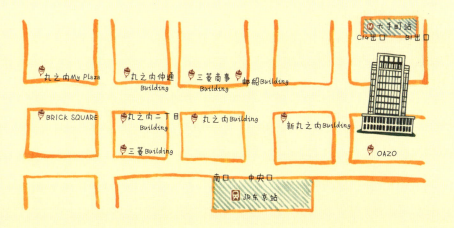

1 蚕丝会馆

DRAWER 广受熟龄时尚人士喜爱的高级服饰店，包括UNITED ARROWS系列品牌商品。

2 有乐町Building（有楽町ビル）

Ermenegildo Zegna 意大利男士名牌。

ESTNATION 引领东京前卫流行的大型精品店。

3 新有乐町Building（新有楽町ビル）

VULCANIZE 引进英国旅行包品牌globe-trotterltd等名牌背包与时尚配件，呈现摩登英伦品位。

JILL STUART 纽约主流名牌Jill Stuart的日本直营店。

Royal Copenhagen 丹麦王室爱用餐具品牌的东京总店。

4 国际Building（国際ビル）

Folli Follie 希腊全方位潮流配件品牌店。

伊东屋 历史悠久的银座文具专卖店。

TOD'S 意大利名牌TOD'S的全系列旗舰店。

Baccarat & Bar 水晶制品的名家。

Salute Kawashima 专为40~60岁男性设计的全方位潮流服饰店。

5 新国际Building（新国際ビル）

GHERARDINI 1885年创立于意大利佛罗伦萨的传统名牌。

RIMOWA 德国精工品牌Rimowa商店。

6 富士Building（富士ビル）

Sergio Rossi 意大利高级时尚品牌店。

BOTTEGA VENETA 高级皮制品代表品牌。

BEAMS 男士服饰专卖店。

EMPORIO ARMANI Armani的巧克力专卖店，Armani Dolci最具人气。

ENOTECA 展售来自世界各国的400多种红酒。

7 新东京Building（新東京ビル）

M J C Mitsubishi MATERIALS的珠宝品牌店，提供各式价格合理的设计商品。

Burberry 销售服饰、包包、鞋类、钟表与眼镜等各类新款商品的全方位品牌店。

HERMES 1837年诞生于巴黎的高级名牌爱马仕旗舰店。

8 丸の内 MY PLAZA

OPAQUE 提供服饰与居家用品杂货的全系列商品。

ILLUMS 北欧唯一的家饰品牌，有各式餐具与家具。

TIFFANY & Co. 全世界女性最喜爱的美国首饰品牌。

丸之内仲通Building（丸の内仲通りビル）

TUMI 兼具时尚造型与强大功能性的包包品牌。

FREE'S SHOP 人气精品店FREE'S的女性潮流店。

Edition 引领轻熟龄潮流的高品位人气精品店。

丸之内二丁目Building（丸の内二丁目ビル）

Kate Spade 总店位于纽约的时尚配件品牌。

BROOKS BROTHERS 美国代表性古典风品牌。

EPOCA THE SHOP 高级时尚精品店。

TOMORROW LAND 提供优雅的原创商品与进口单品的人气精品店。

三菱Building（三菱ビル）

FrancFranc 出售舒适生活品位的居家用品店。

IENA 广受OL爱戴的时尚品牌。

DIESEL 以独特设计与精细做工取胜的丹宁服饰国际品牌。

Bic Camera（ビックカメラ）

超大型家电量贩店Bic Camera的有乐町本店。B2~8F的卖场中充满了最新家电与生活用品，全区分为本馆及专卖生活家饰的别馆。除了2F的主要商品区，特设于3F的运动用品店也值得推荐。

邮船Building（郵船ビル）

CABANE de ZUCCA 充满独特风格的设计旗舰馆。

TSUMARICHISATO sunaokuwahara 三宅一生同集团设计师津森千里（TSUMARICHISATO）与桑原直（sunaokuwahara）的品牌商店。

OAZO

MARUZEN 创立于1869年，拥有130年悠久历史的大型综合书店Maruzen本店。在5600平方米的卖场中，拥有20万本日文与外文书籍，以惊人的商品数量取胜。

BRICK SQUARE

诞生于2009年12月的丸之内新兴复合式建筑。内部36家店铺完整地反映了东京的时尚潮流，散发出优雅气息的外墙也成了商务重镇中的绿洲。

Land of Tomorrow 店面充满艺廊气息的高级国际精品店。

Jo MALONE 广受众多潮流人士青睐的英国高级香水品牌的日本一号店。

YLANG YLANG 品牌名称意味着印度尼西亚语中"最美的花"，提供外观独特且充满魅力的流行商品。

丸之内大楼（丸の内ビル）

　　2002年9月在东京开业的丸之内大楼，是丸之内的新地标。B1~4F是进驻了日本名店、世界顶级餐厅的百货商城，宽广的大厅经常举办各式表演与活动。

🕐 11:00~21:00（周日与国定假日11:00~20:00，餐厅到23:00；每年1月1日与2月第四个周一休馆）
@ www.marubiru.jp

AMPHI 华歌尔系列品牌，充满女人味的内衣专卖店。💬 B1

H.P FRANCE BIJOUX 由欧洲各国知名设计师推出的特色首饰精品店。💬 1F

DES PRES 出售时尚家庭风格的精品店。💬 1F

BEAMS HOUSE 日系高质感严选品牌。💬 1F

aquagirl 潮流舒适风精品店。💬 2F

THE CONRAN SHOP 英国家饰设计师Terence Conran的居家品牌。💬 3F

KURACHIKA YOSHIDA 吉田包直营店，提供PORTER、LUGGAGE LABEL等系列商品。💬 3F

MARKS & WEB 用草本及天然精油等自然素材制造的化妆品&生活用品店。💬 4F

LOFT 知名的平价生活杂货铺。💬 4F

新丸之内大楼（新丸の内ビル）

丸之内大楼较适合20多岁的年轻族群，在2007年4月27日开业的新丸之内大楼则是以消费力较高的30多岁顾客为主，总面积16000平方米，共有153间店铺。1~4F云集高级休闲套装品牌、时尚配件、澳大利亚知名主厨开设的Salt、巴西餐厅BARBACOA、鳗鱼专卖店前川、串扬名店はん亭，以及天妇罗名店船桥屋等美食餐厅。

🕐 11:00~21:00（餐厅到23:00，全年无休）
@ www.shinmaru.jp

UNITED ARROWS 集结UNITED ARROWS系列品牌。 ➡ 1F

记忆 H.P.FRANCE 设计独特的欧洲鞋款、首饰配件与提包品牌。 ➡ 1F

DRESSTERIOR MARUNOUCHI SALON 从英国、法国、意大利等地严选的高质量时尚商品店。 ➡ 2F

HIROB / Le Talon 高功能性的钟表品牌HIROB与小物精品Le Talon复合专卖店。 ➡ 2F

Koh Gen Do 创立22年以来，持续以肌肤保养品广受知名艺人喜爱的化妆品牌直营店。 ➡ 3F

QUOMIST 专售男士保养品与杂货。 ➡ 4F

专业珠宝商城
御徒町ジュエリータウン

从江户时代就蓬勃发展的珠宝城御徒町，由于当时附近坐落着无数的神社庙宇，因此许多制作佛像或餐具的专家聚集于此。到了明治中期，这里逐渐被制作加工戒指、饰品的业者取代，最后形成了现在的珠宝批发商店街。在JR御徒町站南口周边的巷弄中聚集了500多家珠宝专卖店，大多是批发大盘商，部分店家也提供零售服务，价格是市价的5~8折。因国外高级名牌纷纷进驻，珠宝商的生意多少有些没落，但即将步入礼堂的情侣们仍会来此选购首饰。

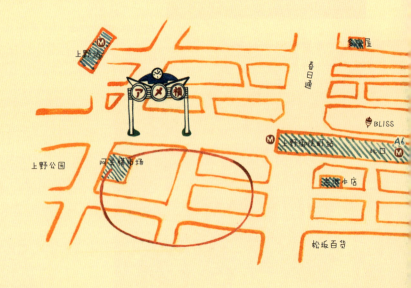

🗽 前往方式

- 与JR山手线、京滨东北线的御徒町站南口相接
- 与都营地铁大江户线上野御徒町站二号、E-09出口相接
- 与东京地铁日比谷线仲御徒町站南口相接

@ www.jewelrytownokachimachi.com

💼 旅行秘诀

　　与JR御徒町站南口或日比谷线御徒町站南口直接连接的珠宝城，包含红宝石街（ルビー通り）、钻石街（ダイヤモンド通り）、翡翠街（ひすい通り）以及蓝宝石街（サファイヤ通り）等。在日本唯一的珠宝批发商店街，可以找到价格低廉的饰品。大多店家周一店休。

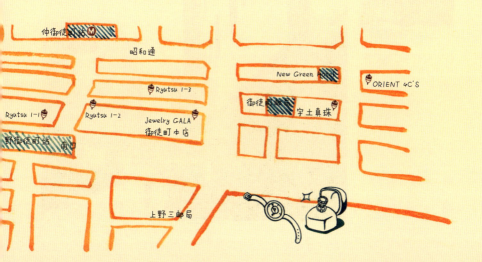

Ryutsu（リューツウ）

经常以平价珠宝登上电视与杂志报道的专业老字号。以700~800日元的18K耳环，以及价格低于市售5折的钻石商品最受欢迎。在御徒町区内共设有3间分店。

🕐 10:30~19:00（全年无休）
@ www.ryu-tsu.co.jp

BLISS（ブリス）

创立至今已逾40年的珠宝专卖店，早在12年前就开始提供小量零售服务。提供钻石与各类珠宝原石，几百日元的18K耳环与时尚戒指也很值得关注。在御徒町内设有两家分店。

🕐 10:30~19:00（全年无休）
@ bliss-jewelry.com

Jewelry GALA御徒町本店（ジュエリーガラ おかちまち本店）

销售赠礼用珠宝与设计款饰品，也适合情侣一起选购。

🕐 11:30~19:00（全年无休）

宇土真珠

从大溪地引进的优质珍珠，因精致的做工与合理的价格成为登上JT国际珠宝展与中国香港珠宝展的实力派品牌。

🕐 10:00~17:30（周六、日休息）

ORIENT 4C'S（オリエントフォーシーズ）

1977年创立的百货型综合商店，展售5万多种商品。仅开放大量批发交易，一般民众只能参观，无法购买。

🕐 10:00~17:30（周六、日休息）
@ www.jewelry-navi.net/index.html

珠宝城御徒町－钻石街

乐器、书籍、运动用品天堂
神田&御茶之水

御茶之水附近有日本大学、明治大学等十多所大学院校，聚集了大量的学生族群，因此书店、中古乐器、户外运动用品店也纷纷进驻。加上隐藏于巷弄中的美食小店，形成了一片特殊的平价商圈。靖国通与白山通的交界处就是知名的"神田古书街（神田古本まつり）"，这里聚集了160家书店，新刊与古书都有，许多出版社与印刷公司也设立于此。由JR御茶之水站延伸至神保町站的明大通是著名的乐器街，吉他、电子琴、琴谱、鼓或中古乐器应有尽有，许多音乐收藏家也会特地前来挖宝。沿着靖国通延伸出去的小町川是著名的运动用品商店街，满是深受年轻人喜爱的户外运动用品。其他如江户时代的学问殿堂"汤岛圣堂"、拜占庭式的尼古拉圣堂（ニコライ堂）等拥有久远历史的建筑，以及每年五月在神田神社举办的盛大神田祭等，都是此地的主要观光胜地及节目。

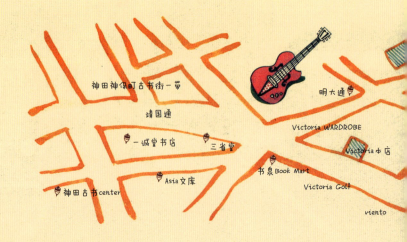

前往方式

- 从JR总武线、中央线的御茶之水站御茶之水桥口，步行约2分钟
- 从东京地铁丸之内线御茶之水站JR口，步行约3分钟
- 与都营地铁三田线、都营新宿线、半藏门线的神保町站A5出口相接
- 与都营地铁新宿线小川町站A6出口相接
- 从东京地铁千代田线新御茶之水站往尼古拉圣堂方向，步行约4分钟

旅行秘诀

从JR御茶之水站越过御茶之水桥，欣赏过汤岛圣堂与神田神社之后，沿着明治通来到尼古拉圣堂以及乐器街，再沿着清国通前往古书街与运动用品街。此外，从御茶之水站沿着神田川前进，就会看见东京巨蛋；往反方向走就会到达秋叶原。在此可找到物超所值的中古吉他、滑雪用品，平价餐厅也相当适合预算不多的旅客。

TIP 御茶之水

德川家康来到江户（古东京）之后，在此实施了大规模的水利工程。他挖掘了汤岛的一部分，试图让神田川的水可以顺利地流泻出去。后来这个人工挖掘的江边便成了樱花盛开的美丽名胜。而工程当时位于邻近溪谷中的高林寺前也流过了清澈甘甜的江水，寺人将这道甘泉献给德川将军之后，发现冲泡出来的茶无比美味，因此将其命名为"御茶之水"。

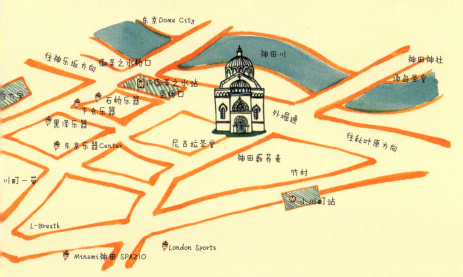

明大通り

　　JR御茶之水站御茶之水桥出口前的知名乐器街，云集了高级乐器、传统古典乐器以及中古乐器专卖店。同时销售音响设备、乐谱、CD与音乐相关书籍。

石桥乐器

　　1938年以经营中古乐器为主的石桥乐器，目前在日本拥有18家分店，其中4家就开在御茶之水一带。吉他、电吉他、鼓等新旧商品任君选购，极具竞争力的价格与服务是其最大的魅力。

🕐 11:00~20:00
@ www.ishibashi.co.jp

下仓乐器

　　在御茶之水乐器街开业70多年的老店，共有两家分店，拥有吉他、鼓、笛、喇叭等各式乐器商品，中古吉他甚至有1500种。

🕐 10:00~18:30
@ www.shimokura-gakki.com

黑泽乐器（クロサワ楽器）

　　1967年以吉他工厂起家的吉他专门店，收藏为数甚多的美国知名吉他品牌MARTIN与PRS商品，质量与服务都是日本最高水平。新馆2F即是MARTIN专卖区。

🕐 11:00~20:00
@ www.kurosawagakki.com

东京乐器中心（楽器センター东京）

　　如艺廊般展售吉他，其中最引人注目的就是手作名牌ZEMAITIS以及ERNIEBALL MUSICMAN等珍藏。此外，还有Greco、GRETSCH、WASHBURN等令音乐爱好者为之疯狂的知名乐器。

🕐 10:30~19:00
@ www.gakkicenter.com

神田神保町古书街(神田古本まつり)

　　沿着靖国通延伸约500米的神保町地区聚集了约160家书店，成为日本规模最大的古书街。从前以学术专业刊物为主，近年来电影、音乐、运动、文学及休闲等主题的书店也逐渐增加，吸引了不少书迷前来。

@ jimbou.info

7

三省堂

创立于1881年，是日本最老的古书店，于1883年转换成专营新书籍的书店，并扩展店面为6层楼。与纪伊国屋、丸善并列日本最具代表性的书店之一。

🕐 10:00~20:00
@ www.books-sanseido.co.jp

8

书泉Book Mart （書泉ブックマート）

提供漫画、单行本、动画与休闲相关图书的大型书店，是古书街上漫画类最多的一家。分为运动、游戏、旅行、写真集等主题书区，3~4F则是月刊漫画与大量发行的漫画专区。除了新出刊物，也有各类二手书籍。

🕐 10:30~19:30
@ www.shosen.co.jp

9

神田古书Center（古书センター）

共有9层楼的卖场内，按主题分为乡土、教育、哲学、经济、法律与儿童等图书专区，是神田古书街具有象征性的书店。以知名历史小说家司马辽太郎与日本知名作家曾在此进行深入交流而闻名的高山本店（1F）、齐备日本动漫界巨匠作品的中野书店漫画部（2F）、电影海报与宣传册专区阿倍野邮票钱币社（アベノスタンぷコイン社；6F）、专卖曾经风靡一时的偶像周边商品的文献书院（7F），以及创立于1983年的儿童图书专卖店Miwa书房（みわ书房；5F）等，都很值得造访。

🕐 10:00~18:30

10

Asia文库 （アジア文库）

专营韩国和东南亚、中东、非洲国家的图书，引进各国专门学术志、字典、美术、音乐、食谱以及旅游指南等书籍。

🕐 10:00~19:00（周日与国定假日为12:00~18:00）
@ www.asiabunko.com

11

一诚堂书店

创立于1903年的古书殿堂，是广受大学、图书馆、数据馆以及众多文人信赖的实力派书店。1F塞满了几乎都堆到天花板的各类古书，2F则以西洋与日本历史书籍为主。

🕐 10:00~18:30（周日休息）
@ www.isseido-books.co.jp

12

小川町

从骏河台下交叉路延伸至小川町站的靖国通上，遍布着运动用品专卖店，价格比东京其他地区便宜许多，新品约7折起，过季商品则是5折起，可以找到滑雪、雪板、高尔夫球、网球等相关商品。

ミナミ神田
SPAZIO

Minami（ミナミ）是日本连锁运动用品店，以冲浪用品、登山鞋以及功能型服装等全方位商品闻名。神田REDS店专卖冲浪相关配件、直排轮等专业运动用品。

🕐 11:00~20:00
@ www.minami.co.jp

London Sports
(ロンドンスポーツ)

总店位于上野阿美横的低价运动用品店。Adidas、Reebox、Ellesse等品牌最高打一折，尺寸与款式需视现场状况而定。

🕐 10:00~20:00（全年无休）

Victoria

在御茶之水一带拥有5家分店的Victoria，提供滑雪、雪板、足球、棒球、网球、户外休闲以及游泳戏水用品，几乎所有运动类别的服饰、鞋子与配件在此都能找到，吸引了不少家庭前来采购。

Victoria本店　家庭式运动用品中心，7F设有儿童专区。
Victoria Golf　神田最大规模的高尔夫用品专卖店。
L-Breath　专为户外生活设计的登山用品店。
viento　冲浪用品专卖店。
WARDROBE　东京最大的运动用品专卖店，囊括田径、棒球、网球选手级商品。

🕐 11:00~20:00（周日与国定假日10:30~19:30）
@ www.victoria.co.jp

神田神社

创建于公元730年的神社，每年距5月15日最近的周六和周日会举办神田祭（东京三大祭典之一）。

汤岛圣堂

拥有世界上最大的孔子像的知识殿堂。

尼古拉圣堂
(ニコライ堂)

由尼古拉大主教建立的拜占庭式东正教大圣堂。

东京大学

日本公立大学，是第二次世界大战前旧制的帝国大学之一。

Theme Story

SHOPPER'S PARADISE TOKYO!

享誉国际的日本设计师

10~50 岁不同年龄的东京男女品牌推荐

TOKYO WOMAN'S 人气品牌

TOKYO KID'S 人气品牌

世界级水准的名牌旗舰店

明星最爱的日本时尚精品店

鞋子狂的绝对天堂

让女人神魂颠倒的世界名牌鞋

日本荣誉品牌——UNIQLO & 无印良品

日本药妆连锁店——松本清

东京边界的钻石级 Outlet Mall

BEST! 非买不可的东京伴手礼

SHOPPER'S PARADISE TOKYO

深受世界瞩目的潮流之都TOKYO

让好莱坞明星也为之疯狂的Japan Style！东京让你成为引领时尚潮流的型男靓女。

世界级水准的奢华名牌旗舰店

青山PRADA旗舰店大楼像钻石般闪耀，东京的名牌旗舰店均以华丽的外观与齐全的商品来赢得全世界的瞩目。

个性派的古着小店

广受东京人爱戴并引领街头流行的古着店，有着精美的装潢、亲民的价格以及个性派十足的独创商品，是名副其实的藏宝库。

高质感生活品位的杂货世界

遍布于东京都心与各大百货的生活杂货，设计感与实用性兼具的生活用品，让所有追求高质量生活的人自愿打开荷包。

国际品牌掀起超HOT风潮

继Forever 21在2009年4月开业之后，ZARA、MANGO、GAP等世界知名平价品牌也纷纷进入东京成衣市场，让你不仅能掌握世界潮流趋势，又可以购得划算的单品！此外，UNIQLO与MONO COMME CA等日本本地品牌实力也不容小觑。

一次购足的复合式购物中心

六本木Hills、Tokyo Midtown、表参道Hills等豪华都会购物中心深受血拼族喜爱。在银座与丸之内华丽登场的购物商场以及度假村型购物中心La Laport等，都很值得注意。

捡便宜的好去处——大型畅货中心

东京近郊的度假村型畅货中心（Outlet Mall），最适合全家大小一起来逛。每逢1月初、5月的黄金周、6月底以及八月中秋等，会因日本假期而举办特惠活动。

享誉国际的日本设计师

　　日本街头时尚总是为世界流行趋势带来新的刺激。日本设计师是其中的关键，让我们来了解一下森英惠（HANAE MORI）、高田贤三（Kenzo Takada）、三宅一生（ISSEY MIYAKE）、川久保玲（Rei Kawakubo）等从20世纪60年代逐渐在国际崭露头角的知名设计师的品牌故事。

川久保玲（1942年出生于东京）

1969年成立COMME des GARÇONS品牌，不对称的利落剪裁、立体图样与色调，成为日本高级成衣市场的知名品牌。川久保玲在1981年进军巴黎市场，以抽象的图样设计、意识形态的独特美感轰动巴黎时装界，受到许多艺人明星的喜爱。总店位于巴黎，约有200家店遍布于全世界。

`Shop` 青山、新宿伊势丹百货、丸之内等

山本耀司（1943年出生于东京）

曾与川久保玲共事的山本耀司（Yohji Yamamoto），原是庆应大学法律系的高材生，却因为深受开设洋服店的母亲的影响，到法国进修时装设计。西方人以紧身衣裙来展现女性优美的曲线，山本则沿袭了日本的传统文化，利用色彩与质料创造出前卫的艺术风格，因此跻身最受瞩目的设计师行列。他不盲目追求流行、充满创意的服饰不仅风行全球，也经常以强烈的生命力登上电影或音乐剧等艺术表演。旗下品牌以Yohji Yamamoto、Y's以及与Adidas合作的Y-3最为知名，活跃于日本、纽约、巴黎等潮流之都。此外，由他的长女山本里美（Limi Yamamoto）所推出的品牌"LIMI feu"也值得瞩目。

`@` www.yohjiyamamoto.co.jp

`Shop` 青山、新宿伊势丹百货、涩谷西武百货、池袋西武百货、有乐町西武百货、银座松屋百货、日本桥三越百货等

三宅一生（1938年出生于广岛）

　　三宅一生（ISSEY MIYAKE）是日本最具影响力的设计师之一。他于1959年进入多摩美术大学专攻艺术，1966年前往巴黎进修时装设计，曾在Guylaroche、Balenciaga、Givenchy等品牌公司工作。1970年回到日本东京，成立了三宅一生设计工作室。他利用皱褶（PLEAT）与一体成型的A-POC（A-Piece of Cloth）一块布的理念，结合日本浮世绘与和服图样，设计出各式各样立体剪裁的时装，在1973年首度登上巴黎时装周的舞台，从此展开时装设计生涯。旗下品牌包括ISSEY MIYAKE、ZUCCa、TSUMORI CHISATO等。

@ www.isseymiyake.com
Shop 青山、六本木、新宿伊势丹、新宿京王、涩谷西武、惠比寿三越、
　　 池袋西武、东武、银座松屋等

高田贤三（1939年出生于兵库）

　　高田贤三（Kenzo Takada）是知名品牌KENZO的创办人，他结合了东方文化的沉稳、拉丁民族的热情，色彩大胆创新，为作品注入了多重文化精神。高田贤三毕业于日本文化服装学院，在1965年前往巴黎进修，曾与《装苑》《ELLE》杂志合作。从1970年开始，他陆续创立了KENZO MAN、KENZO JEAN AND JUNGLE、KENZO HOMME等品牌，凭借独特的创作思维在世界各地逐渐打开知名度。1993年之后成功涉足生活家饰、高级餐具、香水等领域。

@ www.kenzo.com
Shop 新宿小田急、新宿高岛屋、银座松屋、池袋东武、东京车站大丸等

森英惠（1926年出生于岛根）

　　1951年于新宿创立HYOSIHA工作室，1977年以和风混合丝印纺织的设计成功打入欧洲市场，蝴蝶印花从此成为她的注册商标，她还担任了意大利知名歌剧《蝴蝶夫人》的服装设计师。森英惠（Hanae Mori）是第一位加入巴黎时装工会的东方女性，她对时尚的贡献还使她荣获了法国颁发的艺术文化骑士级勋章。她曾担任电影、歌剧、广告等的服装设计师，得到众多名人的爱戴，连日本皇妃都非常喜爱她典雅的设计。

@ www.hanae-mori.com

Shop 表参道、银座、Teikoku Hotel店、Okura Hotel店等

10~50岁不同年龄的
东京男女品牌推荐

10's Brand

- 广受东京女性喜爱的街头品牌ANAP
- 日本最大的牛仔连锁店Jeans Mate
- 流行古着集中营HANJIRO
- 日系鲜明色调的休闲品牌COCOLULU
- 在原宿诞生的国际潮牌BAPE

10's Shopping Street

原宿 竹下通与明治通有许多适合中小学生的潮流单品
涩谷 中央街有辣妹最爱的109、PARCO购物中心
下北泽 在便宜又流行的人气古着店HANJIRO挖宝

· 性感×甜美×可爱的人气冠军CECIL McBEE
· 小碎花甜美风LIZ LISA
· 大人风的日系女孩品牌INGNI
· LA时尚平价的少女服饰品牌Forever21
· 高质感时尚都会女性提案NATURAL BEAUTY BASIC
· 日本Fit剪裁广受轻熟龄族群喜爱的丹宁品牌Brappers
· 让女人的性感曲线更有魅力HYSTERIC GLAMAOUR
· 法式优雅×都会极简的摩登品牌23区
· 以经典设计与精致做工取胜的Viaggio Blu
· 以年轻的上班族为主顾的MK MICHEL KLEIN

20's Brand

20's Shopping Street

新宿 伊势丹百货、LUMINE是20多岁人群的购物
天堂

涩谷 推荐109、PARCO、OIOI、BEAMS、SHIPS
等品牌专卖店的神南地区

银座 聚集了高价＆平价品牌的旗舰店，延伸至
OIOI丸井有乐町一带都很值得造访

自由之丘 生活杂货、甜点、咖啡厅以及服饰小店都
令人流连忘返

吉祥寺 交通便利、沉稳优雅的人气景点

· 适合30多岁人的高质感的英伦风格品牌UNITED ARROWS
· 提供各式流行日系单品的全方位品牌BEAMS
· 男女雅士精致品位服饰品牌TOMORROWLAND
· 堪称新一代潮流指标的时尚品牌ESTNATION
· 打造典雅甜美风的轻熟女品牌TO BE CHIC
· 广受东京OL青睐的JUSGLITTY
· 日杂AneCan的时尚宠儿LINED
· 诉求性感与精致美感的LE JOUR
· 引领个性派潮流的iCB
· 强调高级与自由气息的UNTITLED

30's Brand

30's Shopping Street

银座 世界顶级品牌齐聚一堂，服务与质量都是上乘的
新宿 伊势丹、OIOI以及高岛屋百货很适合30多岁人的购物喜好
丸之内 聚集了许多日本大公司总部的商业区，复合式商场进驻
　　　了都会男女最爱的品牌
青山 以表参道Hills为首的豪华级购物商圈
六本木 Tokyo Midtown与六本木Hills等大型复合商场

40's Brand

- 专为熟龄族群设计的古典&奢华精品店EPOCA THE SHOP
- 极具设计感的高级时尚品牌Paul Stuart
- 美国总统等世界名人喜爱的纽约品牌Barney New York
- 舒适又精致的熟龄品牌自由区
- 摩登风格与细致品位兼具的AMACA

40's Shopping Street

池袋 以西武、东武、Sunshine City等大型百货公司为主的繁华商圈

银座 位于中央通、并木通上的名牌旗舰店，以及三越、松坂屋等百货公司

青山 以表参道Hills为首的豪华级购物商圈

新宿 西武、小田急与伊势丹百货

TOKYO WOMAN'S 人气品牌

Ralph Lauren

融合现代与古典的美国时装品牌。

DIANE von FURSTENBERG

带有女性温柔与自信姿态的纽约品牌DVF，以新潮图样与完美曲线著称。

Milly

俘获年轻时尚人士的Smart & Sexy Style，by Michelle Smith。

BCBG MAXAZRIA

由法国设计师Max Azria推出的美国品牌，顶级设计是时尚精品圈最为人乐道的。

MARC BY MARC JACOBS

充满青春活力与乐趣的流行品牌，是美国广受20多岁人喜爱的时尚代表者。

Theory

1997年诞生于美国的日系休闲品牌，完美的剪裁与顶级素材是最大的特色。

TOMMY HILFIGER

强调自信、真我及自然的美国经典服饰品牌。

HARE

与杂志同步的日本街头时尚品牌，以中低价位与流行的设计屡获年轻男子的心。

NUMBER (N)INE

品牌名称来自于Beatles，以帅气的剪裁与独特的设计取胜的原宿男士休闲时尚代表品牌，是木村拓哉爱用的品牌。

TK

出自日本时装设计师菊池武夫（Takeo Kikuchi）之手的男装品牌，以平价及高品位休闲风格取胜。

LAD MUSICIAN

由日本设计师黑田雄一设计，融合音乐与时尚，摇滚元素十足的流行单品。

JUNMEN

1958年创立以来，以黑色简约风格走在流行的尖端，休闲服饰与正式西装都有。

BOYCOTT

由知名设计师田中悟（Satoru Danaka）推出的时尚休闲男装品牌，斯文中带点不平凡的性格，将年轻人的梦想与欲望透过T恤设计表达出来。

ELEVEN EIGHT

由原宿、涩谷潮流领导者ANAP设立的男士品牌，平实的价格与新潮的设计颇受好评。

UNDER COVER

高桥盾（Jun Takahashi）一手创办的潮流服饰品牌，因超现实、唯美、诡异的风格而得到各年龄层爱好者的支持。

Shopping Street

日系街头风格大多聚集在里原宿与Cat Street，代官山与涩谷神南区则走高质感路线，较为大众化的流行单品集中在涩谷109 Man's、新宿OIOI MAN，品质男最爱的高级品牌则推荐新宿伊势丹男士馆!

TOKYO KID'S 人气品牌

儿童流行服饰

　　喜爱名牌服饰的爸爸妈妈们有福了！Burberry、Dior、Celine、D&G等品牌皆在东京推出儿童服饰，不仅价格比中国便宜，而且在各大购物中心与百货公司都找得到。如果预算较少，也可以参考GAP、UNIQLO、MUJI、COMME CA ISM、ZARA等品牌，不仅质量好，价格也很实惠。此外，千万别错过日本最有名的阿卡将（Akachan）童装店，台场Venus Fort Family以及东京近郊的Outlet Mall也很值得推荐！

miki HOUSE

　　1971年创立的日本童装品牌，坚持高质量，能让小朋友穿得安心，每天都充满笑容。

银座SAYEKUSA（サエグサ）

　　拥有140年历史的高质量儿童用品专卖店，销售儿童赠礼与相关用品。

银座ISMIYA（いさみや）

　　提供婴幼儿至小学生童装的专卖店，尺寸、色彩与款式繁多。

familiar

　　由4位母亲于1950年合资创立的婴儿用品专卖店。

BeBe

　　日本家喻户晓的童装连锁店，旗下有多个品牌。

MEZZO PIANO

　　日本最大的童装品牌之一，全日本已超过300家门市，罗曼蒂克又优雅的服饰有童装界香奈儿的封号。

BLUE CROSS

　　NARUMIYA International的青少年休闲系列，主要走欧风街头走向。

stompstamp

　　集结Lacoste、PUMA、Moncler、D&G等海内外百余种儿童品牌的精选商店。

世界级水准的名牌旗舰店

　　东京是亚洲时尚之都，许多世界名牌旗舰店都不吝砸下重金在东京各地开设大型分店，比如LV、PRADA、Cartier、TOD'S等高级品牌，主要聚集在表参道、青山、银座、六本木山毛榉坂通以及丸之内仲通等地。此外，H&M、ZARA、Forever21、UNIQLO等中低价品牌也在原宿明治通、涩谷文化村通、银座中央通等地开设了大规模的分店。在众多竞相争艳的品牌旗舰店中，东京限定商品绝对是血拼族必买的！

HERMÉS

ARMANI

在设计界位高权重的意大利品牌

Maison Hermès

法国高级名牌爱马仕（Hermès）旗舰店是由设计关西国际机场的意大利籍建筑师Renzo Piano一手打造的，越是在黑暗中玻璃帷幕建筑越美丽，素雅的摆设彰显出品牌的高贵品位。大楼内部除了进驻爱马仕专柜，还有Lounge、电影院、咖啡厅以及艺廊等设施。

📧 由JR有乐町站银座出口步行约3分钟；与地铁银座站B7出口相接
🏠 东京都中央区银座5-4-1

造价8000万美元的钻石型顶级旗舰店

Prada Boutique

以绚烂夺目的钻石型透明玻璃建造而成的PRADA旗舰店，让全世界的时尚人士都想来此。由规划2008年北京奥运建筑的瑞士建筑师Herzog & de Meuron一手打造，并于2003年落成。B2~7F总面积369.17平方米，内部空间与外墙设计协调得完美无瑕，3~5F的天井式设计让空间更宽阔。来到东京，一定要来一睹PRADA旗舰店的风采。

📧 由地铁表参道站A4出口步行约1分钟
🏠 东京都港区南青山5-2-6

世界最大的香奈儿旗舰店

CHANEL GINZA

位于银座的香奈儿旗舰店，以及全世界的香奈儿分店都是由建筑师Peter Marino打造的。1F与2F是香奈儿商品区，3F是VIP沙龙，4F是多功能活动厅，最著名的莫过于10F的顶级法国餐厅BEIGE ALAIN DUCASSE，这里是全球唯一一家由CHANEL设立的法国餐厅，在这里女人们可以享受当贵妇的滋味。

📧 由JR有乐町站银座出口步行约8分钟；由地铁银座站A13出口步行约1分钟
🏠 东京都中央区银座3-5-3

CHANEL

世界最大、顶级
BULGARI 银座Tower

　　2007年12月开业的宝格丽旗舰店，位于以珠宝盒为设计概念的宝格丽大楼，新闻曾经报道，在1~3F的商品区陈列了高达7亿日元的蓝钻项链，以及2亿日元的黄钻戒指。8~11F设有与Ritz Carlton饭店联合运营的高级餐厅IL RISTORANTE与Bar。

📧 由JR有乐町站银座出口步行约10分钟；与地铁银座站A13出口相接

📧 东京都中央区银座2-7-12

精致都会时尚巨匠
ARMANI GINZA

　　2007年11月亚曼尼银座店开业，兼具服饰区、沙发区、餐厅以及Lounge Bar。建筑由设计师亚曼尼与建筑师Doriana及Massimiliano Fuksas携手合作，以具有东洋禅风的竹子为主要概念设计。继米兰分店之后，银座店设有护肤保养专柜与家居设计商品专柜。

📧 与地铁银座站B5、B3出口相接

📧 东京都中央区银座5-5-4

日本规模最大的豪华分店
H&M SHIBUYA

　　H&M是受年轻人注目的国外品牌之一，在中国、韩国、日本等地皆设有分店，而涩谷店是日本最大规模的分店，总面积2800平方米，除了引进西班牙的全系列商品，日本限定款也很受欢迎。价位适中，折扣特卖期间更是降价到200多元，很值得来采购。

📧 从JR涩谷站八公口往文化村通方步行约5分钟

📧 东京都涩谷区宇田川町33-6

美国平价时尚领导者

Forever 21

被誉为美国时尚领导者品牌的Forever21，平价又时尚的各种单品，在进驻东京后掀起了樱花妹的疯狂抢购潮，目前已在全球开设了500多家分店，包括美国、英国、日本、韩国、中国等地。日本原宿店楼高5层，占地1750平方米，每日都有新品上架。

📩 从JR原宿站表参道口往明治通方向步行约4分钟

📍 东京都涩谷区神宫前1-89

冲浪品牌专卖店

QUIKSILVER Flagship Store

QUIKSILVER Flagship Store是一家销售ROXY、DC、QUIKSILVER CULTURE等品牌的专卖店，占地620平方米，以世界各国的冲浪板作为装饰主题，充满健康活力的气氛，包括世界冲浪冠军Kelly Slater以及Travis Rice的签名冲浪板。店内展售与人气造型师熊谷隆志携手合作的QUIKSILVER CULTURE系列。

📩 从JR原宿站表参道口往明治通方向步行约5分钟

📍 东京都涩谷区神宫前6-25-14神宫前メディアスクエアビル1

亚洲规模最大

DIESEL GINZA

DIESEL银座店是亚洲规模最大的豪华分店。是意大利知名室内设计团队融入东方风格的全新力作。1F是鞋子、包包、配件区，2F为牛仔服饰，3F则是DIESEL BLACK GOLD系列商品。

📩 从JR有乐町站中央口往外堀通方向步行约3分钟，位于Printemps百货旁边

📍 东京都中央区银座3-2-15 ギンザ・グラッセ

明星最爱的日本时尚精品店

如果你逛腻了UNIQLO、H&M、ZARA等满街都是的国民品牌服饰连锁店，想穿出自我风格的设计，不妨参考接下来介绍的品牌商店。它们提供了众多高质量、优质素材、品位独特的精选商品，采用限量单品的销售模式，让你走在街上不用担心会撞衫。舒适合身的剪裁还能修饰身型，打造犹如明星般的造型。

引进了知名设计师Alexander McQueen与Giorgio Armani的系列作品，同时销售自创品牌商品，因价格偏高，比较适合30岁以上的人群。这些品牌商店大多分布在银座、丸之内仲通、六本木、Tokyo Midtown以及东京的各大百货公司之中。平日不打折时，昂贵的价格总让人望而却步，建议利用每年7月与1月的折扣季来选购，相信一定能找到不错的时尚单品。

VIA BUS STOP

除了美国，
只有日本找得到
Barneys New York

　　纽约曼哈顿知名精品百货 Barneys New York，标榜品位（Taste）、奢华（Luxury）、幽默（Humor），是世界三大奢华百货之一。除了美国，只有在日本才找得到。主力是欧美顶级品牌，曾与 Giorgio Armani 合力推出自有品牌（Private Brand；PB）。新宿店占地 B2~9F，销售服饰、配件、生活杂货、餐厨与文具等商品；银座店位于历史悠久的交询大楼（交询ビル）附近，是由曼哈顿知名建筑师 Jeffrey Hutchison 负责设计的。

@ www.barneys.co.jp
据点 新宿、银座、御殿场 Outlet

引领潮流的主流精品店
ESTNATION

　　以高质感的独创商品为主力，也有进口品牌，比如 DOLCE & GABBANA、Jil Sander、Chloé 等世界知名品牌服饰、鞋子与配件。六本木 Hills 店是日本最知名且最大的品牌店。

@ www.estnation.co.jp
据点 六本木、有乐町、银座、御殿场 Outlet、佐野 Outlet

世界知名设计品牌集大成
VIA BUS STOP

　　由日本时尚企业 Onward Kashiyama（株式会社オンワード樫山）经营的精品服饰店，举凡 Alexander McQueen 旗下的 Berardi、Viktor & Rolf、TOCCA、ANNE VALERIE HASH、BERARD 等，共引进 50 多种设计品牌商品。休闲服饰、宴会礼服、套装西服、包包鞋子等一应俱全，能满足顾客的所有需求。整体空间设计也有独特的当代风格。

@ www.viabusstop.com
据点 Tokyo Midtown、代官山、有乐町西武百货、涩谷西武百货、日本桥三越百货

日本最具代表性的品牌
UNITED ARROWS

于1989年起家的UNITED ARROWS，一向以英伦设计风格为主轴，以精致著称，适合关心流行趋势、喜欢优质商品的轻熟龄族群。除了经营独创品牌UA BASIC，还代理了欧美潮流品牌，旗下品牌包括District United Arrows、The Sovereign House、united arrows green label relaxing、Chrome Hearts、Changes United Arrows、BEAUTY&YOUTH UNITED ARROWS。

@ www.united-arrows.jp

据点 原宿本店、原宿Cat Street、涩谷、有乐町西武百货、丸之内、日本桥、银座MARRONNIER GATE、六本木Hills、新宿LUMINE、池袋PARCO

日杂流行时装品牌
FREE'S SHOP

风靡日本的超人气品牌"FREE'S SHOP"，以甜美可爱的风格深受年轻女孩喜爱。专为女性设计的I'm free伊势丹新宿店，以及专售中低价女性休闲系列的FREE'S MART等，在日本设有多家分店。FREE'S SHOP MEN则是男装品牌，在涩谷、名古屋、福冈设有分店。FREE'S SHOP旗下还有Debbie by FREE'S SHOP以及Plush & Lush品牌。

@ www.frees-shop.com

据点 涩谷、丸之内、新宿LUMINE、伊势丹新宿店、自由之丘、池袋PARCO

精致都会潮流核心
BEAMS

日本潮流品牌，于1976年创立，几乎每个游客都会一访BEAMS。以休闲风格居多，旗下名牌有主打国际精品路线的International Gallery BEAMS，结合居家、运动、学院风的传统美式风格服饰BEAMS BOY，经典时尚男性休闲系列BEAMS PLUS，专卖T-Shirt的T BEAMS，与吉田包PORTER合作的特别商品B印YOSHIDA等。不定时会推出限定版服饰，东京迪士尼乐园5周年时，曾推出限定版米奇系列服饰。新宿、原宿及涩谷均设有大规模的BEAMS分店。

@ www.beams.co.jp
据点 新宿、原宿、涩谷、代官山、丸之内、Tokyo Midtown、池袋

日本精致流行商店代表
SHIPS

1977年于银座开设1号店之后，以迎合二三十岁消费族群的流行服饰广受好评，逐渐成长为足以与BEAMS及UNITED ARROWS并驾齐驱的知名精品服饰品牌。以欧美进口基本款流行单品为主，也有原创品牌，包括JETBLUE、WINE LABEL及SHIPS KIDS等主题品牌。

@ www.shipsltd.co.jp
据点 银座、新宿、原宿、池袋东武百货、有乐町、吉祥寺东急百货

高格调的潮流先驱
TOMORROWLAND

日本具有代表性的精品服饰品牌之一，自1983年在自由之丘开业以来迅速累积人气，目前已在全日本各大百货公司、购物中心设柜，拥有超过120间分店。以轻熟时尚为主打，半数以上的商品为自创品牌，其余则由欧美进口。旗下品牌包括摩登风格BALLSEY、帅气军风EDITION、休闲时尚DESPRÉS、周末度假风MACPHEE、高级休闲品牌GALERIE VIE以及BACCA等。

@ www.tomorrowland.jp
据点 丸之内、涩谷、吉祥寺、有乐町西武百货、自由之丘、涩谷西武百货、新宿伊势丹百货、新宿京王百货、新宿高岛屋百货、新宿LUMINE、池袋西武百货、惠比寿三越百货、银座三越百货

鞋子狂的绝对天堂

如果你是一个爱好鞋子的人，那么来到日本旅游时一定要好好地采买日本制鞋款。各种流行款式应有尽有，同时符合东方人的脚型，不仅舒适，价格也比进口鞋便宜。让我们一起来看看这些兼具舒适感、高级素材以及时尚设计的日本品牌吧！

日本鞋子品牌代表

REGAL

　　1880年诞生于美国的RE-GAL。在1961年引进日本，采用木跟设计，并针对日本人的脚型进行改良的手工皮鞋品牌"REGAL"，在各大百货公司专柜都可以看到。比起一般皮鞋，这个品牌的做工更精细，具有舒适平稳的穿着感，造型更是时尚。价格大约是2万日元，虽然不便宜，但比起欧美进口的名牌鞋仍便宜许多。旗下男士品牌包括REGAL、KENFORD、SHET-LAND FOX及HOPPERS等；女鞋品牌则包括REGAL、Carri Fours、Naturalizer、Beaufit；儿童品牌有REGAL KIDS。

@ www.regal.co.jp
据点 银座、有乐町、日本桥、上野、涩谷、新宿、池袋PARCO

匠人风采 & 熟成做工

银座Yoshinoya
（銀座ヨシノヤ）

　　1907年创立于银座，至今已拥有105年的悠久历史，70多家直营店，且在各大百货公司均有设柜。多年来，坚持采用上等品质的皮革制鞋，推出多款高机能的鞋款，比如防止拇指外翻、晴雨兼用等设计，受到广大民众的喜爱。部分商品更与意大利或法国制鞋名家合作，手工鞋、绅士鞋、女士鞋、儿童鞋以及包款都一应俱全。

@ www.ginza-yoshinoya.co.jp
据点 银座、上野松坂百货、涩谷、东急百货、东急百货本店、池袋西武百货、新宿高岛屋百货、吉祥寺东急百货

银座WASHINGTON

Shoes & Bags知名老店

银座Kanematsu
（银座かねまつ）

这个兼具美丽外观与舒适功能的鞋子品牌成立于1947年，包括原创品牌Masumi、美丽优雅的WOMAN & MYSELF、青春舒适的AQUA BELL以及SLENDER等系列子牌。AneCan日杂OL穿搭必备的品牌Couturier更是受到银座系女性的喜爱。特别推荐银座六丁目本店，B1~4F摆满了时尚的鞋子与包款，设有修理工房以及气氛绝佳的餐厅。

@ www.ginza-kanematsu.co.jp
据点 银座六丁目本店、银座四丁目店、新宿OIOI本馆、新宿小田急百货、池袋东武百货、涩谷西武百货、アトレ惠比寿

与银座一同走过70年历史的制鞋专家

银座WASHINGTON
（银座ワシントン）

质感绝佳的日本鞋类品牌，旨在让每个人都找到合适的鞋。旗下包括原创品牌WASHINGTON，兼备男女正式与休闲鞋款，结合时下流行与优质素材制作出标准型与加大的鞋型；男士商务品牌Gabby，防水、轻便，是上班族的最佳选择；与意大利和西班牙等欧洲制造商合作的WASH，以及专为可爱、性感的年轻女性设计的STUDIO。

@ www.washington-shoe.co.jp
据点 银座本店、银座WASHINGTON、西银座、新宿LUNINE EST

20多岁人群的潮流鞋牌

DIANA

JJ、CAMCAN、VIVI、Oggi等日杂经常刊载的当红鞋子品牌，推出多款顺应时尚趋势、衬托日本女性肤色的米色、淡粉色等裸肤色鞋款，因极高的搭配性及舒适性俘获了女性的心。1952年在银座创立的DIANA，因被日本美智子王妃收藏而闻名。在涩谷、银座都能轻易发现它的身影，全国的分店多达84家。旗下品牌包括具有精致的女性美的DIANA、走在时尚尖端的DIANA amorosa、优雅美丽的DIANA WELLFIT、经典有型的DIANA UNDERLINE、引领涩谷休闲潮流的DeaDia等，是日本OL的首选。

据点 银座本店、西银座店、原宿、新宿LUMINE EST、新宿LUMINE 2、池袋PARCO、涩谷PARCO、涩谷东急PLAZA、自由之丘

银座kane ma tsu

DIANA

让女人神魂颠倒的世界名牌鞋

Brand Shoes

在美国电影《欲望都市》中，凯莉说了一句经典名言："爱情逝去了，但鞋永远都在。"说中了女人爱鞋成痴的心声。高跟鞋是每个女人必备的，它能呈现出女人曼妙优雅的身体曲线与美腿，令女人充满自信地踏出每一步。对女人来说，它不仅仅是时尚配件，而是一生中最重要的伙伴，能够收藏经典的鞋款更成为女人最大的梦想。

东京是众多设计品牌展演的舞台，来自法国的Christian Louboutin红底鞋，凸显女性的柔媚与成熟性感，稳坐女性最想入手的品牌宝座。马来西亚华裔设计师的品牌JIMMY CHOO，其华丽前卫的高跟鞋是好莱坞明星穿上星光大道必备的单品。意大利精品品牌Sergio Rossi向来以独特而优雅的造型著称，在东西时尚盛会上都能见到它的踪影。1912年诞生于佛罗伦萨的顶级绅士鞋品牌Sutor Mantellassi，则以特殊缝线手工打造，赋予了鞋子强韧的力度。西班牙经典品牌Manolo Blahnik，因窄尖头、细高跟与华丽的缀饰成为国际名流的最爱。这些光听到名字就令人兴奋不已的名牌，除了Sergio Rossi与JIMMY CHOO外，其余大部分的品牌都能在银座和六本木一带的精品店里找到，此外，Barneys New Youk、TOMORROWLAND、WR、Drawer、RESTIR也能在百货公司或复合购物中心找到。新宿伊势丹百货设有Shoes Floor，很值得一探！如果希望以较优惠的价格购入这些高价名牌鞋，建议在圣诞节后的新年折扣季期间前往选购，不过热门款式可能早就卖完啰！

日本荣誉品牌——
UNIQLO & 无印良品

UNIQLO和无印良品是闻名全球的日本品牌，大家到东京旅游时，不妨逛逛这些品牌概念店，亲自感受它们独特的魅力！

享誉世界的日本服饰品牌

UNIQLO

1974年创立的UNIQLO，目前在欧美、中国、韩国等地均设有分店。这个品牌几乎每个日本人都曾经购买过，是日本规模最大的连锁服饰品牌。提供多款1000~3000日元的平价服饰，宽敞的店面很适合全家人一同前来选购。旗下拥有专卖T恤的UT、低价副牌gu、Jil Sander联名系列+J，以及高人气品牌UNDERCOVER的UU系列。UNIQLO全球最大的旗舰店位于银座，总面积约4958平方米，共有12层楼的店面，店内有精通五国语言的服务人员，可用英语、中文、韩语、法文、西班牙语接待外国客人。

据点 中国有分店，但日本有更多中国没有引进的款式哦！首推银座店，但涩谷、新宿、上野、浅草、秋叶原、池袋、吉祥寺、自由之丘等地也设有分店。

❶ UNIQLO主力商品Fleece连帽外套　¥1990
❷ 内搭衣　¥990
❸ HEATTECH高领长袖　¥1000
❹ 多色系休闲长裤　¥690

❶ MUJI自有保养品牌
❷ 混纱围巾　¥1990
❸ 藤编收纳篮　¥800
❹ 料理用秤&计时器　¥1500
❺ 木制沙拉碗　¥800
❻ 南瓜烤饼（かぼちゃのスコーン）8入　¥294
❼ 汤品，六种口味组（ごはんにかけるスープ6種セット）10入　¥2174
❽ 布朗尼（自分でつくる ブラウニー）　¥630

来自日本的乐活主张

无印良品 MUJI

　　1980年成立的良品株式会社，提倡简约、自然、富有质感的生活哲学，贯彻对质量的坚持，让消费者拥有100%的安心感。目前共跨足26个国家，设立数百家分店，在中国有多间分店。舒适的服饰、提包、围巾、鞋子与天然的化妆品，深受女性消费者认同；厨房用品、家饰家具、食品、小家电及文具等各类生活用品数量齐全、价格平实。特别推荐MUJI有乐町店，这是日本占地最广的旗舰店，设有花良品、Café & Meal MUJI餐厅，以及无印良品的家，想实现梦想中的家居生活吗？到东京时可千万别错过哦！

据点 中国各大城市有分店。推荐你前往有乐町参观，其他地区如银座、池袋、六本木、新宿、涩谷、惠比寿、下北泽、自由之丘、吉祥寺、秋叶原、上野等也设有分店

日本药妆连锁店——松本清

Matsumoto Kiyoshi

热爱保养与美妆的你，来到日本最不能错过的地方就是药妆店！如何在日币看涨的时代还能买得便宜，货比三家绝对是必要的功课。日本知名的药妆店包括松本清（マツモトキヨシ）、Sun Drug（サンドラッグ）、Sugi药局（スギ薬局）、大黑Drug（ダイコクドラッグ）、Smile Drug（スマイルドラッグ）、河内药品（カワチ薬品）等，而松本清是日本国内药妆连锁店数量最多的一家，囊括保养、彩妆、药品、健康食品、入浴剂、生活杂货等各式商品。每一家店的定价都不大一样，一般来说，以上野、吉祥寺、下北泽地区的较为便宜，新宿、涩谷的分店则会进驻较多的日系彩妆品牌，不定时会打5~6折，可以多多留意！每季限量推出的限定款彩妆，或是人气日杂所刊载的美容小物，经常会被抢购一空。

★ Special　**药妆推荐商品！**

❶ ROHTO LYCEE小花眼药水
可爱的粉红色外包装，加上有小花图样点缀，所以被称为"小花眼药水"，使用若有不适，还是要咨询医生哦！

❷ VISEE眼影盘
各种彩妆最推荐！有专柜的质量，不定时打5~6折，一盒只要200多元，真的很超值！

❸ 各式面膜
日本女生的肌肤个个都吹弹可破，能够迅速让肌肤恢复元气的面膜当然也是选购重点！价格便宜，有时也会推出超值包装！

❹ 各式护唇膏
日本气候干冷，护唇膏的种类非常多样化，有保湿、修护或是润色效果等，都很值得推荐！

❺ 泡汤粉、入浴剂
水果香、花香等各式香味的泡汤粉，有不同的功效，如美白、润泽、排水、去角质等，爱泡澡的你一定要买！

❻ QTTO机能美腿袜
穿着睡觉就能减轻一整天的疲劳，还能塑造腿形，虽然中国也有引进，但在日本买更优惠。

药妆奇迹

松本清（マツモトキヨシ）

　　1932年由原松户市长松本清创建，如今已成为日本最大的药妆连锁店，每走几步就有一家，每个地区的折扣与售价也都不同，是日本人生活中不可或缺的购物天地。与一般药局的经营模式不同，店内的每个角落都布满了化妆品、杂货、食品、药品等商品，商品种类超过1万种。此外，自创品牌MK CUSTOMER更以低价策略成功打入市场。商品的陈列整齐明亮、一目了然，且架上备有试用品，让每个顾客都能自在地挑选，甚至化妆品公司还会以松本清的销售成绩来决定政策方针。顾客群绝大多数是女性，尤其是高中女生、OL等年轻族群，当然也是观光客必败的购物胜地。购物即可申办集点卡，点数可折抵购物金额。

据点 银座、新桥、六本木、麻布十番、上野、台场Decks Tokyo、原宿、涩谷、新宿、浅草、池袋、吉祥寺

东京边界的钻石级Outlet Mall

　　虽然东京物价很高，可是一旦步入购物街，你就会无法自拔地沉陷。如何用最少的预算买到最多的东西，位于东京郊区的Outlet是你最好的选择。这里进驻了各大品牌的过季商品，宽广的购物商场还设有许多适合一家人的休憩空间。在这里你可以用最低的价格买到高级精品，每逢新年（圣诞至1月初）、黄金周（4月底至5月的连续假期）、夏季折扣（6月底至7月）将推出优惠促销活动，千万不要错过哦！

日本Outlet规模首屈一指的
御殿場プレミアム·アウトレット

位于静冈县的御殿場プレミアム·アウトレット（Chelsea Premium Outlets）是日本最大的Outlet购物中心，聚集了高级名牌与国内外知名品牌等约210个门市，均以原价的25%~65%出售。从东京前往需要90分钟的车程，若在周末前往，请记得提早出门。除了购物，在这里还能远眺富士山的美景，附近则是温泉之乡箱根。

- 📍 静冈县御殿场市深泽1312
- 🕐 3~11月 10:00~20:00
  12月~次年2月 10:00~19:00（每年2月的第三个星期四休息）
- 📞 0550-81-3122
- @ www.premiumoutlets.co.jp/cht（中文网页）

品牌一览

PRADA、Gucci、BULGARI、Armani Factory Store、Coach、D&G、Bally、Hugo Boss、Paul Smith、Issey Miyake、A.testoni、Via Bus Stop、Armani、Factory Store、Jimmy Choo、Cabane de Zucca、Diesel、Vivienne Westwood、Brooks Brothers、Petit Bateau、Hakka、Gap、Nike、PUMA、无印良品等（品牌可能有所变更，可至官网查询）。

交通方式

新宿站新南口JR高速巴士起始站，搭乘小田急（Romance Car）朝雾列车约95分钟，再从御殿场车站转搭接驳车约需10分钟。

·东京直通巴士

东京车站八重洲南口（1号乘车处），搭乘御殿场Premium Outlet直达巴士约85分钟（全预约制）。

单程￥1600，往返￥2800

JRバス关东 03-3844-1950

·JR御殿场站→Premium Outlet区间免费接驳车

由JR御殿场车站出发：经由东名御殿场IC，抵达Premium Outlet。

9:30开始每20分钟发车，每小时有3班车，分别于每个小时的10、30、50分出发，末班车为21:40。

更详细的交通方式，可参考http://www.premiumoutlets.co.jp/cht/shop/gotemba/access（有中文网页）

关东最大的Outlet中心

三井アウトレットパーク入間

2008年4月10日，关东地区最大的购物中心Mitsui Outlet PARK入间盛大开业！从品牌服饰到户外、运动、鞋类、生活杂货等，还设有咖啡厅与餐厅，总商店数超过200家，其中有44个首度进驻Outlet的日本品牌。Outlet商城附近有COSTCO，许多家庭来此欢度周末，因此周末与连续假期容易塞车。

📮 埼玉县入间市宫寺字 3169
🕐 购物10:00~20:00 | 饮食10:30~21:00 | 餐厅11:00~21:00（周六、周日11:00~22:00）
📞 04-2935-1616
@ www.31op.com/iruma/index.html（有中文网页）

品牌一览

COACH、EGOIST、Olive des Olive、Vivienne Westwood、a.v.v、Katharine Hamnett、Joias、Rope theory、DIESEL、Tommy Hilfiger、Next Door、Nolley's、Banana Republic、Benetton、United Arrows、LASTCALL、Combi、stompstamp、ifca、Chloe LINGERIE、SEIKO、DIANA、Triumph、Furla、Harrods、Franc Franc、无印良品、LEGO、TRUE RELIGION、Levi's、adidas、KENZO GOLF、Nike、PUMA等（品牌可能有所变更，可至官网查询）。

交通方式

从成田机场搭京成本线特急约90分钟，经日暮里站至JR山手线（往池袋方向）约15分钟，池袋站往西武池袋线约45分钟，到达入间市站后，请在南出口"2号乘车点"搭乘西武巴士，约15分钟抵达三井畅货园区。从东京站出发，搭乘Metro丸之内线（往池袋方向）也可抵达。

度假村型

三井アウトレットパーク 横浜ベイサイド

三井不动产旗下的三井Outlet Park横滨港湾，仿造19世纪美国东岸港口城镇所打造，广阔无边的湛蓝天空，游艇码头的港湾风情，让人们在购物时也能享受几分闲适气息。全区分为Factory Outlet、Sea Port Outlet、Kids Outlet、Life Style Outlet，共有80多家商店。每年11月中旬到圣诞节会举办"Marine Fantasy Christmas"华丽特庆。商品折扣为3~7折，特别折扣期间则另外订定。

📮 神奈县横滨市金泽区白帆5-2
🕐 10:00~20:00（餐厅因店而异，不定期休息）
📞 045-775-4446
@ www.31op.com/yokohama

品牌一览

COACH、Franc Franc、NICE CLAUP、LAST CALL、NEXT DOOR、BCBG、SEIKO、REGAL SHOE BAR、SHIPS、J.CREW、Zoff、LEGO、NIKE、ASICS、LEVI'S、adidas、Timberland、LACOSTE、DESCENTE、FRED PERRY等（品牌可能有所变更，可至官网查询）。

交通方式

从JR横滨站搭乘JR京滨东北根岸线约18分钟→JR新杉田站换乘→海滨线4分钟→抵达鸟滨站步行约5分钟；从东京站出发约需45分钟车程。

漫步法国南部风情

三井アウトレットパーク 多摩
南大泽ラ・フェット多摩

　　三井多摩南大泽（前身为La Fete Tama Outlet）于2000年开业，橘色墙面、旗帜、雕饰等设施让人仿佛来到普罗旺斯的街道，共有140多家商店。主打日本品牌服饰、宠物用品，连新宿知名的猪排专卖店すずや（Suzuya）这里都有。

✉ 东京都八王子市南大泽1-600
🕐 10:00~20:00（餐厅因店而异，全年无休）
📞 0426-70-5777
@ www.31op.com/tama/index.html

品牌一览
　　COACH、NIKE、LACOSTE、LEVI'S、AIGEL、Zoff、REGAL SHOE BAR、roxy、Columbia、G-SHOCK、CITIZEN、adidas、mont-bell、BOBSON、NEXT DOOR、Franc Franc、NEW YORKER、J.FERRY、a.v.v、Wacoal、NICE CLAUP、NOLLEY'S等（品牌可能有所变更，可至官网查询）。

交通方式
　　由JR新宿站西口，京王百货公司旁搭乘京王相模原线前往调布，再转乘相模原线列车往南大泽站北口下车，车程约需40分钟。

麻雀虽小，五脏俱全

三井アウトレットパーク ガーデンウォーク幕张

　　三井Outlet Park千叶（前身为Outlet Park Garden Walk幕张）以城市绿洲为概念，出售流行服饰、运动、生活杂货与儿童用品等，设有约90家店铺。NEXT DOOR、OZOC、TAKEO KIKUCHI、UNTITLED、LAST CALL等日本品牌直营门市最受欢迎，宽敞的空间设计感觉就像一座轻松舒适的主题公园。

✉ 千叶市美滨区ひび野2-6-1
🕐 10:00~20:00（各馆不一，不定期休息）
📞 043-212-8200
@ www.31op.com/makuhari

品牌一览
　　COAC3H、JILL STUART、AGATHA、vanessabruno、kate spade、agnesb、NEXT DOOR、NEWYORKER、Franc Franc、Wacoal、NICE CLAUP、UNITED ARROWS、united arrows、LEVI'S、adidas、mont-bell、NIKE、BOBSON等（品牌可能有所变更，可至官网查询）。

交通方式
　　JR京叶线京滨幕张站北口前，由东京站搭乘JR京叶线约需30分钟。

家庭复合式Shopping Mall

GRANDBERRY MALL（グランベリーモール）

位于南町田站的GRANDBERRY MALL，距离东京市区约40分钟车程。全区包括主建筑OUTLET'SHOPS、生活休闲空间Fresh Berry Market、运动与家饰店林立的Home Life Garden、109 CINEMAS影城，以及美食商城Oasis Square等。

东京都町田市鹤间3-4-1

10:00~20:00（各店不一，不定期休息）

042-795-0109

www.grandberrymall.com

品牌一览

COMME CA ISM、mont-bell、Franc Franc、GAP、NEXT、MELROSE、a vos souhaits、arnold palmer、adidas、TRIUMPH、NOLLEY'S、LEGO、LAST CALL等，大多是中低价品牌商店，属于家庭复合式的购物中心（品牌可能有所变更，可至官网查询）。

交通方式

与东急田园都市线南町田相通；由涩谷站搭乘东急田园都市线急行列车约需36分钟。

邻近日光的庭园式购物中心
御殿场佐野プレミアム・アウトレット

　　御殿场佐野Premium Outlet于2003年落成，重现美国东岸城市风情，以苍葱的绿地空间与自然庭园造景，营造出闲适感。中心位于闻名世界的世界遗产日光附近，共设有170多家知名品牌专柜。

- ✉ 栃木县佐野市越名町2058
- 🕙 10:00~20:00（各馆不一，不定期休息）
- ☎ 0283-20-5800
- @ www.premiumoutlets.co.jp/sano

品牌一览

　　ARMANI、Tumi、Etro、SALVATORE FERRAGAMO、Tomorrowland、COLE HAAN、Esacada、Nicole、LEVI'S、TOMMY HILFIGER、LACOSTE、RALPH LAUREN、THEORY、Beams、Estnation、Columbia、Wacoal、Nike、PAUL SMITH、OAKLEY、Franc Franc、GAP等（品牌可能有所变更，可至官网查询）。

交通方式

　　从JR两毛线东武佐野站搭乘巴士约需15分钟；由JR新宿站新南口乘车处搭乘高速巴士约需90分钟；由JR东京站八重洲南口5号乘车处搭乘高速巴士约需80分钟。
每日营运，单程￥1300，可上网查询：http://www.premiumoutlets.co.jp/cht/shop/sano/access/

伴随着那须高原的新自然系
Outlet Mall
那须ガーデンアウトレット

　　那须Garden Outlet在2008年7月17日隆重开业！占地约为东京巨蛋的4倍，购物区有时尚名品店、运动休闲品牌以及咖啡厅、餐厅等120家店铺。全区分为销售农产品的集市（LOCO Market）以及适合小朋友亲近动物的迷你农场（LOCO Farm）、孩子尽情玩耍的游乐区（Kids Garden）、狗狗用品与咖啡厅（Dog Garden），可以带着爱犬同游。

- ✉ 那须盐原市盐野崎184-7
- 🕙 10:00~20:00（各馆不一）
- ☎ 0287-65-4999
- @ www.nasu-gardenoutlet.com/top.php

品牌一览

　　DOLCE&GABBANA、Chloe、NEW YORKER、Beams、Local Motion、theory、Triumph、reple yorkterrace、Levi's、GAP、adidas、Taylor Made、Brooks Brothers、DESCENTE、Fukuske等（品牌可能有所变更，可至官网查询）。

交通方式

　　由东京站搭乘东北新干线约75分钟；由JR东北新干线那须盐原站搭乘接驳车约8分钟（免费搭乘，营运时间8:40~18:20，每班间隔约30分钟）。

BEST！非买不可的东京伴手礼

　　日文的"お土产"（おみやげ；发音omiyage，中文近似欧咪呀给），就是礼物的意思。在结束东京旅程时，别忘了买些伴手礼送给亲朋好友。在东京站、品川站、羽田机场、成田机场免税店，以及东京各大百货公司及浅草仲见通等地，都是选购伴手礼的最佳地点。让我们来看看游客首选伴手礼！

东京ばな奈
（Tokyo Banana）

自1991年诞生以来广受人们喜爱的东京代表特产。在松软的海绵蛋糕里包着绵密的香蕉奶油内馅，一眼就能认出来的黄色包装，还有巧克力、焦糖口味，一盒8入售1000日元的大众甜点"见いつけたっ"，每年的营业额竟高达40亿日元。此外，年轮蛋糕、巧克力饼、泡芙、葡萄干饼等季节限定商品也很美味哦！

@ www.tokyobanana.jp

哪里买

羽田机场、成田机场、东京站、上野站、新宿站、品川站、八王子站、横滨站、OIOI丸井百货、东京铁塔1~2F、台场Aqua City 4F

见证浅草历史的名果

雷おこし
（Kaminari Okoshi）

将米蒸熟翻炒之后，混合麦芽糖、砂糖、花生等作料制成的传统米果。最早是江户时期在浅草雷门附近的摊销售给参拜民众的手工甜点，现今成为浅草的著名特产。最知名的"おこし"专卖店是"常盘堂"，在浅草、埼玉、福冈等地均有分店。

哪里买

羽田机场、成田机场、浅草、埼玉、福冈

东京最受欢迎的小鸡蛋糕

名果ひよこ（Hiyoko）

诞生于1912年，采用九州面粉制成的松软的鸡蛋糕，里头还包着甜而不腻的豆沙馅，当时的蛋糕大多以圆形为主，这款小鸡造型蛋糕真的太可爱了！不仅让人舍不得吃，也成为观光客必买的特产之一。一盒9入售1000日元，14入售1500日元。

哪里买

成田机场、羽田机场、东京站、上野站、品川站、池袋西武百货、涩谷东急百货、浅草松屋百货、惠比寿三越百货

必尝的日本传统甜点

人形烧

将香浓的鸡蛋面糊倒入各式各样造型的模具中，再填入满满的红豆馅。人形烧是日本极具代表性的传统甜点之一，发源地位于人形町，其中位于水天宫交叉路上的"重盛の人形烧"，以及以七福神造型且拥有百年历史的"板仓人形烧"最为出名。此外，浅草仲见通上处处可见销售人形烧的店家，最有名的是"木村屋本店"，在此可以看到雷门、五重塔、乌龟等造型的具祈福涵义的人形烧。除了红豆馅，还有奶油、绿茶、栗子等各种口味。

哪里买

羽田机场、成田机场、浅草、人形町

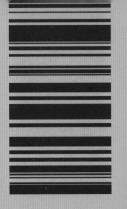

Part 4
FOOD TOUR IN TOKYO
不可错过的东京美食

东京必尝 BEST FOOD
在居酒屋小酌一杯
东京顶级米其林餐厅
代代相传的传统美食
享用气氛绝佳的晚餐
东京首选甜点店

东京必尝BEST FOOD

寿司 寿司 すし

日本最具代表性的料理——寿司（すし；Sushi），是醋饭与生鱼片、海鲜、果菜、红肉、煎蛋等多样配料的结合，让人回味无穷。在东京，从100日元均一价的连锁回转寿司店到一人要价20000日元以上的高级餐厅都有，想要品尝寿司的美味，选择实在非常多。

什么是江户前寿司？

东京旧称江户，最著名的食物是江户前寿司，江户前寿司起源于1804~1817年，以东京湾海域的新鲜海产制成握寿司，其中仅以成立于昭和初期的老铺"华屋舆兵卫（はなやよへい）"最为知名。尔后，握寿司逐渐转移至银座各地的餐厅，也因此成为日本寿司的代名词。

享用寿司美味的秘籍

——如何吃出寿司极致的美味呢？注重礼仪的日本人在品尝寿司时是否有什么禁忌呢？让我们来看看：

1. 只用鱼肉边缘蘸取少许酱油
2. 先吃清淡的，再食用油脂丰富的
3. 可以喝一口茶或吃一片腌渍姜片（がり），以去除口中的海鲜油脂味，再继续享用其他食材
4. 在回转寿司店时，一定要吃完一盘后才能拿下一盘
5. 加点寿司一般为一次2~3个

海苔寿司：卷き（MAKI）

银座久兵卫

六本木福鳍

★BEST 寿司店推荐!

🍣 银座 久兵卫

　　艺术家北大路鲁山人、小说家志贺直哉等日本名流最爱的寿司老店，创立于1936年的银座本店还曾获得建筑大赏。晚餐一人要价15000日元以上，午餐约4000日元起。

✉ 由JR新桥站3号出口（银座口）步行约5分钟，位于中央通资生堂后方

🏠 东京都中央区银座8-7-6

🕐 11:30~14:00 / 17:00~22:00

📞 03-3571-6523

@ www.kyubey.jp

🍣 六本木 福鳍

　　创立于1971年的寿司老店。每日从北海道与筑地市场配送新鲜渔货，只为了让客人享受到来自海洋的新鲜美味，因电视节目介绍而声名大噪。晚餐约6500日元，午餐2625日元起。

✉ 由地铁六本木站3号出口，步行约5分钟

🏠 东京都港区六本木5-7-8

🕐 11:30~14:00 / 17:30~23:00

📞 02-3402-4116（每周日与国定假日休息）

@ www.roppongifukuzushi.com

Tip

寿司名称便利贴

海苔寿司：巻ま(MAKI)
鲔鱼：まぐろ(MAKURO)
黑鲔鱼：赤身(AKAMI)
黑鲔鱼腹：びんとろ（PINTORO）
黑鲔鱼腹中级部位：中とろ（CHUTORO）
黑鲔鱼腹高级部位：大とろ（OTORO）
鲑鱼：サーモン（SAMON）
鲭鱼：さば（SABA）
秋刀鱼：さんま（SANMA）
真鲹：あじ（AJI）
鰤鱼：ぶり（BURI）
中尺寸鰤鱼：はまち（HAMACHI）
沙丁鱼：いわし（IWASHI）
比目鱼：ひらめ（HARAME）
比目鱼鳍：えんがわ（ENKAWA）
鲷鱼：たい（TAI）

乌贼：いか（IKA）
乌贼脚：げそ（KESO）
章鱼：たこ（TACO）
河豚：ふぐ（HUGU）
帆立贝：ほたて（HOTATE）
北寄贝：ほっきがい（HOKIGAI）
大蛤：はまぐり（HAMAGURI）
鲍鱼：あわび（AWABI）
海胆：うに（WUNI）
鲑鱼卵：いくら（IKURA）
蟹：かに（KANI）
虾：えび（EBI）
甜虾：あまえび（AMAEBI）
车虾：くるまえび（KURUMAEBI）
鳗鱼：うなぎ（WUNAKI）
海鳗：あなご（ANAGO）
玉子烧：たまご焼き（TAMAGOYAKI）
黄瓜卷寿司：かっぱ巻き（KATPAMAKI）
豆皮寿司：いなり（INARI）

梅丘寿司

北泽俱乐部

筑地玉寿司筑地本店

🔸 梅丘寿司の美登利

位于涩谷MarkCity 4F的梅丘寿司，是一家充满活力的人气寿司店。采用每日筑地直送的新鲜食材，每一口都能感受到丰富又多层次的绝佳美味。推荐"OMAKASE握寿司（おまかせにぎり）"2940日元，平价套餐840日元起。

🔸 涩谷MarkCity 4F

🔸 东京都涩谷区道玄坂1-12-3 マークシティイースト4F

🔸 周一～周五11:00~22:00（最后入场21:45）
周六日11:00~21:00（最后入场20:30）
店休日1月1日（可刷卡）

📞 03-5458-0002

@ www.sushinomidori.co.jp

🔸 北泽俱乐部

创立已逾百年的回转寿司店，总是在日本电视台"万人票选最美味寿司店BEST 45"单元中稳坐冠军宝座。顾客能以平实的价格品尝到伊势虾、比目鱼、鲍鱼等高级食材，海鲜握寿司150日元起、比目鱼300日元、伊势虾300日元。

🔸 由JR新宿站西口步行约5分钟，位于Yotobashi Camera本店对面

🔸 东京都新宿区西新宿1-17-1

🕐 11:00~23:00（全年无休）

📞 03-3346-1010

🔸 筑地玉寿司 筑地本店

1924年创立于筑地的高级寿司店，至今已在东京各主要地区开设连锁分店。筑地本店1F特设吧台席（一人10500日元，限时吃到饱），因为可吃到寿司师傅现做的新鲜料理而一位难求。3F的舒适座位区也有推出2100日元起的寿司套餐、945日元起的丼饭等平价餐点。此外，银座店、新宿高岛屋店及台场Decks店有专门推出的3000日元"食べ放题"套餐，因为可以尽情享用海胆、刺身、鲍鱼等高级食材而引发热潮。

🔸 由地铁日比谷线筑地站步行约1分钟

🔸 东京都中央区筑地1-9-4

🕐 11:00~23:00（全年无休）

📞 03-3541-1917

@ www.tamasushi.co.jp

鮨文

大和寿司

神田江戸っ子寿司

🍣 大和寿司

大和寿司不仅是筑地市场最知名的寿司店，也是经常登上媒体的人气餐厅。因新鲜寿司、和风料理以及季节限定的特色菜单而广受东京饕客们的喜爱。以平实的价格提供顶级料理，正是大和寿司40多年来屹立不倒的关键。特别推荐おまかせ超值午餐3150日元（寿司7个+海苔寿司1个+味噌汤）。

📍 由地铁日比谷线筑地站或大江户线筑地市场站步行约5分钟，位于中央鱼市场内6号馆

📮 东京都中央区筑地5-2-1

🕐 5:30~13:30（每周日、周三、国定假日休息）

📞 03-3547-6807

🍣 鮨文

约在150年前，当筑地市场还位于日本桥一带时，即以屋台（路边摊）起家的寿司专卖店。不仅是美食家的最爱，也是日本最早研发出真鯵握寿司的店家。特上鮨2625日元、散寿司2100日元，搭配传统特色蘸酱的海鳗也是一绝。

📍 由地铁筑地市场站步行约3分钟，位于中央鱼市场内8号馆

📮 东京都中央区筑地5-2-1

🕐 6:00~14:30（每周日、国定假日、市场公休日休息）

📞 03-3541-3860

@ www.tsukijinet.com/tsukiji/kanren/susibun

🍣 神田江戸っ子寿司

50多年来以江户式寿司达人而享有盛名，光在JR神田站附近就拥有6间分店，新鲜的食材与平实的价格是高人气的关键。店面仿造江户时代的握寿司屋台风情搭建，围绕在吧台周围的座位也经过精心设计。各类握寿司110日元起，2500日元的寿司套餐"特上"则是最受欢迎的组合菜单。

📍 从JR神田站北口步行约5分钟之处

📮 东京都千代田区内神田2-16-8第5氏家ビル102

🕐 11:00~22:00（每间分店不一）

📞 03-3258-1217

@ www.edokko.co.jp

🍣 鮨 清山

由筑地市场内的120年老店"筑地寿司清"直营的寿司专卖店，午餐有平价的商业套餐，因此六本木附近的上班族经常造访。晚上则以高级寿司、和风料理以及日本酒为主。推荐菜单为おまかせ寿司套餐，3150日元。

- 🚇 六本木Hills Westwalk 5F 77号
- 📍 东京都港区六本木6-10-1
- 🕐 11:00~23:00（全年无休）
- 📞 03-5772-2077
- @ www.tamasushi.co.jp

★寿司连锁店推荐！

🍣 天下寿司

在杂志与电视节目中以"回转寿司全国第一"之姿广为人知的知名寿司店，无时无刻不是高朋满座。均一价130日元（盘）。

- @ www.tenkazushi.co.jp
- **据点** 涩谷、下北泽、吉祥寺、新大久保、高田马场等

🍣 びっくり寿司

外国人也可轻松享用的江户前寿司连锁店。

- @ www.bikkuri.co.jp/
- **据点** 银座、惠比寿、自由之丘、四谷等

🍣 平禄寿司

以创意手作寿司而闻名的全国连锁寿司店。

- @ www.heiroku.jp
- **据点** 表参道、上野、御徒町、池袋、自由之丘等

🍣 かっぱ寿司

105日元均一价的大规模回转寿司连锁店。

- @ www.kappa-create.co.jp
- **据点** 三鹰、练马等

🍣 くら寿司

设有触控式点餐及自动点算空盘机等新式设备的回转寿司店，均一价105日元。

- @ www.kura-corpo.co.jp
- **据点** 品川、南千住等

神田江户っ子寿司

鮨 清山

天下寿司　かっぱ寿司　くら寿司

拉面 ラーメン

"拉面"是日本最具代表性的大众面食。各个地区的汤底与面条种类大不相同,因此有许多爱好者会为了一味而走遍全日本。经典的日本极致之味包括:用猪骨蔬菜高汤和味噌制放的北海道札幌拉面、使用大量豚骨熬成白色浓汤的九州岛豚骨拉面,以及使用日本酱油、鸡肉和蔬菜的本州岛拉面。

★BEST 拉面店推荐!

🔴 面屋武藏

东京超高人气拉面店,即使非用餐时间也需等待30分钟以上。不但食材高级,充满活力的待客之道更是真正的人气秘诀。无论是800日元的基本拉面,还是季节限定菜单等,都绝对不会让拉面迷失望。

📍 由JR新宿站西口往小滝桥通大久保方向步行约4分钟

✉ 东京都新宿区西新宿7-2-6 K1ビル1F

🕐 11:30~15:30 / 16:30~21:30(周日为11:30~19:00,全年无休)

📞 03-3363-4634

@ www.m634.com/634

据点 新宿本店、涩谷、池袋、吉祥寺、上野、秋叶原等

面屋武藏

🔴 九州じゃんがら

开业于1986年,是深受日本人民喜爱的人气豚骨拉面店。清爽的口感以及浓郁的汤头搭配九州岛特有的薄面条,可依喜好单点7种高汤、明太子、角肉、鸡蛋等配料,"全部入りラーメン"是加入所有配料需960日元。

📍 由JR秋叶原站电气街口步行约5分钟

✉ 东京都千代田区外神田3-11-6

🕐 09:30~23:30

@ www.kyusyujangara.co.jp

据点 秋叶原本店、原宿、银座、赤坂、神田、日本桥等

🍜 博多一风堂

　　1985年10月创立于福冈天神西通的拉面店，目前在全日本已有60多间连锁分店，是博多最著名的拉面品牌。汤底以猪大骨与新鲜蔬菜熬制，分成辣味赤丸、原味白丸以及一风堂拉面类，每碗约750日元起。

📮 由JR惠比寿西口往明治通方向步行约5分钟
📍 东京都涩谷区广尾1-3-13
🕐 11:00~翌日4:00
📞 03-5420-2225
@ www.ippudo.com
据点 惠比寿、高田马场、吉祥寺、银座、上野、六本木、池袋、丸之内等

🍜 光面

　　1995年于池袋开业的新世代拉面专卖店，每间分店都设有厨房，能保持最佳美味不流失，整洁明亮的店内装潢广受女性顾客喜爱。午餐时间还免费提供特制甜点"魔法布丁"。原味光面680日元。

📮 由JR池袋站东口步行约2分钟
📍 东京都丰岛区南池袋1-18-22 1~2F
🕐 10:00~翌日5:00
📞 03-3971-3008
@ www.kohmen.com
据点 池袋本店、原宿、惠比寿、上野、新宿、秋叶原、六本木等

🍜 一兰

　　福冈极具代表性的拉面专卖店，犹如K书中心般隔间的个人座位，让你可以隐秘舒适地用餐。可自由勾选葱、大蒜、鸡蛋、叉烧等单点配料，以及依照个人喜好调整汤头咸度、辣度及油脂等（备有中、英、日文菜单），属于客制化个人口味的拉面。拉面单点650日元。

📮 由地铁六本木站6、7号出口步行约2分钟
📍 东京都港区六本木4-11-11 六本木GMビル2F
🕐 10:00~翌日5:00
📞 03-3796-7281
@ www.ichiran.co.jp
据点 六本木、上野、新宿、涩谷、池袋等

Tip

实用拉面单词

拉面类

味噌拉面：味噌ラーメン
盐味拉面：塩ラーメン
酱油拉面：醤油ラーメン
豚骨拉面：豚骨ラーメン
沾面：つけ面（将煮熟的面条放凉后，蘸取浓郁汤头食用）
担担面：坦々面（将面条放入香油、辣椒爆香的高汤中食用的四川面）
荞麦面：冷やし面（在冷面上铺满蔬菜、肉类、鸡蛋等配料，再淋上酱汁食用的夏季面食）

配料类

叉烧：チャーシュー
笋干：メンマ
葱：ネギ
木耳：キクラゲ
鸡蛋：卵
海苔：のり
豆芽：もやし
大蒜：ニンニク
加面：替え玉

ちりめん亭

拥有百余家分店的中华荞麦连锁店，专售清爽零负担的爽口拉面。中华そば500日元。

@ www.tomos.co.jp

据点 涩谷、新宿、筑地、神保町、西巢鸭等

幸乐苑

以"昭和29年创业中华そば290円"（创立于1954年的中华荞麦290日元）招牌闻名的全国连锁店。虽然价格便宜，但拉面的滋味绝不会令人失望。部分分店24小时营业。

@ www.kourakuen.co.jp

据点 六本木、赤坂、涩谷、神田、日本桥、中野、新桥等

丼物どんぶり

在热乎乎的白饭上铺盖一层配料丰富的"丼物（どんぶり）"，是仅次于拉面的大众美食。常见的有：铺满牛肉的"牛丼"、各式炸物的"天丼"、以鸡肉与鸡蛋为主的"亲子丼"、鳗鱼盖饭"鳗丼"，以及海鲜盖饭"海鲜どん"等。

★BEST 牛丼连锁店

吉野家

1899年创立于日本桥，采用口感较软的美国牛肉，受到民众欢迎的程度甚至成为物价波动的基准。目前在中国、新加坡、美国与澳大利亚等国都设有连锁店。营业时间24小时，一碗380日元。

@ www.yoshinoya.com

据点 新宿、涩谷、银座、有乐町、筑地、秋叶原、神田、吉祥寺、下北泽等

松屋

销售牛丼、豚丼、咖喱饭、日式定食等各类餐点，可谓吉野家的最大对手。牛丼套餐售380日元，虽然比吉野家便宜，但在日本，吉野家仍拥有较多的忠实顾客。

@ www.matsuyafoods.co.jp
据点 新宿、涩谷、中野、秋叶原、神田、吉祥寺、下北泽等

神户らんぷ亭

创立于1993年，提供牛丼与各类定食的知名连锁店。虽然名为神户らんぷ亭，但所有的分店都位于关东地区，神户并没有任何分店。只要花少少的钱就能饱餐一顿，因此相当受男性上班族的喜爱。牛丼380日元，亲子丼490日元。

@ www.kobelamptei.co.jp
据点 新宿、涩谷、银座、神田、秋叶原、新桥等

Sukiya すき家

1982年由某位吉野家干部自立门户的家庭式牛丼连锁店，目前在日本境内拥有千余家分店。出售牛丼、咖喱饭、鲔鱼丼、章鱼饭、定食、甜点等多样化料理。专售乌龙面与牛丼的NAKAU（なか卯）也是关系企业。

@ www.sukiya.jp
据点 新宿、涩谷、银座、品川、上野、御徒町等

NAKAU なか卯

专营乌龙面与丼物的连锁店，全日本约有300间分店。乌龙面200日元起，亲子丼490日元。

@ www.nakau.co.jp
据点 新宿、涩谷、银座、东京车站、神田、中野、筑地、饭田桥等

★ 天丼名家

银座天国 GINZA TENKUNI

1885年创立的银座天国，将嗞嗞作响的金黄酥脆炸物淋上传统酱汁，再铺盖到热腾腾的白饭上，这就是知名的"江户式天丼本家"。平日午餐"お昼天丼"1100日元，一般天丼1575日元。

🚃 由JR新桥站往中央通方向步行约4分钟
📍 东京都中央区银座8-9-11
🕐 11:30~22:00
📞 03-3571-1092
@ www.tenkuni.com

大黑家天妇罗

1887年创立，位于浅草赫赫有名的大黑家，使用100%的胡麻油（ごま油）炸制，再淋上特制酱汁的天丼，让人大快朵颐！其中人气最高的就是摆上4尾超大虾子的"海老天丼"1890日元。

🚃 由地铁浅草站步行约5分钟
📍 东京都台东区浅草1-38-10
🕐 11:00~20:30（全年无休）
📞 03-3844-1111
@ www.tempura.co.jp

天妇罗船桥屋本店

天妇罗 中清

天妇罗船桥屋本店

创立逾百年的炸物专卖店，强调食材的鲜度，以天丼及天妇罗定食套餐最受欢迎。拥有各式蔬菜、莲藕、虾子、鲜鱼等美味炸物，特选日本珍珠米与味噌汤，随餐附上醋渍小菜，不仅能消除炸物带来的油腻感，也有开胃、促进食欲的作用。天丼1280日元。

🚃 由JR新宿站东口步行约5分钟，位于三越百货与0101之间
✉ 东京都新宿区新宿3-28-14
🕐 11：40~22：00
📞 03-3354-2751
据点 新宿本店、丸之内新丸大楼等

天妇罗 中清

浅草地区历史最悠久的天妇罗专卖店，目前已传承至第六代负责人。将40只虾子与贝柱混合制成的厚5厘米的"雷神扬げ"，是至今仍然广受东京人喜爱的经典美食。雷神丼2625日元，套餐7350日元起。

🚃 由东武浅草站步行约10分钟，位于浅草公会堂前
✉ 东京都台东区浅草 1-39-13
🕐 11:30~15:00 / 17:00~21:00（每周二、每月第2、4个周一休息）
📞 03-3841-4015

土手の伊势屋

让人一试就成主顾的知名美食餐厅，铺在天丼上满满的炸物是用纯香油炸出来的，光是看一看就令人垂涎三尺。在这家诞生于明治初期的传统木造建筑前，总可以见到来自各地、为了品尝伊势屋天妇罗美味的人潮。

🚃 由浅草站步行约25分钟，位于吉原交叉路附近
✉ 东京都台东区日本堤1-9-2
🕐 11:30~14:00 / 17:00~20:00（每周三休息）

大黑家天妇罗 土手の伊势屋

MAISEN

猪排饭 とんかつ

将猪里脊肉与腰内肉蘸
取蛋液与面包粉油炸的美
味料理，一般会搭配白饭
与生菜，佐味蘸酱可是猪
排饭成败的关键。猪排饭
的日文是とんかつ，后面两
个平假名かつ，与胜利（胜
つ）的日文发音相同，因此
也有祈求考试顺利之意。

★BEST 猪排饭推荐！

● まい泉 MAISEN

1945年诞生于有乐町三井
大楼地下室的MAISEN，以软
嫩的高级猪排闯出名号后，将
总店迁移至青山西洋馆，至今
已在东京各地与百货公司设立
分店。坚持采用鹿儿岛黑猪
肉，除了招牌猪排饭外，也提
供各式和风料理。

🚇 由地铁表参道站A2出口步行约
5分钟
🏠 东京都涩谷区神宫前4-8-5
🕐 11:30~22:45
📞 0120-428-485
@ mai-sen.com
据点 青山本店、丸之内、涩谷
MarkCity等

● 名代猪排新宿Suzuya（名代とんかつ新宿すずや）

创立于1953年，最有名的
是猪排茶泡饭"豚茶（とん
茶）"，铁板上有炸猪排、卷
心菜、海苔丝等，先配白饭吃
完一半，再将生菜丝混入热茶
中食用。

🚇 由JR新宿站东口步行约5分钟，
位于歌舞伎町一番街入口
🏠 东京都新宿区歌舞伎町1-23-15
杉山ビル2F
🕐 11:00~23:00（全年无休）
📞 03-3209-4480
@ www.toncya-suzuya.co.jp
据点 新宿本店、秋叶原

名代猪排新宿Suzuya

名代 とんかつ
新宿 すずや

🍴 蓬莱屋 ホウライヤ

于1910年创立，是日本第一家猪排饭店家。以低温油炸顶级猪里脊至熟，再用高温锁住肉汁。仅销售原味里脊猪排饭。

🚶 由JR御徒町站北口往广小路方向步行约1分钟，位于松坂百货旁边
✉️ 东京都台东区上野3-28-5
🕐 11:30~13:30 / 17:00~19:30（每周三休息）
📞 03-3209-4480

🍴 とんかつ和幸

观光客到日本必吃的美食之一，光是东京就有84家分店，因特选优等的猪肉搭配独门料理法而获得大众喜爱，香软米饭、味噌汤、生菜均可无限量续点。

@ www.wako-group.co.jp
据点 新宿、六本木、涩谷Mark-City、台场、池袋Sunshine City、秋叶原、丸之内、吉祥寺等

🍴 梅林

开业已逾80年，为银座首间炸猪排专卖店，猪排用棉籽油炸成，外脆内软，一点也不油腻。最著名的是一口猪排（ひとロカツ）与猪排三明治（かつサンド）。在中国香港也设有分店。

🚶 由地铁银座站A2出口步行约5分钟，位于银座Lion对面的巷弄中
✉️ 东京都中央区银座7-8-1
🕐 11:30~20：45（全年无休）
📞 03-3571-0350

🍴 とんかつ 伊势

位于新宿西口NS大楼29F的とんかつ伊势，可以让你一边看夜景，一边品尝美食。里脊肉炸猪排定食、伊势炸物定食、特级里脊肉定食等，价格区间为700~1680日元。

🚶 由JR新宿站西口步行约10分钟，位于新宿NSビル29F
🕐 11:00~21:30
📞 03-3344-4660

🍴 Kimukatsu源猪排丼 キムカツ ゲンカツ

因将25片超薄腰内肉堆叠后油炸，形成柔软多汁又清爽的口感，而在电视与杂志引起话题的猪排专卖店。黑芝麻、蒜味、奶酪、柚子等各种口味的组合套餐1480日元起，精致派餐厅Ken猪排（ゲンカツ）也很受欢迎。

🚶 由JR惠比寿站东口步行约3分钟
✉️ 东京都涩谷区惠比寿4-9-5
🕐 11:30~23:00（全年无休）
📞 03-5420-2929
@ kimukatsu.com/move.html
据点 惠比寿本店、银座、吉祥寺、横滨、羽田国际机场、东京巨蛋等

梅林　とんかつ 伊势　和幸　Kimukatsu源猪排丼　蓬莱屋

荞麦面 vs. 乌龙面

荞麦面（そば）和乌龙面（うどん）是日本著名的传统面食。荞麦面原产于长野县信州地区，是僧侣们用来招待贵客的餐点，目前在东京各地均有许多拥有百年历史的荞麦面老店。乌龙面是以小麦为原料制造的，面的粗细与长度均有特别的规定，在日本是代替米饭的重要主食，喜庆时大多制成热食。每个地区对乌龙面的烹调方法都不尽相同，其中以四国香川县生产的赞岐乌龙面最为知名。

★BEST 荞麦面&乌龙面店

🔸 神田薮荞麦

在神田淡路町，有一家历史悠久的荞麦面店"薮荞麦"，创立于1880年，占地9900平方米，有着美丽庭园的日式建筑至今依旧保持良好。严选长野、青森、北海道的荞麦粉，与小麦以10：1的比例混合，Q弹的面条搭配以用金枪鱼精心酿造的鱼露酱汁，融合出爽口不油腻的绝佳滋味。推荐：节盘荞麦（630日元）可搭配小炸虾"芝海老かき扬げ"（1260日元）一起食用。

🚇 由JR御茶之水站圣桥口步行约5分钟；由地铁银座线神田站步行约5分钟
📮 东京都千代田区神田淡路町2-10
🕐 11:30~20:00
📞 03-3251-0287
@ www.yabusoba.net

神田薮荞麦

更科堀井

🔸 更科堀井

创立于1789年，坚持采用优良荞麦产地长野县千曲市的荞麦。一般荞麦面都含有谷皮，所以颜色较深、口感也较为粗硬；而更科堀井所制作的荞麦面只选用最优良的部分，柔中带韧的面条散发出亮白色的光芒，爽口的鱼露酱汁则是利用古法长时间酿造而成的，与荞麦面搭配出绝妙的滋味。在吃完荞麦面之后，店家会在蘸酱里倒入煮荞麦的汤汁，相当营养、好吃，建议你试试！推荐：用虾子与蔬菜做的"かき扬げもり"（1570日元）、热腾腾的"鸭南蛮"（1680日元）以及筛盘荞麦（730日元）等。

🚇 由地铁南北线麻布十番4号、7号往商店街方向步行约4分钟
📮 东京都港区元麻布3-11-4
🕐 11:00~20:30（每周三、每月第1个周二休息）
📞 03-3403-3401
@ www.sarashina-horii.com

美々卯

美々卯

1938年创立于大阪，有着250余年历史的乌龙面老铺。"うどんすき"是招牌料理，采用时令鲜蔬、鸡肉、活虾、大蛤等海鲜，以及手工乌龙面一起烹煮的高级乌龙料理，一人份3675日元。推荐：油豆腐荞麦面套餐1155日元，单点乌龙面800日元起。

由JR或地铁新桥站日比谷口步行约3分钟
东京都港区新桥 2-5-6
11:00~20:30（每周日休息）
03-3503-3350
@ www.mimiu.co.jp
据点 新宿、京桥、新桥、涩谷、品川等

Tsurutontan つるとんたん

以爽口汤头与弹牙面条闻名的赞岐乌龙面店，保留了乌龙面最原始的清爽甘味，更是率先推出意大利面式新吃法。源自大阪，有着30多年历史的赞岐乌龙老铺，店面仍保有独特精致的装潢，平实的价格广受年轻族群的欢迎。推荐：狐乌龙（きつねうどん）680日元，海老乌龙1200日元。

由地铁六本木站3号出口，步行约3分钟
东京都港区六本木3-14-12
11:00~翌日08:00
03-5786-2626
www.tsurutontan.co.jp
据点 六本木、新宿、丸之内东京大楼B1

Tip

荞麦面实用知识

荞麦面（そば）是混合荞麦粉与小麦制作而成的，需搭配特制酱露食用。日本人在迎接新年或搬家时为祈求好运，会与家人一起吃荞麦面。荞麦面可分为冷食与热食，依据做法与配料不同也有不同的名称。

盛り荞麦：将面条放凉后再放置在筛盘上，夹起后蘸取酱汁食用，是最普遍的荞麦面类。

ざる荞麦：在"盛り荞麦"上放入海苔丝。

天せいろそば：搭配炸物（天妇罗）的"ざる荞麦"。

かき揚げ荞麦：比天妇罗荞麦（天せいろそば）稍微便宜的综合炸物荞麦面。

鸭せいろ：以鸭肉汤代替蘸食酱汁的荞麦面。

鸭南蛮：以鸭肉为主食材的热荞麦面。

とろろ荞麦：将山芋削片后一起食用的荞麦面。

なめこ荞麦：以菇类为主食材的温荞麦面。

たぬき荞麦：混入炸物面糊块与青葱的清淡荞麦面。

きつね荞麦：油豆腐汤荞麦面。

五目荞麦：搭配各类蔬菜的温荞麦面。

おろし荞麦：铺上萝卜丝、葱与海苔一起食用的荞麦面。

月见荞麦：放入生鸡蛋的荞麦面。

荞麦汤：吃完荞麦面之后，在剩余的蘸酱中倒入煮荞麦面的汤汁后饮用。

巢鸭古奈屋

东京巢鸭高岩寺旁专卖美味的咖喱乌龙面，不仅被日本美食节目"料理东西军"推荐，更是杂志经常报道的店家。混合22种材料的独门咖喱酱搭配以牛奶熬煮三天的汤头，以自然盐揉制而成的相当有咬劲的面条，是店家的独门风味。人气招牌是海老咖喱乌龙（エビ天 カレーうどん）。

🚃 由JR巢鸭站往商店街方向步行约6分钟
📍 东京都丰岛区巢鸭3-37-1
🕐 11:00~20:00（全年无休）
📞 03-3940-6180
@ www.konaya.ne.jp
据点 巢鸭本店、池袋、汐留、六本木、上野、丸之内、神乐坂等

富士荞麦（富士そば）

在东京设有70多家分店的荞麦乌龙连锁店，单日销售超过5万碗。采用自动销售机购买食券的方式点餐，店内橱窗有各式模型样品，除了价格还有编号，观光客不用担心会点错！24小时营业，荞麦面300日元起。

@ fujisoba.co.jp
据点 新宿、涩谷、中野、神田、神保町、秋叶原、上野、浅草等

小诸荞麦（小诸そば）

创立逾30年的荞麦连锁店，坐落于办公商业区，顾客大多是西装革履的男性上班族。荞麦面300日元起。

@ www.k-mitsuwa.co.jp/komorodiv
据点 新宿、银座、筑地、秋叶原、神田、上野等

巢鸭古奈屋

富士荞麦

御便当 お弁当

全世界最有特色的便当就在日本。除了郊游、野餐时妈妈自制的爱心便当，在24小时便利店、百货公司的地下美食街与市区餐厅也都买得到便当，此外还有铁道便当"驿弁（えきべん）"以及空厨便当"空弁（そらべん）"等创意便当料理。不过，日本的便当配菜几乎都以生冷为主，与中国人趁热吃的饮食习惯大不相同。

★BEST 便当专卖推荐!

本家Kamadoya（本家かまどや）

知名的日式便当连锁店，提供季节限定便当、一般定食、丼饭便当、咖喱便当、拼盘便当等多元菜色，300~500日元起。

@ www.honkekamadoya.co.jp
据点 惠比寿、新宿、池袋等

ORINGI便当（オリジン弁当）

24小时营业的便当专卖店，可客制化单点服务，在东京各地随处可见。

@ www.toshu.co.jp
据点 新宿、涩谷、品川、神田、中野、赤坂等

Hokka Hokka Tei（ほっかほっか亭）

采用日本特选米制作的便当，全日本设有3500多家分店。

@ www.hokkahokkatei.co.jp
据点 银座、涩谷、目黑、神田、青山等

地道日本美食

东京有许多自江户时期流传至今的有400多年历史的地道美食，以下将介绍到东京非吃不可的料理。

01 文字烧（もんじゃ焼き）

文字烧是日本关东地区的地道美食，将面糊与生菜丝、鸡蛋、海鲜搅拌均匀后平铺在铁板上煎熟，利用小铁铲一小块一小块地品尝。比起大阪烧少了一些厚实的口感，但比较香脆。发源地在浅草，目前在月岛聚集了许多文字烧专卖店，有机会到银座一带时，不妨去品尝一下。

Tip 江户船文字烧食

若想体验特别的文字烧之旅，推荐"月岛もんじゃ屋形船"，在仿古的江户前汽船上吃文字烧，船会绕行东京湾，沿途经过彩虹大桥、东京铁塔，可以一边享用文字烧DIY的乐趣，一边欣赏美丽的河岸景色。一人5000日元，限定2小时。

- 地铁月岛站A7出口
- 东京都中央区月岛1-8-1
- 03-3532-1990
- @ www.monja.gr.jp

★BEST 文字烧专卖店

◐ Monkichi（もん吉）

最多艺人造访的文字烧名店，墙外贴满剪报及明星照片。小小的店面里贴满了名人的签名以及菜单，散发出古早风情。招牌是"Monkichi Special""明太もちチーズ"，约1000日元起。

🚇 由地铁月岛站5号、7号出口，步行约8分钟
🏠 东京都中央区月岛 3-8-10
🕐 11:00~22:00（全年无休）
📞 03-3531-2380

◐ 文字烧近藤本店（もんじゃ近どう本店）

创立于1950年，是月岛地区的老字号文字烧店，在这里可以品尝到传承至今的传统味道。推荐年糕、奶酪与明太子的"もちチーズ明太子もんじゃ"（1300日元）。

🚇 由地铁月岛站5号、7号出口，步行约5分钟
🏠 东京都中央区月岛3-12-10
🕐 17:00~22:00（周末12:00开始营业，全年无休）
📞 03-3533-4555

Tip

文字烧制作秘籍

❶ 铁板预热后，倒入生菜、海鲜等各类配料拌炒
❷ 将炒熟的配料集中，在中间挖一个洞，呈甜甜圈的模样
❸ 将面糊倒入，煎熟之后用铁铲将所有配料与面糊都铺成方块状
❹ 底部要有锅巴般酥脆的面皮才好吃，利用文字烧专用小铲子"はがし"切成小块食用

相扑火锅（ちゃんこ锅）

日本著名的火锅料理，放入大量蔬菜、海鲜、肉类等食材，是相扑选手的主食之一。特色在于分量很大，而且有许多火锅店是由退休的相扑选手经营的。相扑火锅的密集地区位于两国，不过现在在东京各区也可以找到很多相扑火锅店。

★BEST 相扑火锅专卖店

割烹 吉叶

这是由横纲吉叶山相扑训练所改造而成的，以老松木搭建的旧房屋中，保留了相扑场的"土俵"，墙上挂满了20世纪50年代的横纲吉叶山的照片。招牌相扑锅2400日元，每日采用筑地市场直送的17种海鲜，

很多相扑选手都是这家店的常客。每天晚餐时间还有民谣演唱、三味线表演等。单点料理约750日元起。

🚇 由地铁两国站A1出口，步行约8分钟；由JR两国站西口步行约10分钟
✉ 东京都墨田区横纲2-14-5
🕐 11:30~13:30 / 17:00~22:00（每周日、国定假日休息）
📞 03-3623-4480

ちゃんこ川崎

由相扑选手大关横手山在1937年开设的正宗相扑火锅店，浓郁汤头中放入鲜嫩的鸡肉与丰盛的蔬菜，分量大满足！在食用完毕之后，可在高汤中加入鸡蛋与米饭炖煮成粥。

🚇 由JR两国站西口步行约2分钟
✉ 东京都墨田区两国2-13-1
🕐 17:00~21:00（每周日、国定假日店休）
📞 03-3631-2529

Chanko Dining若

以创新菜色获得极高人气的"若"，是由知名相扑选手横纲若乃花开设的，连锁分店横跨日本境内与海外各国，可谓相扑锅界的翘楚。晚餐时间一定要事先预约，相扑锅一人份2600日元，单点配料约400日元起。

🚇 由六本木站6号出口，步行约5分钟
✉ 东京都港区六本木4-1-9 ベルザ六本木 地下1F
🕐 11:30~14:00 / 17:00~23:00
📞 03-3568-4507
@ www.chanko-waka.jp
据点 六本木本店、银座、新宿、池袋、惠比寿、吉祥寺等

驹形どぜう

泥鳅锅（どじょう锅）

　　泥鳅锅是江户时代特有的下町美食，鲜美的汤头是用鱼头与鱼骨慢火细煮而成的，将鱼肉与大量葱末放入石锅中炖煮，再以酱油与味噌调味，可依个人喜好添加辣椒粉或食用醋来提香。

★BEST 泥鳅锅专卖店

🟠 驹形どぜう

　　创立于1801年，至今已有200多年历史，仍完整保存江户时期的怀旧建筑。严选新鲜泥鳅、特选米、无农药蔬菜等上等食材。午餐定食2550日元、晚餐4300日元。

🚇 由地铁浅草站A-1出口，步行约2分钟
✉️ 东京都台东区驹形1-7-12
🕐 11:00~21:00（全年无休）
@ www.dozeu.com

🟠 饭田屋

　　秉持"让高营养价值的泥鳅锅变得更平价、更丰盛"的理念，至今已传承到第四代。选用青森、北海道的泥鳅，配上葱花与酱料来提味，是东京市民最爱的朴实滋味。推荐"骨抜き锅"（去骨泥鳅锅），两人份3200日元。

🚇 由筑波Express浅草站，步行约1分钟
✉️ 东京都台东区西浅草3-3-2
🕐 11:30~21:30（每周三休息）
📞 03-3843-088

ごはん処 おはち
大戸屋
OOTOYA

定食

定食（ていしょく）的中文意思就是套餐，将单点菜色分量减少，组成一人份的套餐，价格平实又能饱餐一顿。东京随处可见精致整洁的日式定食专卖店。

🔸 大户屋

1958年设立于东京池袋，销售日式定食及和风料理的连锁餐厅，中国也设有多家分店。严选天然食材、健康的烹调作业，慎重地制作每份餐点。不定时推出季节限定餐点与各式甜品。

@ www.ootoya.com

据点 新宿、池袋、涩谷、惠比寿、神乐坂、丸之内、吉祥寺、青山、汐留等

🔸 OHANTOKORO OHATI
（ごはん処 おはち）

经济又实惠的定食餐厅，提供烤鱼定食、丼饭、综合炸物等丰富菜色，每到用餐时间，总有很多学生与上班族光顾。部分分店营业时间直至凌晨，且设有吸烟区。

@ www.ohati.com

据点 新宿、下北泽、惠比寿、有乐町、日本桥等

家庭餐厅

（ファミリーレストラン）

亲切的价格、多样化的餐点以及宽敞舒适的空间，适合全家人一同享用的家庭餐厅（Family Restrant），平均每人消费约500日元，而且营业时间到深夜，让顾客每时每刻都能享用大餐。

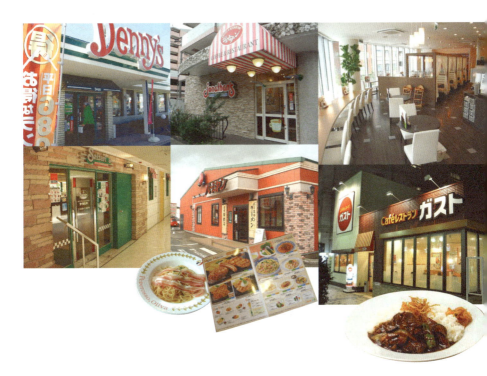

🍴 Dennys デニーズ

美国最大的洋食餐厅Dennys在1974年进驻日本横滨，销售汉堡、牛排、早午餐等西式餐点，还有面类、丼饭与日式定食，24小时营业，全年无休。

@ www.dennys.jp
据点 新宿、银座、南青山、浅草、上野、筑地等

🍴 Jonathan's ジョナサン

在日本有400家分店的连锁洋食餐厅，主打安全、安心的天然食材，意大利面、牛排等主食约600日元起。

@ www.jonathan.co.jp/home/index.asp
据点 新宿、涩谷、原宿、筑地、日本桥、神乐坂等

🍴 Royalhost ロイヤルホスト

1971年创立于日本九州岛，率先采用饮料、色拉、汤类无限量供应的自助吧模式。主食约1000日元起。

@ www.royalhost.jp
据点 涩谷、原宿、新宿、神乐坂等

🍴 Saizeriya サイゼリヤ

以低价策略成功获得学生群体青睐的洋食餐厅，单点菜色约200日元起。

@ www.saizeriya.co.jp
据点 涩谷、新宿、日暮里、台场、下北泽、浅草、上野等

🍴 Gusto ガスト

Skylark旗下的洋食馆，主要销售汉堡、牛排与咖啡饮品。

@ www.skylark.co.jp/gusto
据点 新宿、涩谷、目黑、新桥、神田、御徒町、巢鸭等

🍴 Bamiyan バーミヤン

正宗的中华料理店，销售花椒炒牛肉、翡翠鸡汤及北京烤鸭等中式料理，组合套餐约1280日元起。

@ www.skylark.co.jp/bamiyan
据点 中野、下北泽、目黑、自由之丘、浅草

速食快餐

　　除了麦当劳、肯德基、依特利、温迪汉堡等快餐店，东京还有许多日本本土的快餐餐厅，以下将介绍一些可以无负担地享用简餐与咖啡的名店。

摩斯汉堡（モスバーガー）

　　以健康为主要目的，采用天然食材现做的汉堡，让人吃得安心又美味。中国也设有多家分店，但在日本可以吃到期间限定的特别口味哦！

@ www.mos.co.jp

据点 新宿、涩谷、原宿、中野、神田、筑地、吉祥寺、自由之丘等

Freshness Burger

　　1992年创立的汉堡连锁店，除了汉堡，还卖三明治、色拉、甜点及咖啡饮料。在新加坡、中国、韩国都设有分店。推荐分量十足的美式巨无霸汉堡。

@ www.freshnessburger.co.jp

据点 新宿、涩谷、原宿、银座、下北泽等

First Kitchen

　　三得利集团旗下的快餐连锁店。自1977年于池袋开业后，至今已在日本境内拥有140多家分店。最受欢迎的餐点是培根蛋堡与薯条。

@ www.first-kitchen.co.jp

据点 新宿、涩谷、池袋、上野、六本木、吉祥寺等

Mister Donut

　　1955年创立于美国波士顿的甜甜圈专卖店。1971年首度进军日本，全国共有超过1300多家分店。

@ www.misterdonut.jp

据点 新宿、浅草、上野、中野、吉祥寺等

咖啡店

对日本人来说，咖啡店是享有个人时光的最佳休憩空间。旅行时，不妨停下脚步，找间咖啡店细细品尝一杯香醇的咖啡，观察路上来来往往的行人。

🔵 DOUTOR（ドトール）

日本最大的咖啡品牌公司，在中国也有DOUTOR罗多伦咖啡分店。

@ www.doutor.co.jp

据点 新宿、涩谷、银座、神田、六本木、上野、浅草、中野等

🔵 Tullys（タリーズ）

1992年创立于西雅图的美式咖啡连锁店，1996年登陆日本，至今已拥有300多间分店。

@ www.tullys.co.jp

据点 新宿、涩谷、原宿、银座、六本木、上野、池袋、吉祥寺等

🟠 EXCELSIOR CAFFE

1999年由日本DOUTOR公司投资的意式咖啡连锁店，在日本已有超过1000家分店。

@ www.excelsiorcaffe.com

据点 新宿、涩谷、银座、六本木、上野、浅草、下北泽等

🟠 CAFFE VELOCE

提供平价咖啡以及让人轻松享受悠闲时光的舒适空间。

@ www.chatnoir-jp.com/veloce/veloce.html

据点 新宿、涩谷、银座、神田、上野、秋叶原、浅草、池袋等

🔵 银座ルノアール（Renoir）

分布在东京、神奈川的复古咖啡店，与NEW YORKER'S Café及Cafe Miyama是关系品牌。咖啡约400日元起。

@ www.ginza-renoir.co.jp

据点 新宿、涩谷、银座、中野、秋叶原、日暮里、吉祥寺等

🔵 珈琲馆

1970年创立，精心筛选世界各地顶级咖啡豆，经过烘焙与专业冲泡技术，让顾客能享用到香醇的咖啡。目前日本有360多家分店，中国也设有分店。

@ 日本 www.kohikan.jp

据点 新宿、涩谷、神田、饭田桥、浅草、巢鸭、池袋、下北泽等

在居酒屋小酌一杯

在东京随处可见的居酒屋，是日本上班族聚会小酌的好去处，提供生啤酒、红酒、清酒或沙瓦等酒类，以及美味的下酒菜。

Tip

超人气下酒菜！

毛豆：枝豆

炸鸡：からあげ

鸡肉串：焼き鸟

炒乌龙：焼きうどん

炒泡面：やきそば

串烧（除了鸡肉以外）：串焼き

章鱼小丸子：たこ焼き

煎饺：焼き饺子

大阪烧：お好み焼き

★BEST 连锁居酒屋推荐！

🟠 和民ワタミ

由Watami株式会社开设的连锁居酒屋，打造丰盛、愉悦的家庭餐桌，让全家人都能尽情地享用美食。旗下还设立了日本料理专卖店"和み亭"。在中国也设有分店。

@ 日本 www.watamifood service.jp

据点 新宿、涩谷、六本木、青山、秋叶原、浅草、饭田桥、池袋、上野等

🟠 白木屋/笑笑/鱼民

由日本餐饮集团龙头Monteroza投资的三大关系品牌，在日本、韩国等城市以及中国香港、上海均有多家分店。白木屋具有舒适的西洋风，笑笑以平价且多样化的菜色取胜，气氛宁静的鱼民提供日式海鲜料理。

@ www.monteroza.co.jp

据点 新宿、涩谷、原宿、六本木、浅草、上野、池袋、下北泽、吉祥寺等

🟠 Tsubohachi（つぼ八）

总店位于札幌的连锁居酒屋，在日本共有500多家分店。因海鲜、串烧、烤物、锅物等季节美食而颇受好评。

@ www.tsubohachi.co.jp

据点 新宿、涩谷、银座、浅草、池袋等

🟠 Sakura水产（さくら水产）

在东京、大阪地区共拥有160多家分店的居酒屋，以销售海鲜料理为主，不论价钱还是菜色都相当令人满意。

@ www.teraken.co.jp

据点 新宿、惠比寿、原宿、浅草、秋叶原、池袋、中野、日暮里

🟠 天狗

创立于1969年的连锁居酒屋，提供海鲜、串烧、比萨等各式料理。关系企业包括天狗酒场（テング酒场）及慈姑屋（くわい家）等。生鱼片399日元起，啤酒410日元起。

@ www.teng.co.jp

433

田舎や

権八

★BEST 高级居酒屋 & BAR

😊 権八

位于银座京桥站的居酒屋"権八"，怀旧的日式建筑曾是电影《杀死比尔》中打斗场面的蓝本。推荐盖饭、串烧、寿司及各种季节性料理。生啤酒650日元、生豆腐（ざる豆腐）580日元、鸡翅（手羽先）320日元、竹筛荞麦面（せいろそば）800日元。

📇 由JR有乐町站步行5分，地铁银座线京桥站步行1分钟

📧 东京都中央区银座1-2-3 G－ZONE银座

🕐 17:00~24:00（周一～周四及周日）

17:00~翌日2:00（周五～周六及国定假日）

📞 03-5524-3626

@ www.gonpachi.jp

据点 银座、台场、涩谷等

😊 田舎や

成立30多年了，是社会名流与明星的最爱，比如麦当娜、汤姆·克鲁斯都曾来此用餐。除了生鱼片、时蔬，以炭火慢烤的串烧仅用少许盐巴调味就非常美味。啤酒约950日元起、烤蔬菜650日元起、烤柳叶鱼1750日元、鸡肉串1050日元起，价格较为昂贵。

📇 由地铁六本木站3号出口，步行约3分钟（从外苑东通往Hard Rock Café方向）

📧 东京都港区六本木5-3-4レーヌビル1F

🕐 17:00~23:00（全年无休）

📞 03-3408-5040

@ www.roppongiinakaya.jp

据点 六本木东店、六本木西店、银座

竹取百物语

　　走进店里，一条竹林石道让人仿佛置身于一片净土之中。这是一家走高级路线的居酒屋，备有烧酒、梅酒、啤酒等各式酒类，用纪州备长岩慢烤而成的串烧与豆腐料理都相当有特色。啤酒约580日元、拼盘2980日元起、串烧200日元起、锅物750日元起。

🚇 由地铁银座站B9出口，步行约2分钟；由JR有乐町站A7出口，步行约5分钟

📮 东京都中央区银座6-5-15 银座能乐堂ビル6F

🕐 17:00~翌日4:00（周日、国定假日为17:00~23:00）

📞 03-3574-5252

@ www.diamond-dining.com/taketori

据点 银座、池袋

HIBIYA BAR

　　即使独自一人前往也能轻松小酌的高级空间，在东京拥有30多家分店，以经典鸡尾酒与创意料理闻名。此外，与山崎威士忌联合打造的威士忌专门店"WHISKY-S"也以高水准的气氛颇受好评。啤酒945日元、经典琴酒945日元、下酒菜900日元起。

@ www.hibiya-bar.com

据点 银座、日比谷、新宿、池袋、涩谷、目黑、神保町、水道桥

It's Hot

东京顶级米其林餐厅

法国知名的《米其林指南》(*Le Guide Michelin*)是以星别来评鉴各国餐厅、旅馆的权威性指标。首度在2007年11月推出《米其林指南——东京篇》,当时震撼了东京料理界。以下介绍与巴黎、纽约并列米其林最高荣誉的餐厅。

● Restaurant Quintessence

在2006年5月开业的法国餐厅,这家餐厅没有菜单,餐点是由从巴黎回国开业的主厨岸田先生亲自调配的,每一口都能尝到食物的细腻风味。连日本美食家来栖京(来栖けい)都极力推荐,更获得米其林三星级的殊荣,因此顾客络绎不绝,连预约都大爆满,若要前往,建议在两个月前订位。午餐7875日元,晚餐16800日元。

🚇 由地铁白金台站1号出口往白金通方向步行约10分钟

📍 东京都港区白金台5-4-7 BARBIZON 251F

🕐 午餐12:00~15:00(最后订位时间13:00)
　　晚餐18:30~23:00(最后订位时间20:30)

📞 03-5791-3715

@ www.quintessence.jp

Joel Robuchon

位于惠比寿花园广场前，以沉稳的黑色与金色为基调，搭配华丽的吊灯与水晶装饰，宛如城堡般的华丽建筑就是大名鼎鼎的法国厨师Joel Robuchon开设的法式餐厅。虽然顶级法国料理要价不菲，但绝对是一生最难忘的回忆。

📧 由JR惠比寿站东口朝Sky-walk，步行约5分钟，位于惠比寿花园广场内

✉ 东京都目黑区三田1-13-1

🕐 午餐　11:30~14:30
　　晚餐　18:00~22:00

📞 03-5424-1347

@ www.robuchon.jp

B1 LA BOUTIQUE

销售顶级法国面包与各式甜点的面包坊。

1F LA TABLE de Joel Robuchon

以黑色与深紫色为基调，空间宽敞且服务贴心，前方庭院设有露天座席。

2F Rouge Bar

以红色营造出魅惑气氛的品位酒吧，每日17:30开始营业。

2F Joel Robuchon Restaurant

Robuchon Restaurant的主餐厅，气氛较为正式，是享用顶级法式料理的首选之地。午餐6000日元起、晚餐22500日元起，套餐皆有甜点与饮料。

3F Joel Robuchon Salon

Joel Robuchon Restaurant的私人包厢区与宴客厅，共有3个能容纳2~30人的独立空间。午餐7800日元起、晚餐18000日元起。

鲔 水谷

掌店的寿司师傅水谷八郎60多岁，是江户前寿司界的名人。舒适淡雅的用餐环境、无可挑剔的食材，以及寿司师傅顶尖的手艺，让鲔水谷在2008~2009年连续获得米其林三星的肯定，只有吧台席位的10名客人可以尝到现做的握寿司。一定要提前预约。

✉ 由JR或地铁新桥站步行约5分钟
✉ 东京都中央区银座8-7-7 JUNOビル9F
🕐 午餐 11:30~13:30／晚餐17:00~21:30（每周日及国定假日休息）
📞 03-3573-5258

玄冶店 滨田家

位于东京人形町的老字号日本料理，自1912年创立，至今已有百年历史。以当季顶级食材制作的怀石料理，精致的程度令人舍不得吃。在六本木Tokyo Midtown设有分店。午餐15000日元起、晚餐25000日元起。

✉ 由地铁人形町站A4出口，步行约1分钟
✉ 东京都中央区日本桥人形町3-13-5
🕐 午餐12:00~15:00／晚餐17:00~23:00（每周日及国定假日休息）
📞 03-3661-5940
@ www.hamadaya.info

银座 小十

坐落于银座巷弄中，小小的店面只有14个座位。米其林三星主厨奥田透不但拥有高超的厨艺，还会亲切地与顾客互动。在愉悦的用餐气氛下，端出一道道招牌料理，举凡极度鲜甜的生鱼片、烤鲍鱼、炭火牛肉，以及融入当季食材的釜饭，从未让饕客们失望。提供日本酒、红酒与香槟等佐餐酒品，须提前预约。

✉ 由JR新桥站银座出口，步行约3分钟，位于Nikko饭店后方
✉ 东京都中央区银座8-5-25 第2三有ビル1F
🕐 17:30~翌日1:00（每周日及国定假日休息）
📞 03-6215-9544
@ www.kojyu.jp

ISHIKAWA 石かわ

拥有极高知名度与人气的日本料理餐厅，即使预约也要等上好几个月。荣获米其林三星等级肯定，除了极其美味的握寿司，同时提供日式传统料理与别具风味的单点菜色。套餐分为15000日元与19000日元，季节特选套餐约25000日元。

✉ 由JR饭田桥站西口往神乐坂方向，步行约7分钟
✉ 东京都新宿区神乐坂5-37 高村ビル1F
🕐 5:30~24:00（每周日、国定假日休息）
📞 03-5225-0173
@ kagurazaka-ishikawa.co.jp

ISHIKAWA 石かわ

玄冶店 滨田家

银座 小十

代代相传的传统美食

东京是名副其实的美食之都，历经百年淬炼的老店更是不计其数。走一趟东京，岂能错过这些传承数代的美味呢？

浅草今半

1895年创立，坚持使用日本国产黑毛和牛，肉质鲜美，肉汁饱满。至今已传承三代的独门酱汁融合鲜嫩牛肉，交织出无法言喻的好滋味。推荐牛排丼、牛丼与寿喜烧定食，也可以选择二段重，同时享用牛排丼与牛丼的美味！

✉ 由筑波Express浅草站A2出口，步行约1分钟
📧 东京都台东区西浅草3-1-12
🕐 11:30~23:30（全年无休）
📞 03-3841-1114
@ www.asakusaimahan.co.jp

🌀 串扬げ所 はん亭

1910年创立，以炸串物广受欢迎，有着百年历史的日式建筑仍保存良好，美味的料理更是恒久不变。1F是吧台席，2~3F为座位席。提供水煮毛豆、玉米等，还有新鲜蔬菜、鸡肉、海鲜等特选食材，30多种小菜与炸串物。一串210~525日元不等。

📧 由地铁千代田线根津站2号出口，步行约1分钟；由上野公园往不忍通方向步行约60米
📍 东京都文京区根津2-12-15
🕐 午餐12:00~14:30 / 晚餐17:00~22:30（周一店休）
📞 03-3828-1440

🌀 鳗割烹 伊豆荣 梅川亭

这是一座随着季节更迭而开满樱花、莲花、梅花的葱绿庭园，是一家拥有270年悠久历史的鳗鱼专卖店。在用炭火细烤的鳗鱼上涂上从江户时代传承至今的秘传酱汁，连皇室成员也是座上宾。店内招牌是采用伊豆半岛新鲜食材制作的怀石料理，约7350日元起，鳗鱼盖饭（うな重）约3150日元起。

📧 由JR上野站公园口步行约5分钟，位于公园内的东照宫旁边
📍 东京都台东区上野公园4-34
🕐 11:00~22:00（全年无休）
📞 03-5685-2011

🌀 新莺亭

1915年创立，位于上野公园售票处左前方，招牌和果子"莺团子（莺だんご）"一份550日元，有抹茶、红豆、花生3种口味与一杯绿茶。

📧 由JR上野站公园口步行约5分钟
📍 东京都台东区上野公园9-86
🕐 10:00~17:00（每周一店休）
📞 03-3821-6306

串扬げ所 はん亭

鳗割烹 伊豆荣 梅川亭

鳗割烹 伊豆荣 梅川亭

炼瓦亭

创立于1895年，是日本第一家洋食馆。最知名的是炸猪排与蛋包饭。

🍽 由JR有乐町站银座出口，步行约9分钟；由地铁银座站A9出口往京桥方向，步行约3分钟
✉ 东京都中央区银座3-5-16
🕐 午餐　11:15~15:00
　　晚餐　16:40~21:00
📞 03-3561-3882
@ www.ginza-rengatei.com/index1f.html

GRILL Swiss グリルスイス银座 本店

离炼瓦亭很近，是一家销售和风洋食的温馨小店，墙上张贴着令日本巨人队棒球选手千叶茂也赞不绝口的咖喱猪排饭（かつカレー）海报，这是一道厚1.5厘米的猪排结合浓郁咖喱的绝品美食。虽然菜单是日文，但图文并茂的编排让点餐一点也不困难。

🍽 由JR有乐町站银座出口，步行约9分钟；由地铁银座站A9出口往京侨方向，步行约3分钟
✉ 东京都中央区银座3-5-16
🕐 午餐　11:00~15:00
　　晚餐　17:00~21:00（周二店休）
📞 03-3563-3206

Ginza Candle 银座キャンドル

Ginza Candle是一家拥有60多年历史的和风洋食老铺，日本首位诺贝尔奖得主川端康成以及作家平冈公威等名人都曾经光顾。推荐Chicken Basket（1470日元），它被日本美食家山本益博评选为世界上最好吃的料理。其他的像是Macaroni Gratin（1470日元）焗烤鲜虾与特制苹果派（1040日元），都值得推荐。

🍽 由JR有乐町站银座出口，步行约8分钟；由地铁银座站C3出口往新桥方向，步行约4分钟
✉ 东京都中央区银座7-3-6 有贺写真馆ビル地下1F
🕐 11:30~23:00（周末与国定假日12:00~22:00）
📞 03-3573-5091

鸡肉寿喜烧 牡丹（乌すきやきぼたん）

1890年创立，专卖鸡肉寿喜烧的知名老店。采用和歌山县特选的备长炭与铸铁锅制作的鸡肉寿喜烧，完整地重现了江户时代的古早美味。

🚃 由地铁淡路町、小川町站，步行约2分钟
✉ 东京都千代田区神田须田町1-15
🕐 11:30~21:00（周日、国定假日休息）
📞 03-3251-0577

鸡肉寿喜烧 牡丹

竹村

🍵 竹村（竹むら）

1930年创立于神田须田町的"甘味処"（あまみどころ，意指销售传统点心的地方）。曾与神田薮荞麦、神田まつや等名店并列"东京百大风景"。以在传统糕点中添加蜂蜜与甜馅的"あんみつ"（760日元）、香油酥炸而成的"扬げまんじゅう"（420日元），以及将烤年糕放入甜汤中的"御ぜんしるこ"（710日元）最受欢迎。

🚃 由地铁淡路町站A3出口，步行约3分钟
✉ 东京都千代田区神田须田町1-19-2
🕐 11:00~20:00
📞 03-3251-2328

🍤 新宿纲八总本店（新宿つな八 総本店）

创立于1924年的天妇罗老店，严选新鲜食材，再以特制香油酥炸的天妇罗，酥脆爽口的绝妙滋味让排队人潮络绎不绝，若坐在吧台前，可以一睹师傅制作天妇罗的过程哦！目前在新宿地区有8家分店，天妇罗午餐组合1260日元，晚餐组合1995日元起。

🚃 由JR新宿站东口步行约5分钟，位于三越百货后方
✉ 东京都新宿区新宿3-31-8
🕐 11:15~22:00（全年无休）
📞 03-3352-1012
@ www.tunahachi.co.jp

竹村

新宿纲八总本店

享用气氛绝佳的晚餐

白天在东京血拼、赏景，晚上可别早早地回饭店休息。东京有许多能欣赏到璀璨夜色与品尝由世界名厨掌厨的美食餐厅，一边享用美食、一边听着现场演奏的爵士乐，虽然价格不菲，但却很值得。

🔵 Blue Note

1988年开业于南青山的Blue Note是纽约著名的Club，邀请多位演奏家与歌手前来表演，包括Tony Bennett、George Benson、Ray Charles爵士音乐家，以及Marcus Miller、Larry Carlton、Harvey Mason等顶尖音乐人。接受电话与网络预约，费用会因演出者不同而略有调整，单人消费约7000日元起。

🚇 由地铁表参道站B3出口，步行约8分钟
✉ 东京都港区南青山6-3-16 ライカビル
🕐 平日17:30~翌日1:00 / 假日16:30~00:30
📞 03-5485-0088
@ www.bluenote.co.jp

🔵 Cotton Club

20世纪20年代在纽约哈林区（Harlem）发迹的Jazz Club Live House，2005年首度进驻东京丸之内，延续Cotton Club黄金时期的辉煌，优雅的室内布置散发出成熟的大人风格。每晚都有充满感染力的R&B、爵士、J-POP等世界顶级音乐人表演。晚餐以法式料理为主，每人约3500日元起（不含演出费用）。

🚇 JR东京站步行2分钟
✉ 东京都千代田区丸之内2-7-3 东京大厦TOKIA2F
🕐 周一～周五 17:30~23:30 周末及国定假日 16:00~23:30
📞 03-3215-1555
@ www.cottonclubjapan.co.jp

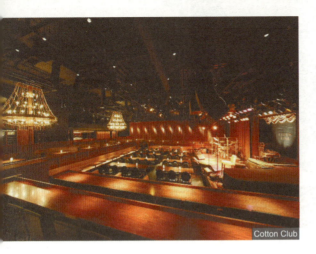
Cotton Club

六本木金鱼

以华丽歌舞秀表演闻名的六本木金鱼，具有炫目的声光效果，在三层舞台演出，妖媚神秘的舞者神出鬼没，令人惊叹连连。入场费3000日元、饮品600日元起、料理800日元起，需另加税金与20%的服务费。

- 由地铁六本木站5号出口沿外苑东通前进，步行约3分钟
- 东京都港区六本木3-14-17
- 18:00~24:00（周一休息）
  表演时间为19:20（18:00入场）、21:50（21:00入场）、翌日1：20（00:00入场）
- 03-3478-3000
- @ www.kingyo.co.jp

STB 139

举凡Jazz、Soul、Rock、民谣、古典等音乐表演的Live Restaurant，提供各式单点料理，入场费每人2100日元（限2小时），晚餐一人约4200日元起。采用预约制，1F是舞台及吧台席，2F则是双人专用席、酒吧区以及露天雅座。演出时间为每日20:00（仅表演一次）。

- 由地铁六本木站3号出口，步行约2分钟
- 东京都港区六本木6-7-11
- 18:00~23:00（每周日休息）
- 03-5474-0139
- @ stb139.co.jp

Hard Rock CAFÉ

全球最知名的摇滚主题餐厅Hard Rock CAFÉ，日本1号店于1983年设立在六本木，知名艺人Avril Lavigne、Boys II Men及Bon Jovi都曾造访本店。店里收藏了各种乐器、明星照片、签名等重现美式氛围的装饰。目前在上野、横滨、大阪、福冈等地均设有分店。

- 由地铁六本木站3号出口沿外苑东通前进，步行约3分钟
- 东京都港区六本木5-4-20
- 周一~周四及周日11:30~翌日2:00
  周五~周六11:30~翌日4:00
- 03-3408-7018
- @ www.hardrockjapan.com

Hard Rock CAFÉ

六本木金鱼

STB 139

东京首选甜点店

去不了巴黎品尝米其林甜点，那就改去东京吧！品尝光看就觉得幸福的和果子、洋果子，再搭配浓郁香醇的咖啡，悠然地享受午后时光。自由之丘、银座、青山、代官山一带是东京甜点店的主要聚集地，在各大百货公司的美食街也设有许多知名的甜点专卖店。

Q'uil fait bon

东京最有名的水果派（Tarte）专卖店，有柳橙、草莓、蓝莓、水蜜桃、芒果、无花果等各式各样的蛋糕，令人目不暇接。除了基本款，季节限定口味更令人惊喜。超JUICY的水果派都是采用顶级食材制作而成的，这家宛如童话故事中出现的可爱小店令人沉浸在无限甜蜜的世界里。当季水果派约600日元。

地铁银座一丁目站5号出口　　东京都中央区银座2-4-5
11:00~21:00（全年无休）　　03-5457-2191
www.quil-fait-bon.com
据点 银座、青山、代官山、横滨

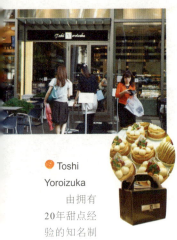

Toshi Yoroizuka

由拥有20年甜点经验的知名制果师铠冢俊彦（Toshi Yoroizuka）开设的甜点店，铠冢俊彦曾在瑞士、奥地利、法国、比利时等国掌厨，并于33岁时获得米其林三星餐厅制果师的殊荣。六本木Tokyo Midtown是他的第二家店，座位有限，总是大排长龙，想品尝的人要趁早来排队。

由地铁六本木站步行约2分钟，位于Tokyo Midtown Est 1F

东京都港区赤坂 9-7-2

11:00~22:00

03-5413-3650

@ www.grand-patissier.info/ToshiYoroizuka

Harbs

1981年发迹于名古屋的知名蛋糕店，优雅的白色基调的室内装潢，每到午茶时刻总是挤满了前来品尝甜点的女性。标榜手工制作，不含人工添加物，鲜甜的水果与浓郁的鲜奶油令人垂涎三尺，草莓蛋糕、奶酪提拉米苏、千层可丽饼蛋糕等都很有人气！

由JR惠比寿站东口前进，步行约5分钟，位于惠比寿花园广场三越百货1F

东京都涩谷区惠比寿4-20-7 惠比寿三越 1F

11:00~22:00

03-3449-2643

@ www.harbs.co.jp/harbs

据点 六本木Hills、新宿LUMINE、上野松坂百货、丸之内Maru Building

千疋屋

创立于1834年，日本最悠久的水果老铺，专营顶级水果销售。一颗哈密瓜要价15000日元，价格非常昂贵，但这全都是经过严格控管的温室水果。位于日本桥的千疋屋总本店1F主要销售水果礼盒，2F是有丰富甜品与咖啡的餐厅。推荐水果圣代与水果冰淇淋松饼。

与地铁三越前站地下街相通

东京都中央区日本桥室町2-1-2日本桥三井タワー内

11:00~22:00

03-3241-0877

@ www.sembikiya.co.jp

据点 日本桥本店、银座、新宿高岛屋百货、新宿伊势丹百货、池袋西武百货、惠比寿atre、东京车站名品馆店、羽田国际机场第二航厦等

🌀 虎屋 とらや

创立于16世纪末期，至今已传承17代的日本和果子老铺。严选北海道花生、红豆与特级砂糖，精制出顶级和果子，就连日本皇室也相当喜爱这道传统的甜美风味。小形羊羹是本店招牌，共有梅子、抹茶、红豆、黑糖、蜂蜜5种口味，羊羹搭配热茶与咖啡入口，甜得恰到好处，是来到东京时必买的名产之一。在<u>六本木Hills</u>与<u>表参道Hills</u>设有虎屋茶室。

🚇 由地铁银座站A2出口往中央通方向，步行约3分钟
📮 东京都中央区银座7-8-6
09:30~20:30（全年无休）
📞 03-3571-3679
@ www.toraya-group.co.jp
据点 银座、日本桥、六本木Tokyo Midtown、新宿伊势丹百货、池袋东武与西武百货、涩谷东急本店、上野松坂百货、浅草松屋百货等

🌀 Berry Cafe

位于南青山的Berry Café一共有3层楼，B1是水果圣代专卖店Berry Parlour，最著名的是做成玫瑰花形状的水果圣代；1F是蛋糕甜点外带区，如宝石般闪闪发亮的蛋糕，光看就感到无比幸福；2F是水果派用餐区，特选当季水果来制作甜点，一定要点季节限定的餐点。此外也提供午餐组合（1200日元），包括现烤面包、色拉、水果、主厨浓汤，有很多OL都会来这儿优雅地用餐。芒果玫瑰派每片1050日元，奇异果派每片750日元。

🚇 由地铁表参道站B1出口，步行约2分钟
📮 东京都港区南青山 5-10-19 真洋青山ビル1~2F
🕐 12:00~23:00（午餐时段12:00~14:00）
📞 03-5774-7130
@ www.cafe-commeca.co.jp
据点 青山本店、银座CLASSE 6F

虎屋 とらや

虎屋 とらや

Berry Cafe

图书在版编目（CIP）数据

东京购物终极指南：血拼制霸版 /（韩）郑仙爱著；
邱淑怡译. -- 2版. -- 北京：人民邮电出版社，2016.8
ISBN 978-7-115-42887-5

Ⅰ. ①东… Ⅱ. ①郑… ②邱… Ⅲ. ①商品-选购-
东京-指南 Ⅳ. ①F76-62

中国版本图书馆CIP数据核字(2016)第136956号

<h2 style="text-align:center">内 容 提 要</h2>

　　时尚之都东京，总能以潮流与美食给旅行者带来冲击与满足，所以购物成为大部分人东京之行的重点。《东京购物终极指南（血拼制霸版）》即是按购物区域及主题划分，密集地介绍了汇集在东京的特色日本品牌、国际品牌，集中了海量的品牌信息和商家信息，帮助读者规划出最有效率的购物路线，保证在东京的每一分钟都物有所值，绝不浪费。现在开始，穿梭在东京巷弄，享受购物的每个瞬间吧！

◆　著　　　　[韩] 郑仙爱
　　译　　　　邱淑怡
　　责任编辑　孔　希
　　责任印制　周昇亮

◆　人民邮电出版社出版发行　　北京市丰台区成寿寺路11号
　　邮编　100164　　电子邮件　315@ptpress.com.cn
　　网址　http://www.ptpress.com.cn
　　北京画中画印刷有限公司印刷

◆　开本：880×1230　1/32
　　印张：14　　　　　　　　2016年8月第2版
　　字数：750千字　　　　　 2016年8月北京第1次印刷
　　　　著作权合同登记号　图字：01-2013-5240号

定价：69.80元
读者服务热线：(010) 81055296　印装质量热线：(010) 81055316
反盗版热线：(010) 81055315
广告经营许可证：京东工商广字第8052号